震災復興・原発震災
提言シリーズ 8
PROPOSAL SERIES

地域・自治体の復興行財政・経済社会の課題
東日本大震災・岩手の軌跡から

桒田但馬 編

クリエイツかもがわ

はしがき

　日本は災害列島である。日本では大小の災害が多発し、その種類も多様であるが、大災害の頻度は世界トップクラスとなっている。災害の規模は大きくなるほど、人間の生命、心身、生活、感情、経済面に多様で重大な打撃を与える。したがって、災害の研究は自然、社会、人間の諸科学の全分野にまたがる学際性、総合性を求められる。

　本書は財政を中心に、経済、社会、行政など多様な側面からアプローチしており、足元の地域・自治体を主たるフィールドにしている。これは財政研究の第一人者である神野直彦の研究を摂取し、政治（政治システム＝民主主義）、経済（経済システム＝市場）、社会（社会システム＝共同体）を統合する媒介環として財政を捉える点に意識を強くおいていることによる。

　大災害ともなれば、莫大な経済的損失を伴うが、それへの対応については中央、地方の政府（国・地方自治体）に第一義的責任がある領域が大きく、救援・救助、復旧、復興に巨額の費用を要することになる。災害財政は復旧、復興などの一連のプロセスにおける必要な財源の確保、支出や融資（貸付）の配分の問題を主な研究対象とする。

　足元の地域・自治体の財政は、地方財政研究の大家である宮本憲一の基本理解をあげるまでもなく、地域経済、地域自治、地域問題に大きく規定される。地域の経済にせよ、自治にせよ、多様な主体から構成され、それぞれの活躍なくして地域の持続可能な発展はありえない。このことから本書では国と自治体の関係に加えて、国・自治体と多様な主体からなる地域の関係を主な分析視点として設定している。多様な主体とは、個々の住民・企業や家族に限らず、協同組合、非営利組織、自治会・町内会、任意の住民組織などである。こうした主体間の関係から、地域・自治体の財政面や経済・社会面における復興等に関する政策の展開や制度の運用などの実態を分析することによって明らかになる諸問題に着目したい。

　本書は日本の過去の大災害のうち東日本大震災を素材にしている。東日本大震災は岩手県、宮城県、福島県を中心に超広域にわたって未曾有の被害をもたらした。筆者の災害研究は大震災後に本格化し、当初、岩手、宮城、福島の3県について、県単位に関係なく広域的に捉えていたが、それぞれの被害に加えて、県の復興の政策、制度の運用なども大きく異なり、また、そもそも地域経済社会に違いがあるために、地域の復旧・復興をさまざまな形でサポートしてきた岩手を主なフィールドにしている。岩手については、「数値（統計）」だけでは見落としてしまうような実態にも言及していく。もちろんこれまで岩手だけを追跡してきたわけではなく、宮城、福島にも足しげく通い、多くの情報を入手しており、岩手の研究はそれらと比較したうえでのことである。

　大震災からの復興について、先行研究からとりわけ過去の大災害の多くを総合的に分析、評価してきた岡田知弘の研究に学べば、経済成長・開発優先型あるいは惨事便乗型の「創造的復興」と「人間（住民）・地域本位の復興」の二つの理念を提示することができる。

本書はひとまず国（中央政府）や財界の方針や主張が前者の性格を色濃くもっていると位置づけたうえで、岡田のように後者を提唱する。両者は大局的にみれば、グローバリゼーションの深化や地域社会経済の縮小を背景に、その対応あるいは克服をめぐる厳しいせめぎ合いのなかで展開されている。被災地では復興計画の基本理念や目指す姿などに「創造的復興」という用語が登場しているが、それはいくつかの文脈で用いられている。他方で、「独創的」復興という用語もみられ、それとの違いがわかりにくいこともある。本書では個々の地域・自治体における活用例まで列挙しないが、歴史的にみた被災地の社会的、経済的な存在意義や役割を踏まえ、集落（コミュニティ）の実状にも目配りしながら、地域・自治体がどのように政策や制度などの継続性あるいは断絶性・新規性に向き合っているのか、という点を重視して、創造的復興か人間・地域本位の復興かを見極めたい。

　地方財政分野における災害財政研究は宮入興一の蓄積された業績にみるように、災害の政治経済学として地方分権・住民自治および被災地・被災者の視点から、国の災害対策・復興政策に対する批判を中心に展開し、国と地方自治体の財政課題を提起してきた。地方財政分野に限ったことではないが、岡田、宮入のいずれも、復興理念の土台に日本国憲法の基本的人権の各条項（13条人間の尊厳と幸福追求権、22条居住権、職業選択権、25条生存権、26条教育権、27条労働権、29条財産権）を据える。そのうえで被災地・被災者の生活（暮らし）、生産（仕事・雇用）、コミュニティの一体的な復興（再建）を展開し、地域資源の発掘・利活用を重視しながら、被災者を中心とする地域住民の自律的・主体的な取り組みにより経済・社会の持続可能な発展を追求する。このプロセスで「人間（住民）・地域本位の財政」が不可欠な役割を果たすことになる。

　本書は岡田、宮入の研究における復興理念や復興政策の考え方に大きく依拠している。そのうえで、次の点で補完かつ詳細な分析を行うことによって「人間（住民）・地域本位の復興」の実質的内容を問おうとしている。すなわち、①震災直後のコミュニティの歩みをリアルに描写する。②地域社会経済の復興（再建）をめぐる新たな動きとして震災復興コミュニティビジネスを主な分析対象にする。③岩手の地域医療の中心的存在である県立病院の動向を詳細に追跡する。④岩手漁業の再建のキーパーソンである漁業協同組合について多角的に分析する。⑤岩手沿岸市町村における復興財政の特徴を共通、個別の両面でカバーする。⑥復興財政を支える人的基盤である自治体職員の不足問題に踏み込む。⑦県復興財政の分析を総合的に展開する。これらに着目するのは、地域・自治体マネジメントの側面を積極的に展開することにより、とりわけ宮入を中心とする災害財政に関する先行研究を発展させ、依然として不十分である研究の蓄積を図っていくとともに、コミュニティや自治体などが岩手という地域の持続性にとってどのような役割を果たすことができるのか、復旧・復興等のなかで問い直したいことによる。

　以上のことを踏まえて、本書は岩手における復興行財政や復興経済社会の実態と課題を明らかにすることを目的とする。

本書は、これまでに発表した諸論文と新たに書き下ろした部分から成り立っており、既発表論文の初出は次のとおりである。その利用を許可していただいた出版社等の皆様に御礼を申し上げたい。

第1章
・「東日本大震災に伴う避難生活と集落自治の可能性―市町村合併推進に対する疑問―」
（『生活協同組合研究』426号、54頁－62頁、2011年7月、生協総合研究所）
・「復旧・復興2年目の現実と課題―岩手と宮城を中心に」
（『住民と自治』599号、6頁－11頁、2013年3月、自治体研究社）
・「復旧・復興3年目の現実と課題」（未定稿・2013年12月執筆）

第2章
・照井富也、田澤清孝との共著
「岩手沿岸における震災復興コミュニティビジネスの現状とその持続可能性」
（『総合政策』第14巻第2号、169頁－191頁、2013年5月、岩手県立大学総合政策学会）

第3章
・「大震災後の北東北地域社会の実態と復旧・復興課題―岩手の地域医療の事例を中心に―」（『社会システム研究』第24号、33頁－59頁、2012年3月、立命館大学社会システム研究所）
・「岩手沿岸における公立病院再建の実態と課題―被災県立病院を中心に―」（『総合政策』第16巻第1号、89頁－108頁、2014年11月、岩手県立大学総合政策学会）

第4章
・「岩手水産業の復旧における主体間関係と諸問題―漁業協同組合を中心に―」（『総合政策』第14巻第1号、19頁－53頁、2012年12月、岩手県立大学総合政策学会）
・「漁業の再建と漁協」（岡田知弘・自治体問題研究所編『震災復興と自治体―「人間の復興」へのみち―』2013年、自治体研究社）

第5章
・「岩手水産業の復旧における主体間関係と諸問題―漁業協同組合を中心に―」（前掲）

第6章
・「大震災復旧・復興における岩手沿岸の自治体行財政に関する問題と課題」（『地域経済学研究』第25号、48頁－67頁、2012年12月、日本地域経済学会）
・「震災対応財政2年間の実態と課題―岩手沿岸市町村を事例に―」（『総合政策』第15巻第2号、223頁－243頁、2014年3月、岩手県立大学総合政策学会）
・「震災対応財政の到達点と課題―2011・12年度を中心に―」（日本地方財政学会第22回大会報告論文、2014年5月、福島大学）

第7章
- 「大震災復旧・復興における自治体の行財政運営と職員不足問題」(『地方財政』第53巻第7号、95頁－116頁、2014年7月、地方財務協会)

第8章
- 「東日本大震災復旧・復興における岩手県行財政の実態と課題―2011～13年度を中心に―」(日本地方財政学会第23回大会報告論文、2015年5月、関東学院大学)
- 佐藤博との共著「岩手県の震災対応財政3年間の実態と課題(Ⅰ)・(Ⅱ)・(Ⅲ)」(『総合政策』第16巻第2号、257頁－271頁、273頁－286頁、2015年3月、第17巻第1号、41頁－56頁、2015年11月、岩手県立大学総合政策学会)

序章、第1章の一部、終章は書き下ろしである。

　既発表論文については論文間で重複するか所は削除したり、章立ての関係上、一部を移動させたりしている。また、章および節のタイトル、文章表現、諸統計など少なくないか所で修正、加筆、削除を行っていることをお断りしておく。第8章には佐藤氏のアイデアが一部含まれている。ただし、政策課題の提起のように、筆者の意見等に該当するか所については執筆当時のままにしている。後の状況からみれば的外れのような点もみられるかもしれないが、覚悟のうえである。なお、登場人物の肩書は執筆段階のもので、変更していない。

既発表論文の執筆に当たってさまざまな助成を受けた。
- JSPS科研費助成(課題番号24730422)
- 岩手県立大学地域政策研究センター「震災復興研究」
- 岩手県立大学地域政策研究センター「地域協働研究(地域提案型)前期」(平成24年度)
- 岩手県立大学総合政策学部「震災復興研究(学部等研究費)」

2016年9月
桒田但馬

CONTENTs

震災復興・原発震災提言シリーズ 8 PROPOSAL SERIES

はしがき　　　　　　　　　　　　　　　　　　　　　　　　3

序章　東日本大震災復興研究の視点　　　　　　　　　　　　8

第Ⅰ部　東日本大震災からの復興における暮らしと仕事　　17

第1章　復旧・復興の概況とコミュニティ・自治体　　　　18
第2章　震災復興コミュニティビジネスの現状とその持続可能性　48
第3章　岩手県立病院の再建─2012・13年度を中心に　　80
第4章　岩手における漁業協同組合の先進事例　　　　　109
第5章　岩手漁業の再建と漁業協同組合　　　　　　　　119

第Ⅱ部　東日本大震災からの復興における岩手の自治体行財政　　151

第6章　市町村の震災対応財政─2011・12年度を中心に　152
第7章　市町村の行政運営と職員不足問題　　　　　　　186
第8章　県の震災対応行財政─2011〜13年度を中心に　206

終章　「人間・地域本位の復興」の再考　　　　　　　　240

あとがき　　　　　　　　　　　　　　　　　　　　　　244

参考文献　　　　　　　　　　　　　　　　　　　　　　247

序章 東日本大震災復興研究の視点

　東日本大震災は2011年3月11日（金曜日）に東北地方太平洋沖を震源にして発生したマグニチュード9.0（震度7）という世界最大級の地震や、その直後の世界最高級の津波などをさし、岩手県、宮城県、福島県を中心に超広域にわたって壊滅的な被害をもたらした。さらに、福島第1原子力発電所（双葉町、大熊町）における炉心溶融事故の発生と放射能汚染の拡大を伴い、原発事故を加えた、人類初の世界最悪の複合型災害となった。東日本大震災の主な被害状況は表序−1のとおりである。死者・行方不明者が阪神・淡路大震災を大幅に上回るだけでなく、避難者数は2013年4月現在でも約30万人におよび、15年4月現在約29万人で、13年4月からの2年間でほとんど減少していない。震災関連死は急増し、2012年3月現在1,632人、13年3月現在2,688人、15年3月現在3,331人である。[1]

表序−1　阪神・淡路大震災と東日本大震災の被害状況等

		阪神・淡路大震災	東日本大震災
発生年月日		1995年1月17日	2011年3月11日
地震規模（マグニチュード）		M7.3	M9.0
災害素因子		地震	地震、津波、原子力発電事故
人的被害	死　　　者（人）	6,434	15,883
	行方不明者（人）	3	2,681
	負　傷　者（人）	43,792	6,143
建物被害	全　　　壊（棟）	104,906	128,808
	半　　　壊（棟）	144,274	269,871
	一 部 損 壊（棟）	390,506	740,185
直接経済被害額（兆円）		9.9	16～25+α

※ 1．東日本大震災の人的被害、建物被害は2013年4月10日現在（警察庁）。
　 2．人的被害の死者には震災関連死を含む（阪神・淡路大震災のみ）。
　 3．直接経済被害額のαは原発事故に伴う政府の損害賠償費用等をさす。
（出所）警察庁ホームページ、兵庫県ホームページなどより筆者作成。

1　国（中央政府）は「震災関連死の死者」を「東日本大震災による負傷の悪化等により亡くなられた方で、災害弔慰金の支給等に関する法律に基づき、当該災害弔慰金の支給対象となった方」という定義（実際には支給されていない方も含む）のもとカウントしている。

震災関連死の半分以上は福島県民であり、原発事故の影響が大きい。原発事故は進行中であることに加えて、その風評被害も根強く、2次、3次的な被害が拡大している。
　大震災による被害状況は大雑把に言えば、岩手、宮城と福島、沿岸と内陸、沿岸北部と沿岸南部、あるいは大都市と過疎地域で大きく異なる。そして、東京23区等における産業・交通等の大混乱は一極集中の国土構造の脆弱さを示す象徴となった。被災状況の特徴は多くの調査報告等で整理されているために詳述しないが、死者（震災関連死を除く）の9割超が津波による溺死のために、沿岸と内陸で決定的な差異が生じている。そして、被災の影響は、岩手、宮城、福島の3県の沿岸地域で言えば、人口約100万人の仙台市から約3千人の普代村まで非常に不均等であり、また、長期の人口減少、超少子高齢化に直面している地域が多く含まれており、間違いなく超長期にわたる。したがって、復興において国や県が共通の政策を打ち出したり、制度を画一的に適用したりするだけでなく、地域・自治体の自主性、主体性が最大限尊重されるべきであり、復興のあり方も多様であってしかるべきである。
　災害はさまざまな人的物的被害をもたらす。大災害ではその影響が長期化し、避難所や仮設住宅での生活はストレスの累積、疾病、家庭崩壊・分散などの社会的被害を生み出す。留意すべきは、住宅の損壊、失業、生業の喪失などの被害が階層性、差別性をもつことである。すなわち、社会的弱者や低所得層の人々は、被災によって失った雇用や住宅を回復できず、生活状態が以前より悪化することが多い。企業・コミュニティにも経済的社会的損失が生じるし、生態系や文化財など再生が不可能なケースもある。自宅の再建や災害公営住宅の入居が実現しても、従来のコミュニティ機能が回復せず、孤立に陥るケースも少なくない。仕事（職場）が再建しても、スタッフや売上げ、生産などが落ち込んだままでは、再建を実感できないであろう。
　これに対して、国や地方自治体の防災政策は、①防災、②救援・応急対策、③復旧、④復興からなる。防災は災害を未然に防止したり、被害を最小化（減災）したりするために、治山治水、耐震化、防潮堤、防災施設の整備、土地利用の制限や防災教育、避難訓練の強化と改善などを行う政策措置である。さらに、その背景にある社会・経済・行財政システムも射程に入る。防災面を強化すれば、被害の最小化により被害金額も増大しなくなる。
　救援・応急対策（初期対応）は災害の発生直後に被災者の救援、避難誘導を行い、人的被害の拡大を防ぐ一連の措置である。防災の不備、初期対応の遅れや不十分さなどが加わると、被害は幾倍にもなるが、これは人災の側面をあらわしており、行政当局や関係者（企業など）の責任問題が問われることになる。
　復旧は破壊されたライフライン（毎日の生活に不可欠な水、電気、ガス、交通手段）や道路、学校、病院、港湾、空港などのインフラの原状回復である。住宅や工場・営業施設については、個人や私企業の意向があり、補償などの問題が複雑に絡む。津波や噴火などにより死者や行方不明者が多数におよんだり、市街地が壊滅的な被害を受けたりすると、

同じ場所で同規模の家屋や工場、公共施設を再建するといったように、災害前の状況にそのまま戻すことは少なく、同じような災害による被害を防止するために改良復旧が行われる。

　復興は人々の生活、地域の経済社会の持続可能な発展に資する諸政策である。「復興」という用語は法律上、明確に定義されているわけではないが、過去の大災害から、少なくともいわゆるハード事業の進捗だけで説明すれば事足りるものではないと言えよう。なお、企業や団体などの場合、それらを改めて組織し直すという意味で「再建」という用語が用いられることがある。

　防災（①）から復興（④）までの政策措置は区別されるとともに、重なり合い、密接に関連する。周到な防災政策は救援などの初期対応の実効性を高めるし、初期対応の成果と反省は復旧・復興政策に生かされなければならない。復旧・復興政策には当然のことながら、将来の災害に備える措置が組み込まれるから、防災の意味をもつ。津波で破壊された住宅の再建を高台に移転して行う場合がその例である。こうして防災を徹底すれば、復旧・復興などの一連のプロセスにおける公的支出も抑えることができる。

　宮入（1996a、1996bなど）は、日本の災害政策の問題点として早くから次の四つをあげてきた。第1に、国の防災上の責任の所在が曖昧である。（自然）災害を天災と同一視し、国には責任がないので、被災者個人の生活・生業基盤の回復は基本的に自責自助で行うべきとする。したがって、個人被害補償におよばないということになる。

　第2に、被災者個人の避難所生活およびその後の生活や生業の基盤を、人間の尊厳や基本的人権と結びつけて支援する観点には乏しい。したがって、第1、第2のいずれについても、資金面では地方自治体が負担を余儀なくされるとともに、すぐに財政力の限界に突き当たる。国の特別措置が認められる場合も、国との協議に多大な時間を要する。

　第3に、国土保全・公共施設復旧優先主義であり、被災者の救済、支援の優先順位が低い。国の防災責任が曖昧なもとでは、防災（予防）予算の位置づけも弱い。被災者に自助回復が事実上強制され、個人の災害補償が軽視されるために、公共施設の災害復旧や治山治水など従来型の公共土木事業に偏らざるを得ない。

　第4に、長期化・複合化災害に対応できる総合的なシステムを欠く。従来の災害対策の枠組みは、被災者が災害後すぐに立ち上がり、短期間に自力で復旧・復興（再建）できることを暗黙の前提にしているからである。

　1990年代以降、復旧・復興財政の予算編成や執行の体制が中央集権的な縦割りでは、被災した地域・住民、自治体のニーズから乖離し、他方で行政責任の回避を生んだとの批判が相次ぎ、復興の理念、国の責務の範囲、国庫負担のあり方が強く問われている。分権の文脈で国と自治体の責任分担、災害にかかる財源配分をどのように行うかということは今日もなお最も重要な論点である。日本の災害政策・財政の問題点は、とりわけ阪神・淡路大震災や東日本大震災において露呈することになったが、先行研究を整理したり、被災

地の声に耳を傾けたりすれば、部分的な改善はみられるものの、不十分な点は多いというのが大方の見方となっており、こうしたなかで東日本大震災から5年という時点に至っている。

　阪神・淡路大震災からの復興に際して、兵庫県は「阪神・淡路震災復興計画」（1995年7月）において「単に1月17日以前の状態を回復するだけではなく、新たな視点から都市を再生する『創造的復興』」を明記した。「神戸市復興計画」（1995年6月）は、震災前に着手した「第4次神戸市基本計画」に沿っているが、同基本計画の人口目標は1995年の140万人から2010年の170万人への増加を見込み、超成長型である。岡田や宮入らが阪神・淡路大震災からの復興理念を経済成長・開発優先型あるいは惨事便乗型の「創造的復興」と称する理由は、そうした記述に象徴的にみられる。簡潔に言えば、「創造的復興」は災害を「千載一遇の好機」と捉えて、経済・社会構造等を大きく転換する成長・開発優先戦略を強力に実施しようとする、あるいは災害という「ショック」を奇貨として、平時にはあり得ない新自由主義的な事業を強引に展開しようとする復興理念・政策として整理される。

　室﨑（2015）は「巨大な再開発に固執したこと、自然との共生を疎かにしたこと、公営住宅主義から脱却できなかったこと」を重大な問題としてあげている。「創造的復興」の象徴である神戸新空港や地下鉄海岸線の整備・運営、新長田駅周辺の大規模再開発事業などはことごとく不振に陥っており、逆に地域・自治体を疲弊させている。こうした点を踏まえた復興に関する知見が蓄積、共有されていなかったために、東日本大震災のケースで十分に注意が払われていないようである。これに対して、次に引き継ぐべき重要な成果として、室﨑（2015）は「被災者生活再建支援法に代表される住宅再建の公助の仕組み、まちづくり協議会に代表される合意形成の仕組み、被災者復興支援会議に代表される中間組織による政策提言の仕組み、NPO法の成立に代表される市民参画の仕組みなど」に言及している。

　今回の東日本大震災からの復興において、「復興に関する知見が蓄積、共有されていなかったこと」に加えて、「あまりにも被害が甚大であったこと」「財源など国の支援が十分でなかったこと」があげられるとしても、大震災復興において自治体の責任が免罪されるわけではない。他方で、岩手や宮城において県や市町村と内陸・沿岸の（被災）事業所や支援組織等との連携・協力による独自色の強い取り組みは少なくないようであるが、分権推進や自治拡充のための法制度的な条件が整備され、自治体により弾力的、効果的に運用されてこそ、地域住民（被災者）との信頼関係を構築でき、対話を積み重ねながら連携・協力して復興に中長期にわたって取り組むことができる。こうして自治体の責任に対して正当な評価が可能になる。

　以上の点を踏まえて、岩手をフィールドに復興行財政や復興経済社会の実態と課題を明らかにするが、岩手県や岩手県内の市町村の復興政策が「創造的復興」あるいは「人

2　阪神・淡路大震災にかかる復興財政、国から自治体に対する財政措置の特徴は桒田（2014）で整理されている。

間・地域本位の復興」のどちらであるかを細部にわたって分析するわけではない。というのも、実施段階や事業評価も含めて細部を分析すると、どちらのタイプか明瞭でなかったり、いずれでもないケースがあったりすると思われるからである。また、既存の法制度の矛盾を認識しながら、それに従わざるを得ない自治体を批判するとしても、他方で、国のスタンスこそ問題にしなければならない場合もある。こうした点を考慮すると、全体的にみていずれかということになるが、岩手県が「人間・地域本位の復興」、宮城県が「創造的復興」と区分されるかもしれない。本書では宮城県を詳細に分析するわけではないが、一部の事業を取り上げてすべての事業が「創造的復興」とするような論理展開であれば、大きな誤解が生じることにならないかと危惧する。他方、岩手県であっても、すべてにおいて「人間・地域本位の復興」が貫かれているわけではないであろう。[3]

このように考えていることから、本書は何よりも実態を詳細に明らかにすることを重視している。

〈本書の構成と特色〉

本書は序章に加えて、第Ⅰ部「東日本大震災からの復興における暮らしと仕事」を構成する第1章から第5章までの五つの章、第Ⅱ部「東日本大震災からの復興における岩手の自治体行財政」を構成する第6章から第8章までの三つの章、合計八つの章と最後の終章からなる。

第1章「復旧・復興の概況とコミュニティ・自治体」では東日本大震災の特徴を整理したうえで、大震災以降の1年ごとの主だった復興状況を社会的、経済的な側面から概観している。また、大震災直後に政府で検討されたと思われる沿岸市町村の合併推進について、避難生活等におけるコミュニティ（集落）の自治に焦点を当てて批判的に展開している。

第2章「震災復興コミュニティビジネスの現状とその持続可能性」では岩手県における震災復興コミュニティビジネス（震災復興ソーシャルビジネス）の実態を明らかにし、その持続と発展に向けた課題を検討する。ここでは地域の仕事・雇用や暮らしの課題に対して、新たな価値を見出しながら、社会的な事業によって解決しようとする動きの高まりに注目する。

第3章「岩手県立病院の再建―2012・13年度を中心に」では震災からの復旧・復興に向けて、岩手県とくに沿岸南東部の県立病院の事例を中心に地域医療の実態と課題を明らかにする。岩手の県立病院は震災の数年前に大再編を経験していることから、震災前からの連続性も考慮して展開している。

第4章「岩手における漁業協同組合の先進事例」では漁協の先進的な取り組み、つまり、重茂漁協および田老町漁協のケースから漁業再建のあり方を検討する。

3　宮入（2012）は「宮城県の復興計画の基調は、『集権・官僚的な新自由主義的構造改革型』、岩手県は『分権・自治的な人間復興と開発志向との混在型』、福島県は『脱原発、維持可能な社会志向型』」であると整理している。

第5章「岩手漁業の再建と漁業協同組合」では岩手の水産業とりわけ漁業の再建に関して、漁業者、漁業協同組合、企業（民間）、国・県・市町村等の主体間関係から、宮城と比較しながら、岩手沿岸における動向および問題を明らかにし、漁業再建の基本課題を提起する。

　第6章「市町村の震災対応財政—2011・12年度を中心に」では市町村の震災対応財政を取り扱うが、震災前の2010年度と震災後の2011・12年度の決算などをもとに詳細に分析しながら、実態と課題を明らかにする。個別のケーススタディは陸前高田市と宮古市を対象にし、前者では生活再建、後者では産業再建に重点をおいている。

　第7章「市町村の行政運営と職員不足問題」では復旧・復興プロセスで生じている、市町村職員の不足問題を主たる分析対象にして、被災市町村の行政運営の実態と課題を明らかにする。他市町村からの派遣や任期付職員の確保の状況を把握したり、職員不足が行政運営に与える影響や復興スピードを追求するがゆえの問題を検討したりしている。

　第8章「県の震災対応行財政—2011～13年度を中心に」では岩手県を分析対象にして、行政的側面にも触れながら震災対応財政の実態と課題を明らかにする。歳入面では復興関連基金や県税等の減免・減収補てん措置（震災復興特別交付税）、歳出面では鉄道の復旧・復興、さらに、今回の大震災で深刻化している入札不調問題にまで踏み込んでいる。

　本書の特色や独創的な点について言及しておきたい。最初に、研究対象の設定である。東日本大震災に関する研究において、その構造的特徴がいくつかあげられているが、岩手沿岸に焦点を当てると、「地方都市・農漁村型災害」というのが妥当である（表序-2）。さらに、「地方都市・農漁村」と言っても、沿岸地域の経済・社会状況から「農漁村」の性格が非常に強い。筆者はこれまでの地方財政等に関する研究において農山漁村地域・自治体を主たる研究対象にしてきたが、その蓄積を活かしている。また、岩手における10年近い居住経験も踏まえて、地域医療・県立病院や漁業・漁業協同組合など岩手の特色をあらわすテーマを取り上げている。岩手の地域医療における公立病院（とくに県立病院）の比重は全国トップクラスである。漁業の再建において岩手県の漁協に対する政策的位置づけは非常に高く、宮城県と大きく異なる。こうして本書は地域の実状を踏まえながら、足元の地域と言っても農漁村に、復旧・復興に取り組むさまざまな主体と言っても、漁協や県立病院などに焦点を当てており、総合性と個別性を融合させる点で先行研究を発展させることになろう。

　次に、研究方法である。岩手沿岸等における膨大な現地調査にもとづいて実態が詳細に描き出されている。そのうえで数点あげておく。

　①市町村の復興財政等の分析にあたって特定の市町村のケーススタディにとどまらず、岩手沿岸のすべての市町村を対象にし、その実態を明らかにしたこと。これと関わっ

表序-2 岩手沿岸の市町村の社会・経済状況

	住民基本台帳人口 (人)		人口減少率 (%)	65歳以上人口比率 (%)	就業人口 (人)	産業構造 (%)			市町村内生産額 (億円)	面積 (km²)
	2001年3月末	2011年1月末				第1次産業	第2次産業	第3次産業		
洋野町	22,054	19,295	12.5	30.5	7,728	21.4	30.3	48.3	264	303
久慈市	41,557	38,168	8.2	26.4	16,255	9.8	27.8	62.4	748	623
野田村	5,498	4,835	12.1	30.1	2,052	17.7	30.0	52.3	74	81
普代村	3,544	3,078	13.1	31.5	1,396	21.8	28.9	49.2	66	70
田野畑村	4,684	3,968	15.3	33.9	1,771	26.4	27.6	46.0	72	156
岩泉町	13,360	11,179	16.3	37.8	4,896	26.3	21.8	51.9	225	993
宮古市	67,727	60,135	11.2	30.9	25,568	10.0	25.4	64.7	1,187	1,260
山田町	21,730	19,306	11.2	31.8	8,324	18.6	28.5	52.9	293	263
大槌町	18,106	16,171	10.7	32.4	6,669	7.8	35.5	56.7	229	201
釜石市	46,733	40,018	14.4	34.8	16,889	7.1	29.5	63.4	996	441
大船渡市	44,871	41,115	8.4	30.8	18,645	10.6	29.2	60.1	913	323
陸前高田市	26,746	24,277	9.2	34.9	10,587	15.1	28.5	56.4	402	232

※ 1. 2001年3月末住民基本台帳人口について合併市町は旧市町村の人口の合計としている。
2. 大槌町と陸前高田市は2010年3月末人口を示している。
3. 人口減少率は2001年3月末から2011年1月末までの期間で算出している(大槌町と陸前高田市は2010年3月末で)。
4. 65歳以上人口比率、市町村内生産額(面積は2010年3月末)、産業は2010年の数値である。
5. 就業人口、産業構造は2010年国勢調査による。

(出所)各市町村ホームページ、総務省ホームページ(決算カード)、平成22年国勢調査などより筆者作成。

図序-1　岩手県および県内市町村

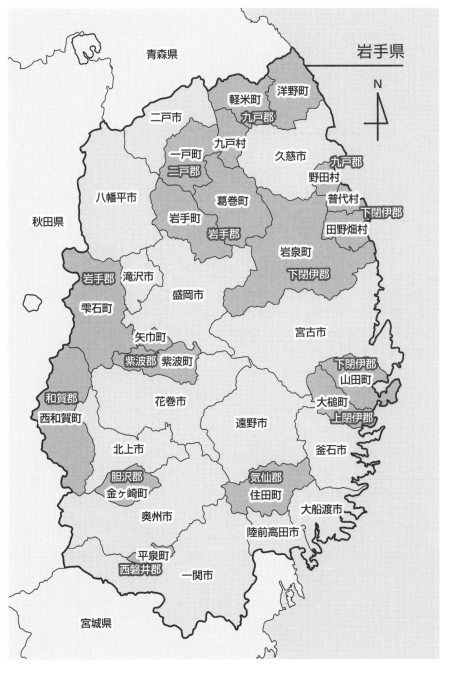

て、分析手法の点で多様な主体の間の関係を踏まえながら、地域・自治体マネジメントの側面を重視することによって、とくに地方行財政に関する先行研究で十分に捉えきれない問題や課題のポイントを指摘したこと。県行財政の分析も同様のスタンスをとっている。マネジメントの側面について計画性の観点からみた見直し回避（スピード）、効率性および経済性あるいは公共性の観点からみた個別的ニーズや原形復旧、改良復旧、有効性の観点からみた既存の法制度といったようなハードルに対して地域・自治体がどのように対応、克服しようとしているのかに着目している。

②東日本大震災復興交付金、震災復興特別交付税、自治体職員の不足問題、自治体における入札不調問題など、東日本大震災で初めて登場した制度の成果と限界、さらに、初めてクローズアップされた問題等を詳細に描き出したこと。そして、先行研究では新たな財源に注目されるがゆえに、災害財政に欠かせない災害復旧事業費の分析が非常に貧弱であることから、それも詳細に分析している。

③先行研究としての蓄積がほとんどない県復興財政の分析を行い、その構造を細部にわたって明らかにしたこと。被害が広範にわたる巨大災害における県の役割を問うという点で強いインパクトを与えることができたのではないだろうか。

④農村県の二次医療圏における医療供給の持続性にかかるモデル的側面や、病院・医師と県（医療局）・市町と地域住民の関係構築の課題を浮かび上がらせた。広域にわたって基幹病院が次々と全半壊する状況は過去になかったが、将来の大災害では十分に想定されるために、その復旧・復興の動向に着目したことは大きな意義があると考える。

⑤復旧・復興プロセスにおける岩手県と宮城県の漁業協同組合に対するスタンスの違いを生々と明らかにし、また、岩手のいくつかの漁業協同組合の再建あるいは経営のモデルケースと困難ケースを提示したこと。

⑥復旧・復興あるいは再建における、住民主体による地域の仕事および暮らしに関する社会的、公共的な事業（取り組み）を震災復興コミュニティビジネスと捉えて、その実態と課題を明らかにしたこと。こうした新たな動きは地域の持続可能な発展にとってきわめて重要なポイントになると考えられる。

なお、ここでは原発事故対策には言及しない。そこには固有の技術的、経済的、社会的な問題、脱原発か再稼動かというエネルギー政策が複雑に絡み、別途独立して説明される必要があることによる。

第Ⅰ部 東日本大震災からの復興における暮らしと仕事

第1章 復旧・復興の概況とコミュニティ・自治体

〈1〉東日本大震災に伴う避難生活と集落自治の可能性
―市町村合併推進に対する疑問―

(1) 大震災から2か月が過ぎて

　東日本大震災は岩手県、宮城県、福島県を中心に住宅、工場や生活・産業インフラなどあらゆるものを破壊し、各地に甚大な被害をもたらした。2011年4月28日現在、死亡・行方不明は2万5,899人[1]、建物被害（全半壊）は36万4,309戸（いずれも警察庁まとめ）および、他方、避難者は震災1週間後の3月18日現在約40万人、1か月後の4月11日現在約15万人である。いわば2次、3次被害も含めると、百万人単位で従来の「暮らし（生活）」と「仕事（生産）」が奪われており、今なお進行中の原発事故を含めて、震災被害の影響は間違いなく多岐かつ超長期にわたる。
　今回の大震災に関して学術的な評価を行い、そして、復旧や復興のあり方を検討する場合、さまざまなアプローチがあることは言うまでもないが、「災害の政治経済学」の確立、発展を最もリードしている宮入興一はこれまでの研究において住宅、生業、コミュニティの「三位一体」が復興の最大の鍵であり、いわゆる草の根から民主的にそのスキームを策定していくことが非常に重要になることを主張している。
　東日本大震災からの復興に向けた不可欠の論点を見出すとすれば、原発事故の影響が福島に比して小さい岩手と宮城に限ると、リアス式海岸地域の住宅等の整備、水産業（インフラ）の体制整備、コミュニティの持続可能性をあげることができる。これらにアプローチする場合、従来とは全く異なるビジョン、主体、方法も考えられるが、何よりも震災前後の暮らしや仕事の実態を踏まえ、連続と断絶を十分に検討する必要がある。

1　岩手、宮城、福島の3県でみると、死亡者の6割超が60歳以上である。

本節における研究の目的はこうした視点をもちながら、岩手県大槌町、同陸前高田市、宮城県南三陸町におけるある地区（集落）あるいは避難所の事例を中心に、大震災直後から住民がどのように「暮らし」に向き合ってきたかを明らかにし、そして、集落（コミュニティ）自治の可能性を導出するとともに、その短・中期的な課題をいくつか提起することである。

(2)東日本大震災の特徴

東日本大震災の特徴は戦後の大震災と比較して次の8点に整理することができる。

①原発事故を加えた複合型大災害であることは既述したが、過去の国内災害に比して桁違いの被害は岩手、宮城、福島他数県と広範におよび、大きくかつ長い余震が非常に多く、地盤沈下も大きく、石巻市以南の沿岸平野部の浸水区域も広大であった。また、多くの市町村の中心市街地等で火災が発生し、その規模は阪神・淡路大震災を上回った。

②大津波が被害の大半を引き起こし、防波堤や防潮堤、家屋や工場、水産業施設などを破壊し、非常に多くの行方不明者、膨大かつ多様ながれき（災害廃棄物）を生じ、地区（集落）ごと流され、中心市街地が消滅した市町もあり、津波浸水想定区域外にも津波がおよび、指定避難所さえも浸水・倒壊した。

③市役所・町役場や公立医療機関の倒壊や多くの市町村職員の死亡・行方不明にみるように、行政機能が大幅低下・一時停止し、被災者による被災者の支援を余儀なくされ、人的資源（マンパワー）が顕著に不足している。

④過去最多の自衛隊員が派遣され、アメリカ軍による支援もあり、初期の被害調査、消火作業、がれき撤去、遺体回収、行方不明者捜索など最も重要で、かつ最も過酷な仕事の大半を担っており、また、都道府県・市町村職員や各種技術者・専門家の大規模な派遣も行われている。

⑤避難者が過度に集中する指定避難所が相当数あり、また、避難所や受け入れ先の事情により複数回にわたって移動する避難者も多く、他方で、在宅避難（被災程度が小さい、近隣の親戚・友人宅に身を寄せたり、自宅2階等で生活するケースも含む）が大量に生じ、県内外では廃校舎のように指定外の場所も利用されている。

⑥ガソリン、食糧、薬など物流に多大な支障が生じ、そのためにとくに鉄橋や道路の崩壊により発生した多数の孤立地区の住民の救助、救援や避難生活における不安が氷点下の気温も相俟って増幅し、その多くが位置する半島・漁村では地域特有の細い道路網のためにがれき撤去も困難を抱えている。

⑦原発周辺20km圏の住民は仕事、暮らしの両方で展望が見えない避難生活を余儀なくされ、原発の恩恵をこれまで受けてきたものの、今回の事故が決定打となり、中

央政府（国）や東京電力の諸対応（画一的な避難措置他）に対する批判どころか、知事の発言にみるように、原発のない復興に向かって合意形成が進んでいる。
⑧大震災の影響は岩手、宮城、福島の3県の沿岸地域で言えば、人口約100万人の仙台市から約3千人の普代村（岩手県）まで地域社会・経済などが異なるために多様であり、それらの顕在的問題は過疎にみるように強まる懸念がある一方で、政府の原発の耐震に関する「想定外」発言にみるように、大震災までみえていなかった潜在的問題もあらわれている。

(3)社会経済的特徴

東日本大震災の社会経済的特徴は次の8点に整理することができる。
①岩手、宮城、福島の3県における水産業は壊滅的な損害を受け、また、農畜産業の被害は内陸にまでおよび、とくに宮城では田畑の塩害が甚大であり、大半の市町村で基幹産業が崩壊した。結果として、原発事故も併せて大都市におけるくらしに多大な影響がおよんだのである。
②福島県や茨城県などの水産・農畜産業は風評被害も加わり、全く見通しがつかない状況であり、福島の浜通りでは企業や商店は地震や津波の影響が軽微でも休業・廃業を余儀なくされ、市役所・町村役場機能さえも移転せざるを得なくなった。今回の原発事故をみれば、「人災」の側面が強いことは否定されるものでない。
③これらに伴い加工・組立を手がける製造業も大きな損害を受け、社員の（一時）解雇や「二重ローン」に直面し、沿岸に加えて内陸でもさまざまな産業に支障を来しており、国内外への影響も非常に大きい。このうち原発事故に関わって避難住民や農漁家等に対する東京電力や中央政府（国）による巨額賠償・補償の問題が生じている。
④役場・役所機能の大幅低下・一時停止のために、被害の全容を把握できないなかで、他市町村等からの応援者が避難所運営、救援物資配送、住民健康調査などを相当程度担っており、また、専門的、継続的な業務も徐々に増大し、貴重な戦力になっており、避難者の移動も相まって各種情報収集・提供、公的サービス提供は不十分であるが、改善されている。
⑤医療・福祉施設も被災したために、非常に多くの高齢患者や要介護者などに対するケアが著しく不十分となり、生活環境・リズムの変化も相まって状態の悪化、さらに、死に至るケースも多々みられ、ケア継続などの点で多大な困難を抱えており、他方で、地域によっては医療・福祉スタッフの流出もみられ、ケア体制が崩壊している。
⑥とくにリアス式海岸地域では仮設住宅の建設にあたって、用地確保（浸水地域以外）

が困難で、また、入居に際して集落（コミュニティ）単位でまとまるのもほぼ不可能であり、仮の生活の場づくりさえもスムーズに進まない状況である。結果的に教育施設が避難所として続く限り、生徒・児童の教育環境は乏しくならざるを得ない。
⑦日本経済の冷え込みが一段と進むなかで、大震災により失業した人は被災地のどこであろうと、より良い就業条件等をもつ就職先の確保は非常に困難であり、また、介護施設が全国的に不足し、待機者が多数いるなかで、受け入れ地域が被災した要介護者のために居場所を見つけることも同様に困難で、被災地と併せて超高齢社会の弱い側面をさらけ出したことは明らかである。
⑧被害の全容が明らかでないがゆえに、膨大な行方不明者や進行中の原発事故にみるように今回の大震災はエンドレスであると言え、だとすれば、家族や友人など、あるいは地域社会・経済にとって真の復旧、復興はありえず、国・地方自治体の財政負担の増加も避けられず、超長期にわたって特段の対策が不可避である。

(4)大震災直後における生活とコミュニティ（集落）

　東日本大震災の全般的特徴および社会経済的特徴を踏まえて、住宅、生業、コミュニティの「三位一体」の視点をもちながら、震災後の約2か月を振り返ってみると、住宅に関しては地理・地形的な制約や資材調達の遅れなどの理由から仮設住宅の建設は遅々として進んでおらず、入居しても「先」が見通せず、必ずしも安心・安定とは限らない。生業について多くの市町村の基幹産業である水産業の再開には大半の地域で程遠いし、他の産業についても同様であり、失業すれば高齢になるほど就業・就職で選択肢は狭められる。
　これに対してコミュニティ（集落）についてはどうだろうか。大震災の直後では大災害で共通にみられるように、ライフラインの停止のなかで、避難所を中心に通常とは異なる不便な生活を余儀なくされ、そこでいかに人間らしい生活を送るための条件を整備するかが重要になる。食糧、医療、衛生、交流は不可欠である。避難生活が長期化するほど、各自の対応は県内外（集団）避難などに分かれているが、地元（故郷）・海への愛着あるいは社会・経済的制約が大きい住民ほど、行方不明者がいる家族ほど地域を離れないようである。
　各市町村の指定避難所は施設の性格で教育施設（小中学校、高等学校他）か各地区・集落の公民館等に、住民の構造で地区横断タイプか同一地区タイプに分かれるものの、運営方法は施設や人数によって多様であり、被災状況にも大きな差異があり、他方、在宅避難が非常に多く、県外避難も増加し、いずれにしてもコミュニティの意義が問われている。過去の震災から孤独の状況が心身の病に追い込むことは実証済みである。
　大震災を時間軸で捉えると、その直後からコミュニティとしての活動が重要になることは明瞭であり、陸前高田市、大槌町、南三陸町のように役所・役場が倒壊するとともに、多数

の職員が死亡・行方不明となり、その機能が一時停止したケースでは不可欠になっていたと言える。他方、行政支援をそれほど当てにしていなかった事例もみられる。

また、広大な面積をもつ市町ほど実態調査の手が隅々まで届くまで長い時間を要し、半島エリアを典型として、多くの地区で数日間のいわば孤立状態を余儀なくされた。とくに離島の多くはその日数がさらに長くなり、生き延びるにあたって、コミュニティとしてのまとまりが強く問われることになった。

避難場所、避難所の人数や立地などで避難所・避難者に対する救援物資の配送や個別の物資授受（個人、企業他）、ボランティアの派遣、各種相談、風呂、医療、情報、金融など生活条件に小さくない格差が依然としてみられる。他方、各市町村の災害対策本部（陸前高田市のように旧町単位で支部が設置されているケースもある）から各避難所に対する職員配置も多様であり、職員の運営への関わりにも差異がある。

500人、600人以上といったように人数が多い避難所では初期に小さなコミュニティ単位で班編成が行われ、数十人以下の所よりも諸条件が整備され、ルールづくりや役割分担に多大な労力が割かれている。しかし、陸前高田市、大槌町、南三陸町のように中心市街地が壊滅したエリアでは数週間にわたって食事の量・質が著しく乏しく、今（初出論文執筆中の2011年5月）でも若年者が校内の廊下の端で寝たり、いわゆるインスタントの食事が続いたり、関係者以外の往来が激しい場所付近に個人スペースが確保されている事例もみられる。大所帯になるほど、仮設住宅への入居希望が強いのも特徴的である。

人数が少ない避難所や市町の周辺部の地区・集落では食事・食糧や給水などいくらかを除けば諸条件は整備されておらず、住民が経験や能力などを活かしながら、コミュニティとして独自に積極的に動かなければ、不便を強いられることになる。がれき撤去でさえ同様である。仮設住宅に関してはコミュニティとしてのまとまりを重視し、近隣に建設されない限り、入居に積極的でないケースも多々みられる。他方で、仙台市、石巻市、宮古市、塩釜市のように、（小規模）避難所が物資配送や情報伝達等の効率化のために早々に統廃合されており、3回以上移動する住民も少なくない。

(5)コミュニティにおける避難生活の事例

1）大槌町吉里吉里地区浪板集落

大槌町（2010年3月末人口1万6,171人）の吉里吉里地区浪板は町北端（沿岸側）、山田町境に位置し、町役場から車で12、3分を要する。県内で海水浴場として有名な浪板海岸に沿って、それよりかなり高い位置にある国道45号線から山側にほぼすべての家屋がある。行政区域としてみれば、1889年に合併で誕生した大槌町の一部になった吉里吉里村の1集落である。

大震災では浪板交流促進センターが避難所（写真1-1）で、国道からいったん下り、やや強い傾斜の細道を500mほど歩いた高台にあるが、少し手前まで津波が来て、道中にある大半の家屋が全半壊し、浪板海岸駅（JR山田線）も浸水し、その付近の架橋も崩落した。民宿が7軒あったが、5軒は全半壊となった。地区人口は約430人（約140世帯）で、20人前後が死亡・行方不明である。2011年4月末現在で浪板交流促進センターでは家屋が全壊した住民を中心に50人ほどが避難生活を送っており、食事に関しては他の住民の一部も食べに来る。ライフラインは水道と電話（固定）が復旧していない。

浪板交流促進センターは吉里吉里小学校浪板分校跡地にあり、1994・95年度の農水省補助事業「山村振興等農林業特別対策事業（ウルグアイラウンド農業合意関連対策）」によって整備された施設（床面積581㎡）で、風呂や和室を備えており、震災前には1泊2,000円（食事無し）で宿泊事業を行っていた。自治会がないためにセンター長（館長・有給）が自治会長に近い存在であり、基本的に地区住民から選出されるが、震災時は近隣地区からヘッドハンティングした町役場OBであった。

浪板集落における震災後の動向で特徴的なのは、①浸水を免れた民宿に魚介系の保存食が多くあり、4日間ほど食事に問題がなく、むしろ贅沢なくらいであった。②震災直後に避難生活の体制を整え、3月12日に住民が協力して行方不明者の捜索を始めていた。③同じ日に小型重機を使ってがれき除去を始めた。④（飲料）水に関して高台の農業用溜池から水を引っ張って確保した。⑤4月末現在で地区を離れた住民は仕事の都合等で4、5軒に

写真1-1　大槌町浪板交流促進センター（2011年3月筆者撮影）

しかすぎない。

　同じ町内でも城山公園体育館の避難所はピーク時に300人超となり、複数地区の住民から構成されているが、班編成を行い、ある程度上手く運営されている一方で、町の災害対策本部・仮役場が廊下でつながる中央公民館にあることから、町職員が避難所の「働き手」不足のために頻繁に食事賄いを手伝っており、また、腕章や名札で職員と認識できるために、避難住民の依存体質が強くなっていた事例もみられる。岩手日報2011年4月8日付では一日2食（少量）が続いており、避難所で格差があることに言及されているが、場所から言えば、実態把握および食料調整が難しいだけでは済まされない側面もある。

2）南三陸町戸倉地区寺浜集落

　南三陸町戸倉地区の寺浜を取り上げるにあたって、南三陸町および戸倉地区について若干説明しておくと、南三陸町（2010年3月末人口1万7,815人）は2005年の志津川町と歌津町の合併により誕生し、戸倉地区は1955年の戸倉村、入谷村、志津川町の合併により誕生した（新）志津川町の旧村である。役場がある町中心街から国道45号線を南下し、国道398号線に入れば戸倉地区であるが、大震災では両国道をつなぐ鉄橋が崩落し、数日間孤立した。

　寺浜は町役場から17、8kmに位置し、海岸沿いの国道398号線を石巻市方面に進み、

写真1-2　南三陸町寺浜生活センター（2011年4月筆者撮影）

石巻市（旧北上町）境と接する約100人の集落で、ほとんどが水産業従事者を含む世帯からなり、暮らしと仕事が一体である。小さな湾には多くの漁船が係留され、民宿も数軒ある。家屋の多くは海岸から相当高い位置にある。全員が無事で、寺浜生活センター（写真1-2）に数日間避難していたが、4月中旬で家屋（海岸付近）の全半壊のために20人が残っている。

ライフラインは電気（停電）を除けば、ガスはプロパン、水は井戸水の利用でほとんど問題なく、食糧は高台の家々から持ち寄り数日間はしのぐことができた。ここでも魚介系の保存食が役立った。電気は自家発電で賄い、18時から20時まで利用している。食事に関しては自衛隊が車で4、5分の「志津川自然の家（県立）」で炊き出しをし、生活センターまで運搬している。ここでも在宅避難者は食べに来る。医療に関しては日本赤十字社の医療チームが定期的に巡回している。

避難生活において特徴的なのは、①風呂は仕事でいつも使っているワカメの煮沸用の大釜をバスタブにし、一度に3人くらい入浴できる体制を整備したこと、②漁村特有の幅員の狭い道路ががれきでふさがれ、身動きがとれなかったので、すぐに独自に撤去に取り掛かったこと。③地区外における所用については一人ひとりに声がけし、ガソリン節約のためにまとまって乗車していること。④誰一人地区を離れる意思がないこと。⑤町職員が常駐しておらず、住民もそれほど当てにしていないこと。

3）陸前高田市高田一中

陸前高田市（2010年3月末人口2万4,277人）は1955年に誕生する前の旧町村でみると、高田町、気仙町、広田町、小友町、米崎村、矢作村、竹駒村、横田村からなり、市の中心街は高田町に位置する。テレビや新聞などで報道されたように、多くの商店や住宅に加えて公共施設や観光施設などからなる中心市街地は大震災により壊滅した。また、浸水面積は県内の市町村のなかで宮古市と並んで最大で、9km²におよんだ。

海岸沿いの国道45号線のなかでもバイパスの海側には日本百景の高田松原（海水浴場）、古川沼、野球場、キャピタルホテル1000（1989年開業）、B&G海洋センター（95年設立）、浄化センター（99年供用開始）があった。「さんりくリアスリゾート構想」（1989年）の下で整備された県立高田松原野外活動センター（92年開業）、91年に開業し93年に道の駅（「高田松原」）登録となったシーサイドターミナル（タピック45）、「カルチャービレッジ構想」（91年）の下で整備された海と貝のミュージアム（94年開業）も外観を残して破壊された。

反対側には市役所、市民会館、県立高田病院、JR陸前高田駅、市民体育館、市立博物館、県立高田高校などがあった。気仙川に架けられ、高田町と気仙町を結ぶ国道45号線の気仙大橋（1982年開通、182m）は崩落した。国道沿いの飲食系フランチャイズ店、パチンコ店、コンビニエンスストア、ホームセンターなど多くの商店も跡形もないが、震災前の賑わいに至ったのは1990年代末以降の店舗数の増加によるものであった（例えば、ツル

ハドラッグ2003年開業、セリア生活良品04年開業)。

　旧高田町の高台にある高田一中（生徒数約300人）の体育館は市内最大の避難所となり、ピーク時に約1,250人超に達した（写真1-3）。避難所では代表、副代表、庶務、食事、物品、物流、医療などの役員が決められ、14の地区に分けられ運営されている。校舎の壁伝いに仮設トイレや炊事場があり、校舎内に避難所本部、総合受付、幼児活動室、高齢者室、隔離室（感染症等）、調理室、救護室などがある。中学生や高校生の積極的な運営参加や高学年の児童・生徒が低学年の面倒をみる姿が頻繁にみられた。グラウンドに仮設住宅が次々に建設されており、一部で入居済みである。

(6)政府・与党の市町村合併直結論に対する批判

　災害時ほどコミュニティの真価が問われることは、これまでの事例をみても明らかであり、避難生活（避難所運営）のなかでみえてきたのは、浪板集落、寺浜集落、高田一中における地区割りのようにいわゆる「昭和の大合併」前の町村より狭い空間を単位とする集落（コミュニティ）の重要性であり、そして、住民間の被災状況や世代間の運営方針等のギャップを（最終的に）乗り越える共助（相互扶助）であり、その持続可能な発展に向けたシステム構築が復旧、復興において重要な意味をもつことになる。

写真1-3　陸前高田市高田一中（2011年4月筆者撮影）

他方、今回の大震災はあらゆるものを破壊し、劣悪な諸活動環境も生じたために、生存者救助、行方不明者捜索、遺体の回収、道路・橋等の仮復旧など多くの領域において自衛隊、県内外のDMAT（災害派遣医療チーム）、消防・警察などによる市町村、県の行政範囲を超えた諸対応が不可避かつ膨大となった。救援物資収集、被災状況調査などに多大な支障が生じたが、役所・役場機能の大幅低下・一時停止の影響が大きく、やむを得ない側面が強い。
　これに対して菅直人政権は3月30日、大震災で被災した市町村の合併を促す特別立法の検討に入った。その行政機能の早急な回復にとって、合併の推進が不可欠と判断したことによる。また、被災地が広範囲のため、国主導で財政支援、都市計画、インフラ整備を効率的に進めるための受け皿をつくる狙いもある（朝日新聞2011年3月31日付）。
　菅政権にとって民主党にみられる合併推進に対する動向と軌を一にしようとするのが背景にある。片山善博総務相はタイミングも批判しながら否定的な考えを示し、「政府として検討したことはまったくない」と述べたが、民主党のスタンスから言えば、震災を名目にした合併推進は大いにあり得る（民主党「復興ビジョン（仮・日本再生構想）の課題の整理―政府への第一次提言―」2011年4月30日、他）。
　宮城県と岩手県の沿岸エリアに限れば、「平成の大合併」を経験した市町は宮城県で気仙沼市、石巻市、東松島市、南三陸町、岩手県で宮古市、洋野町であり、これらのうち石巻市、気仙沼市、宮古市は合併対象市町村が3以上で、後2市は二度合併しており、沿岸地域と合併した石巻市は面積556km^2、宮古市は697km^2（内陸の川井村との合併前）に広がっている。
　岩手では野田村、普代村、田野畑村を除けば、周辺市町も含めいずれも面積200km^{2}以上で、合併すれば巨大自治体の誕生となるので、常識的に言えば、宮城県が合併推進の主な対象になろう（七ヶ浜町13km^2、塩釜市18km^2、多賀城市20km^2、松島町54km^2、岩沼市61km^2、山元町65km^2、女川町66km^2、亘理町73km^2、名取市100km^2、東松島市102km^2、南三陸町164km^2）。
　今回の大震災で行政が強く問われたことは、市町村の行財政基盤の大小（役所・役場機能の低下・停止の要因とされている）ではなく、
①限られた人的資源による被害把握の困難を教訓として、市町村と住民（コミュニティ）がいわば「顔のみえる」距離（関係）にあることが重要になること。合併推進は逆行している。
②初動態勢や職員派遣、物資搬送等の遅れが多方面から指摘されているように、県・広域振興局の役割が市町村に限らず、コミュニティとの関係も含めて再検討されなければならないこと。市町村からの要請・連絡待ちの限界が問われた。
③他市町村あるいは他都道府県や県内外の災害医療体制など地域・自治体間といういわゆる「横」の連携・協力の重要性が過去の大災害の教訓から改めて実証されたの

で、その一層の充実・強化を図ること。非常時に事務・責任の区分論は通用しないのである。

石巻市（1市6町で2005年4月合併）をみると、一般職員は2001年度1,620人（旧市町合算）、09年度1,286人（決算カード）で21％削減（334人減）となっており、前市長時代（09年4月まで）の行財政改革大綱（06年2月）では15年度までに600人削減が明記されていた。2007年3月に「職員定員適正化計画」が策定され、06年4月の総職員数1,987人（病院局、教育委員会等を含む）を基準に、07～11年度で244人削減（12％減）を目指している。こうした影響は総合支所（旧町）にもおよんでおり、人員配置の縮減、さらに、4課から3課への再編（2010年8月）にみるように、その機能縮小がむしろ問題にされなければならない。

復旧・復興との関わりから言えば、「住民の生活領域としての地域」ではなく、「資本の活動領域としての地域」の論理によって合併が推進されることも十分にあり得る。すなわち、後者に前者を合わせようとする。これについて「宮城県震災復興基本方針（素案）」を取り上げる。

2011年4月11日に公表された「宮城県震災復興基本方針（素案）」は沿岸地域に関して「原形復旧はほぼ不可能な状況にあります」と認識し、基本理念において単なる「復旧」ではなく「再構築」とし、「農林水産業・商工業・製造業のあり方や、公共施設・防災施設の整備・配置など、さまざまな面から抜本的に『再構築』することにより、最適な基盤づくりを図ります」としている。

水産業は「優先的に再開させる沿岸漁業拠点の復旧を最優先で実施し」「水産業集積拠点の再構築、漁港の集約再編及び強い経営体づくりを目指し」「家族経営など零細な経営体の共同組織化や漁業会社など新しい経営方式の導入を進め、経営の安定化・効率化を目指し」規模拡大していく。

農業は「全く新しい発想による広域的で大規模な土地利用や効率的な営農方式の導入、法人化や共同化による経営体の強化、防災対策などを意識したゾーニングなど」から始め、経営規模の拡大および経営効率の強化を徹底する。

水産業、農業のいずれにしても、菅政権の方向性とおおよそ同一であり、寺浜集落に多くみられるような小規模経営体の解消が想定されていることは明瞭であろう。漁師をはじめ関係者の水産業の停滞、他地域との競争に対する焦りが逆手に取られることも考えられる。

具体的な展開にまで踏み込めば、宮城県は水産業において石巻、気仙沼、塩釜、女川、志津川を最重要漁港に位置づけ最新鋭の冷凍施設や水産加工業などを整備し、漁業の中核拠点とする青写真を描いている（日本経済新聞2011年5月8日付）。また、菅政権も宮城に歩調を合わせるように、東北の「食糧供給基地構想」として農地の集約化と大規模化、漁港の集約化と拠点化などを支援、展開していくことが報じられている（朝日新聞2011年4月17日付）。しかし、国や県で中長期的な計画を策定し、財源も確保していくなかで、その

代わりに大震災を名目にして、市町村や農漁家、農漁協はそれに従ってもらうという単純な構図ほど危険なものはなく、生活基盤も脆弱化することが容易に想定される。

(7)小括

　集落（コミュニティ）の持続可能な発展は急に実現できるものではなく、「暮らし」や「仕事」に関わる共助（相互扶助）の領域における地道な活動から実現でき、大震災のような非常時はいみじくもその重要性を再確認する機会となる。
　草の根から民主的に復興のスキームを策定する場合、集落（コミュニティ）の多様性を重視しながらその可能性が最大限発揮されるシステムをインプットする必要がある。もちろん、互いに支え合い、一人ひとりが「輝ける」ことが基本になる。
　世界最大級の防波堤・防潮堤の崩壊はハードのインフラに依存するだけで地域を守れないことを証明したので、防災教育・訓練の充実や防災文化の醸成、要介護者・重度障害者のための災害対策のようなソフトに関わって、誰もが主体的に活動できる体制づくり、さらに、集落を横断する非営利・協同の活動の強化に重点がおかれなければならない。
　もう一つの短・中期的な課題として、梅雨や台風あるいは夏季の到来、物資・人材供給や義援金配分の先細りにより、暮らしや仕事にさまざまな支障が生じないように、集落（コミュニティ）は役所・役場や近隣の集落、民間組織、ボランティアと協働しながら、その対策に取り組んでいくことがあげられる。

〈2〉復旧・復興2年目の現実と課題
　　　―岩手と宮城を中心に―

(1)希望が見出せない復旧・復興

　東日本大震災から2年が過ぎようとしている。日本が経験したことがない巨大複合災害による未曾有の被害は、被災地の暮らし（生活）や仕事（生産）にさまざまなかつ深刻な問題を引き起こし、その多くは解決できていない。暮らしや仕事の再建あるいは復旧・復興のために、被災者に限らず、国（中央政府）や地方自治体、民間企業なども努力しているものの、被災地において希望が見出せないのが実状である。
　これまでの大震災復興に関する研究に学べば、経済成長・開発優先型あるいは惨事便乗型の「創造的復興」ではなく、「人間（住民）・地域本位の復興」が理念として提示され、

生活、生業・雇用、コミュニティの一体的な再建を不可欠とする。しかし、今回も国（東日本大震災復興対策本部）の「東日本大震災からの復興の基本方針」（以下、復興基本方針と略称する）にもとづく政策にみるように、「創造的復興」事業が陰に陽に計画、実施されている。

本節の目的は、岩手と宮城を主たる対象に、復旧・復興2年目の実態と課題を明らかにすることである。両地域の復旧・復興に向き合ってきた立場から、できるだけ具体的な状況の記述を通して、何が進んでいるのか、進んでいないのか、そして、何が人間・地域本位の復興のために必要なのかに迫ってみたい。なお、個別の県・市町村の具体的な事例については後の章であげることとし、ここでは共通点に触れることが多いことをあらかじめお断りしておく。

(2)仕事・雇用の状況

大震災から2年目の仕事・雇用に関する主な状況は以下のとおりである。

①雇用問題の深刻さは阪神・淡路大震災を上回ると言われるが、大震災により失業し、失業給付を受給してきた人の多くが就職できておらず、仕事を探していないか、探す予定がない人も少なくない。大震災の特例による給付の延長期間が6月末までに切れた人でみれば、就職率は岩手45.6%、宮城40.5%である（朝日新聞2012年9月1日付）。日雇い労働に従事する、あるいはそれも叶わずに食料支援を受ける人もいる。

②雇用のミスマッチが深刻である。有効求人倍率は宮城沿岸を少し上回る岩手沿岸では1.00倍〜1.30倍程度の水準（2012年7月〜12月）で推移し、きわめて高いにもかかわらず、求人では土木・建設作業系、トラック運転手あるいは有資格者が多く、とくに女性には非常に厳しい。パート、臨時・短期雇用あるいは低い給与水準も多く、これではキャリアがあった人にとって酷である。

③国の補助事業が他の産業に比して手厚い漁業の再建は着実に進んでいる一方で、そうでない小規模・零細商業者の再建の遅れが目立っている。失業給付の対象にもならなかった自営業者の状況は非常に厳しい。この要因として高台の土地整備や浸水地の嵩上げの遅れ、いわゆる「二重ローン」対策や「グループ補助金（中小企業等グループ施設等復旧整備補助金）」の不十分さがあげられる。

④水産加工業の再建がようやく加速しているが、人手不足に悩まされており、やむを得ず賃金の引き上げに踏み切ったケースも少なくない。また、農林漁業とともに福島第1原発事故による放射性物質の影響や風評被害がおよんでおり、地元産にこだわるほど経営困難を余儀なくされている。

⑤製造業の再建と言っても、被災事業所の大半は大震災前の取扱量や売上高に戻っ

ていない。流通（輸送）も業者の被災により縮小しており、さらに、失った販路の再構築にも苦戦を強いられている。建設業の全体的な好況とは対照的である。

⑥県外の大資本による大規模な雇用創出が図られており、コールセンターはその典型であるが、必ずしも上手くいっていない。他方、いくつかの市におけるイオン（大型スーパー）の進出（計画）が着実に進んでいる。大手コンビニエンスストアの増加もあげられる。これに対して「特区」（新規立地促進税制）を活用した新規立地は皆無に近い。

⑦観光・レジャーは夏の目玉である海水浴がほとんどできない状況であり、高台のキャンプ場も仮設住宅になっているケースがあり、あまり機能していない。海岸沿いの宿泊施設は多くが再開しているものの、復興業務従事者によって高い稼働率を維持しているのが実状である。鉄道の復旧の遅れは通勤・通学に限らず、観光・レジャーにとっても大きな痛手となっている。

⑧いわゆるUターンやIターンが増加している。地域の復旧、復興に直接、間接に携わりたいという使命感をもって、新たに就職する、支援団体の一員になる、起業する、自営業を継ぐ（家族の死亡の場合もある）という積極的な理由によるケースが多い。震災前に比して大きな変化である。

(3)暮らしの状況

暮らし（生活）に関する状況は以下のとおりである。

①生活が「3月11日」で止まっている、精神的に不安定な状況が続く、生活不活発病になっているといった心身の問題を抱える被災者が依然として非常に多い。仮設住宅団地等では自治会や自治体を補完するように、NPOやボランティアなどが阪神・

---

2 製造業か否か、小規模・零細か否かに関係なく、岩手沿岸市町村のいくつかにおける事業所数および従業者数の変化をみると、事業所数は大槌町①2009年7月770、②2012年2月212（－72.5%）、山田町①869、②348（－60.0%）、陸前高田市①1,231、②657（－46.6%）、釜石市①2,343、②1,751（－25.3%）、大船渡市①2,654、②2,073（－21.9%）、野田村①193、②159（－17.6%）、従業者数は大槌町①4,797、②1,630（－66.0%）、山田町①5,188、②2,661（－48.7%）、陸前高田市①6,910、②4,714（－31.8%）、釜石市①16,723、②13,563（－18.9%）、大船渡市①17,326、②13,559（－21.7%）、野田村①1,101、②947（－14.0%）である（経済産業省・総務省「経済センサス」）。
3 東日本大震災復興特別区域制度にもとづき地方自治体が特例を活用するためには復興推進計画、復興整備計画等の作成が求められるが、税制や規制・手続きの特例は復興推進計画の範疇である。
4 U・Iターンは都市部からの移住を総称しており、Uターンとは出身地に戻ること、Iターンとは出身地以外の地域へ移住することをさす。なお、Jターンという用語も用いられることがあるが、これは出身地近くの地方都市に移住することをさす。

淡路大震災での教訓から見回り・見守りや生活サポート、コミュニティ事業などを懸命に実施している。しかし、内陸（県内）、県外にも多くの避難者がおり、人材不足が顕著である。

②「震災関連死」（2012年10月末現在）は福島の約1,200人より少ないものの、岩手338人、宮城821人におよぶ。この理由として、避難生活の長期化や医療・介護体制の不十分さによる体調悪化、過労などがあげられているが、検証および対策はこれまで以上に必要になっている。

③災害復興公営住宅は岩手県（11市町村）で約5,600戸、宮城県（21市町村）で約15,000戸の整備計画であるが、用地確保さえほとんど進んでいない。その整備に着手した割合は岩手では1割程度で、入居予定が2016年度の地区も少なくない。用地交渉・取得が最大の支障の一つになっており、抵当権の抹消、所有者不明、相続手続きなど複雑多岐にわたる。

④医療「過疎」と呼ばれていた岩手沿岸と宮城沿岸では、大震災により医療施設の廃止が相次ぎ、応援者も減少し、受け入れ体制は一段と厳しくなっている。宮城県の気仙沼医療圏の被害は最も深刻であったが、状況の改善は今なおほとんどみられず、医療機関82のうち休廃止22である。他方で、在宅医療の重要性が高まっている。

⑤県や市町村の正規職員や他県・市町村の応援職員の不足のなかで任期付職員や臨時職員の採用が進んでおり、貴重な戦力になっている一方で、公共、民間のいずれも医療・介護系（施設）の人手不足が著しく、ニーズが増大しているにもかかわらず、医療・介護サービスが供給不足となっている。したがって、施設の再建に支障が出ており、劣悪な環境下におかれている患者・要介護者は少なくない。

⑥被災程度の大きい被災者の医療費の負担や介護サービス利用料に対する国の特例の減免措置が2012年9月末で縮小されることになったために、岩手、宮城では県が代替的に2013年3月末までの延長措置を講じている。沿岸であってもさまざまな局面で「支援を受けるだけの時期は過ぎた」という声が聞かれるが、それほど単純ではない。

⑦岩手、宮城の沿岸市町村の公立小中学校のうち、59校が今後の統合を決めたか、あるいは検討中という状況である（岩手日報2012年9月26日付）。少子化に加え、大震災による人口流出が大きく影響している。

⑧被災者間の生活および意識の違いが顕著になりつつある。地区（集落）単位のまちづくりの方向に関して合意形成が徐々に進み、被災者は順次自らの居住形態を選択すべき時を迎え、生活に違いが出ている。他方、居酒屋やパチンコ店などに通う被災者に対する批判や復興特需の恩恵がない事業所の愚痴が時折耳に入ってくるし、また、県内でも就職（活動）に際して大震災直後のような「気の毒」だという配慮は少なくなっている。

(4)全般的な状況

仕事・雇用や暮らしに分類できない、全般にわたる状況は以下のとおりである。

①行方不明者が依然として多く、大震災がエンドレスであることを示す。また、避難者数も非常に高い水準であり、避難の長期化という厳しい状況を強いられている。行方不明者は岩手1,173人、宮城1,337人、全国計2,725人である（2012年12月現在）。都道府県別の避難者数（仮設・民間・公営住宅など）は2011年11月以降に急増し、宮城112,008人、福島98,235人、岩手41,626人、関東34,086人の順となっている。自県外への避難等は福島県から57,954人、宮城県から8,079人、岩手県から1,674人である。

②岩手、宮城の沿岸市町村の人口は2011年1月末（一部3月）〜12年11月末（一部10月ないし12月）で仙台市の増を除けば、いずれも減少している（住民基本台帳人口）。岩手沿岸は5.7%減で、市町村別では大槌町18.1%減、陸前高田市13.9%減、山田町10.7%減の順である。子育て世帯の流出が目立つ。岩手県の調査（2012年10・11月）によれば、県沿岸から内陸・県外への避難者のうち約3割が避難先での定住を望んでいる。[5] 地域経済・社会に与える影響はあまりに大きすぎる。

③災害廃棄物（がれき）処理の状況をみると、処理率（2012年11月末現在）は岩手沿岸24.2%、宮城沿岸36.8%で、スローな進捗であると言える。福島県も含めて2014年3月末までに処理を終えることが目標とされているが、その実現可能性は必ずしも高くない。この限りでは復興ではなく復旧にとどまっているのが実状である。

④国の復興基本方針は復旧・復興対策の規模を「集中復興期間（2011〜15年度）」で「19兆円」とするが、枠がはめられたかのように一人歩きしている。これは大震災直後の被害額の推計（原発事故による汚染被害は含まず）にもとづくが、そもそも数字にそれほど信頼性はない。また、県により県単位で早々に全体および個別の被害額が推計されたが、その後、調査率100%にもとづく全体額は不明である。岩手の場合、「個別」（調査率100%）に算出された水産・漁港関係の被害額をみると、当初に比して大幅増となった。被災地の状況をみれば財源不足は明らかである。

(5)3年目に向けた論点・課題

次に、3年目に向けた主要な論点あるいは課題として4点があげられる。

---

5 日本経済新聞2012年8月13日付では、「盛岡市に避難した被災者に対して市が実施したアンケートで、回答者の36%が今後も地元には戻らずに盛岡市で住み続けたいと答えていることが市への取材で11日までに分かった」と報じられている。

第一に、中小企業の再建投資に対する「中小企業等グループ施設等復旧整備補助金（グループ補助金）」という国庫補助事業の継続・拡充である。中小事業所向けの補助事業がわずかであるなかで、それは第一次補助の時期が遅く、規模も小さかったために大問題となったが、それほど改善されていない。例えば、地域の土地利用との関わり、2年繰り越しの不可、実績額への対応の不可、グループ形成にそぐわない業種などがあげられる。補助事業に伴う自己資金や事業継続のための運転資金の工面が壁となる。県・市町村（単独）の補助事業も含めて補助条件をクリアできない小規模事業所（とくに自営業者）が多いことにも言及しておきたい。

第二に、3年目もコミュニティ（集落）としての生活再建のスピードときめ細やかさの両立が課題となる。これはリーダーの存在が大きな分岐になるものの、それほど単純でない実状もある。被災者は生活スタイルの見直しを余議なくされているが、それぞれ被災度が異なるがゆえに再建の考えもさまざまであり、行政サイドとの対立や住民間の分裂を引き起こすことも少なくない。石巻市雄勝地区のように、20の自治会のうち六つが事実上解散したケースもある。県・市町村主導でまちづくりの合意形成のプロセスに関してある程度まとまったケース調査・分析を行い、公表し、参考にしてもらうべきではないだろうか。

第三に、宮城県は2012年11月の時点で沿岸漁業権を民間企業に開放する「水産業復興特区」の設置を年内にも国に申請する方針であったが、12月に年内申請を見送ることを決めた。特区活用を前提に、石巻市桃浦地区のカキ養殖業者と仙台市の水産卸「仙台水産」がすでに「桃浦かき生産者合同会社」を設立しているが、猛反対する県漁協との関係が上手くいかず、もう少し時間をとることにした。漁業権の免許更新が2013年9月に控えており、近々、最大の山場が訪れることになる。岩手漁業の復興の方向とは大きく異なるために注目が集まろう。

第四に、生活や仕事の再建の遅れに比べて、「復興（支援）道路」（宮古盛岡横断道路、釜石花巻道路、三陸縦貫道など）の整備スピードが際立っている。それに対する財源の重点投入および大手ゼネコン・コンサルの事業展開（「事業促進PPP＝官民パートナーシップ」）をみると、他の大型公共事業も含めて地元企業の適正な参画が強く求められるとともに、地域・個人の生活と仕事が最優先であるべきことを指摘せざるを得ない。工期厳守のためのさまざまな無理によって地元企業が追い込まれ、結果的に赤字案件や労災事故が増えるようでは意味がない。

(6) 人間・地域本位の復興―理念から実現へ―

従来の制度が少しずつ見直されながら再建あるいは復興が進められる一方で、依然として多様かつ深刻な問題を解消できずにいるのは、他ならぬ従来の理念・原則が限界である

ことを示す。経済成長・開発優先型あるいは惨事便乗型の「創造的復興」ではなく、「人間（住民）・地域本位の復興」を理念とし、それを進めていくためには、それが具体化されている事例に学び、発信、普及していくことが何よりも現実的であろう。

　第一に、住民・地域の生活・生産領域に根差した地域循環型経済を構築するために、農林水産業では「農商工連携」や同業種連携、「6次産業化」が積極的に展開されている。統一ブランドの構築、販路開拓、商品開発、市場調査、共同施設・設備の整備・管理、放射能汚染・風評被害対策などが手がけられている。従来のようにライバルを続け、個別に取り組むのではなく、規模の経済や範囲の経済を活かしながら、地域の共通課題に一緒に向き合っていることがポイントである。

　第二に、地域のNPO法人や一般社団法人などによるコミュニティビジネスが増大し、さまざまな組織・団体と連携しながら多岐にわたって展開されている。U・Iターン者を含め若手の主力メンバーとしての活躍がみられ、また、復興を担う人材育成にも重点がおかれている。大半の沿岸地域では地元志向が強いにもかかわらず新卒者の就職先がなく、他方で事業所も欠員補充は新卒ではなく経験者を採用し、高齢化に直面している実状に対して、アンチテーゼとしての可能性を見出すことができる。

　第三に、発災時から応援職員のような自治体間連携が大規模かつ多様に実践され、地元か否かに関係なく、自治体職員の住民に寄り添う懸命の努力がみられる。多くの自治体が行財政改革により職員を削減しているにもかかわらず、応援職員を派遣している。労働環境には改善の余地があるものの、彼らは不可欠な存在である。例えば、多くが地元職員とともに土木系の復興事業に従事し、さまざまな利害関係を調整する役割を担っているが、住民のなかには「やって当然」という公務労働に対する意識の変化がみられる。地域住民と応援職員の交流会もみられるようになっているが、「よそもの」扱いされない地域・自治体づくりが求められる。

　被災地において県内外のサポートを得ながら資金や人材が少しずつ回りだし、地域経済・社会の好循環が形成されつつある一方で、事例のような地域システムの展開、発展は平時から政策的に意図される必要があった。地域の暮らしや仕事の再建のさまざまな局面でスピードあるいは遅れを指摘することは容易であるが、地域・自治体の主体性や自治も強く問われていることに言及しておきたい。

(7)「連携・協力の原則」と国の責任—政権交代にあたって—

　上述の三つの事例は「人間・地域本位の復興」であるからこそ、「連携・協力」を原則とする意義があることを示す。この点について考え、国民間で共有しておきたい。
　農林水産物の購入のように農林水産業の再建を支えることは、とくに都市住民の安定・

安心の生活にとって非常に重要である。工業については大企業との関係ないしサプライチェーンが問われる。

地域の暮らしをサポートする県内外のNPOやボランティア、医療・介護従事者など、そして、沿岸からの避難者を受け入れている県内外の市町村とは、例えば内陸と沿岸の連携と言える。

災害廃棄物処理の加速にとって県外での広域処理は不可欠であり、大災害頻発国の日本ではいわばお互いさまとなろう。

まちづくりにおける住民間の合意形成をめぐっては、個々の利害を調整しながら地域の将来を考えることになり、次世代へのバトンタッチという連帯があげられる。

個人や企業などからの義援金・募金、ふるさと納税・寄附金、設備・備品の提供などは非被災地からの連携・協力の証であると言える。

最後に、2012年12月の衆議院選挙の結果、自公政権が政権奪還を果たした点に言及しておく。安倍首相は2012年度中の約10兆円の緊急経済対策（補正予算）を決定した。そのうち公共事業の比重が半分を占める。民主党政権下で縮小されたり、見送られたりした事業の復活が注目されるが、被災地にとっては復興事業の内容と規模が最大のポイントになる。また、被災地以外における公共事業の大幅増により、被災地では人材不足や資材不足に拍車がかかり、復興が遅れることが危惧される（写真1-4）。

写真1-4 ほとんど変化のない山田町の旧市街地（2012年10月筆者撮影）

ソフト面に関しても警鐘を鳴らしておきたい。緊急経済対策では住宅再建や雇用対策があげられているが、微々たる事業規模のようである。阪神・淡路大震災に学べば、今後、仕事・生活の再建に取り残される被災者が増えてくることが想定される。「震災関連死」・孤独死あるいは生活保護受給の増大を防ぐというセーフティネットとともに、再建に対する公的支援制度を拡充し、利用しやすくすることが肝要である。この点で国は地方自治体と連携しながら行財政責任を積極的に果たしてもらいたい。

〈3〉復旧・復興3年目の現実と課題

　本節および次節においても岩手と宮城を主たる対象に、復旧・復興の実態と課題を明らかにするが、「3年目」「4年目」と期間を区切っておく。

(1)仕事・雇用の状況

　大震災から3年目の仕事・雇用に関する主な状況は、以下のとおりである。
　①雇用のミスマッチが依然として深刻である。有効求人倍率は岩手、宮城のいずれの沿岸でも高く、大船渡、気仙沼、石巻の各職業安定所でみると、1.40倍～2.00倍で推移し、上昇しているが、土木・建築・保安系、トラック運転手の求人が多い状況である。また、それら以外ではパートあるいは低い給与水準がきわめて多く、単純に一時的であると片づけられない状況である。
　②小規模・零細商業者の再建の遅れが目立ったままである。失業給付の対象にもならなかった自営業者の状況は非常に厳しく、その大半は自立再建の見通しが立っていない。地域の人口減に加えて、高台の土地整備や浸水地の嵩上げの遅れ、再投資のための資金確保がネックになっており、いわゆる「二重ローン」対策や「グループ補助金」の不十分さが大きな影響を与えている。
　③水産・食品加工業の再建が加速しているが、人手不足に悩まされ続けている。また、農林漁業とともに福島第1原発事故による放射性物質の影響や風評被害がおよんでおり、電気・ガソリン料金の値上がりもあって、経営環境もなかなか改善されない。石巻ではいまだに海中のがれきの撤去作業が続いており、魚の水揚げに支障を来し、加工業にも相当の影響をおよぼしているのが実状である。
　④製造業の再建と言っても、被災事業所の大半は大震災前の取扱量や売上高に戻っ

ていない。とくに水産・食品加工業は深刻である。さらに、失った販路の再構築にも著しい苦戦を強いられており、仮設で最後を迎える決断をした事業者も多い。内陸に移転して、帰らないことを決めた事業所も少なくない。建設業の全体的な好況とは対照的である。このような状況も2年目と変わっていない。

⑤県外の大・中資本による沿岸での雇用創出が図られているが、いくつかの市におけるイオンの進出（計画）が着実に進んでおり、また、大手コンビニエンスストアの開店が加速している。これに対して「特区」の政策のなかで、被災地に本社機能を移せば法人税の当初5年間の免除が適用されるケースは依然として皆無に近い。さまざまな要件をすべてクリアする必要があるが、そのような事業者は限定的である。

⑥観光・レジャーは夏の目玉である海水浴がほとんどできない状況であり、巨大防潮堤の整備（計画）のために、海水浴場（砂浜）それ自体の存廃の危機にあるケースも少なくない。海岸沿いの宿泊施設は多くが再開しているものの、復興業務従事者によって高い稼働率を維持しているのが実状である。

⑦いわゆる「再生可能エネルギー」の施設が大手・中堅企業によって沿岸地域で次々に建設され、エネルギーの「地産地消」が高まっている。洋野町ではメガソーラーが建設中、構想中も含めて沿岸、内陸の6か所、発電能力45MW（メガワット）および、一般家庭約1.4万世帯分の事業となっている。これにより固定資産税や法人町民税などの税収を活用した町の住宅用太陽光発電補助、地元雇用の創出などが考えられている。

(2)暮らしの状況

暮らし（生活）に関する主な状況は以下のとおりである。

①精神的に不安定な状況が続く、あるいは生活不活発病になっているといった心身の問題を抱える被災者が依然として非常に多い。引きこもり（閉じこもり）も多々みられ、認知症に関する相談件数も増加の一途をたどっている。みなし仮設の居住者、自宅の全半壊を免れた被災者とて同様である。仮設住宅団地等では生活支援員、NPOやボランティアなどが見回り・見守りや生活サポート、コミュニティ事業などを懸命に実施している。しかし、人材不足が顕著である。

②災害公営住宅は岩手県（11市町村）で5,973戸、宮城県（21市町村）で15,755

---

6 東北経済産業局（経済産業省）による「グループ補助金交付先アンケート調査」（2013年6月実施、同年9月公表）によれば、岩手県では震災直前と現在の売上げ状況を比較して57.7%（宮城県40.7%）が減少している、また、震災直前と現在の雇用を比較して、37.8%（同63.0%）が減少していると回答している。なお、この調査は2011年度および12年度のグループ補助金の交付先7,577者に対しアンケートを実施し、5,445者（71.9%）から回答を得ている。

戸の整備計画（修正後）であるが、宮城では事業着手の割合が52.6%（2013年7月末現在）、工事完了の割合が0.6%（同）である。整備の遅れにより、入居予定が2016年度以降となる地区が増えている。他方、完成住宅のなかには不便な生活環境が敬遠され、空室が出るミスマッチが生じている。8階建ての高層住宅や300戸の大型団地も予定されており、その増大が危惧される。震災前の居住スタイルとは大きく異なることによる。

③岩手沿岸および宮城沿岸では大震災により医療機関の廃止が相次いだが、他方で多くが仮設で再開しているものの、応援者も減少し診療体制は非常に厳しいままである。岩手の山田、大槌、陸前高田の各市町では入院機能をもつ唯一の県立病院が全壊したが、病院としての再開は2016年度以降であり、病床は縮減される。他方で、基幹病院では早期退院のケースが多く、在宅医療の重要性が高まっているものの、人手不足のために充実にはほど遠い。劣悪な環境下におかれている患者は依然として少なくない。

④被災者間の生活および意識の違いが地域によって顕著になっている。地区（集落）単位のまちづくりの方向に関して合意形成が進み、被災者は順次自らの居住形態を選択すべき時を迎え、生活に違いが出ている。高台移転を待てない世帯を含め、自立再建はすでに進んでいるが、各市町村の住宅再建支援策の拡充により加速しつつあり、災害公営住宅の動向とは大きく異なる。また、応急仮設住宅では劣化が問題になるケースが増えており、居住環境の低下も危惧される。

⑤復興住宅の建設のために、地元の森林組合、製材工場、建築業者などが強力に連携し協議会等を設立するケースがいくつかみられる。地域の産業を守ることを目的とし、アフターケア（リフォーム等）も視野に入れており、次の特徴がみられる。地元産の木材をふんだんに利用する。さまざまな点で合理化・省力化を図り、割安で提供する。登米市のケースでは災害公営住宅を対象としており、農林中央金庫が融資により資金面の支援をする。なお、県レベルになれば、各県の地域型復興住宅推進協議会があげられる。

(3)全般的な状況

仕事・雇用や暮らしに分類できない、全般にわたる状況は以下のとおりである。

①行方不明者が依然として多い。また、避難者数も非常に高い水準であり、避難の長期化という厳しい状況を強いられている。行方不明者は岩手1,144人、宮城1,296人、全国計2,651人である（2013年11月現在）。避難者数（仮設・民間・公営住宅など）は27.8万人におよび、都道府県別でみると宮城9.4万人、福島8.9万人、

写真1-5　防潮堤整備や土地の嵩上げを待つ宮古市鍬ヶ崎地区（2014年1月撮影）　　写真1-6　陸前高田市・高田西地区復興整備造成事業（2014年3月筆者撮影）

岩手3.6万人の順となっている（2013年11月現在）。
②災害廃棄物（がれき）処理の状況をみると、処理率（2013年6月末現在）は岩手63％、宮城82％、それとは別に区分される津波堆積物の処理率は岩手35％、宮城59％であり、復旧・復興3年目で加速している。福島も含めて2014年3月末までに処理を終えることが目標とされているが、その実現は微妙なところである。
③復興業務を担う市町村職員の大幅不足である。職員不足はすでに生じていたが、防災集団移転促進事業や土地区画整理事業を典型とする高台移転や市街地整備（嵩上げ）などに係る事業の本格化に伴って顕著になっている。岩手、宮城、福島の3県の49市町村は2013年4月から合計1,490人の職員派遣を国に求めたが、1/3にも満たない人員しか確保の目途がたたず、県や市町村で採用する任期付職員を合わせても半分に届かない状況が一時みられた。正規職員だけでなく、派遣職員等の負担も増大するし、派遣の長期化に頼らざるを得なくなっている。
④公共、民間のいずれのハード事業でも資材や作業員が不足し、工事単価も上昇しており、また、公共事業に伴う入札の不調は事業規模が小さいほど深刻であり、復旧・復興の遅れの主な要因になっている（写真1-5、写真1-6）。岩手、宮城（とくに北部）の沿岸はもともと平地が少なく、大手企業による資金力を生かした宅地開発が進む一方、行政の住宅用地取得などと競合し、地価の高騰のなかで土地の奪い合いの様相も呈している。

(4) 4年目の課題

4年目の課題として少なくとも4点があげられる。

写真1-7　大船渡市・大船渡屋台村（2012年7月筆者撮影）

写真1-8　釜石市・仮設の青葉公園商店街（2013年1月筆者撮影）

　第一に、4年目もコミュニティ（集落）としての生活再建のスピードときめ細やかさの両立が課題となるが、地区によっては住民主体で住宅再建のための新たな組織を立ち上げ、精力的に活動しており、大いに参考にするべきである。こうした動向に対して、住宅再建の本格化を受けて仮設住宅団地の自治会の解散・休止あるいは仮設住宅の集約が進むと、仮設住宅に残ったり、仮設住宅間の引越しを行ったりする生活困窮者や高齢者の生活対策やコミュニティの機能などが改めて問われるようになる。生活困窮者には震災により母子・父子家庭となり、孤立化するケースも多く含まれており、きめ細やかな支援が求められる。

　第二に、阪神・淡路大震災に学べば、今後、仕事・生活の再建に取り残される被災者が増えてくることが想定される。震災遺児をはじめ子ども、障害児・者にも注意を払わなければならない。生活環境の変化や家族の疲弊などの影響によりストレスが増すことも考えられる。心身の病気・不安に対するケアを強化し、さらに、孤独死や自殺あるいは生活保護受給の増大を防ぐための対策を講じるとともに、生活・仕事の再建に対する公的支援制度を拡充し、周知徹底しながら利用しやすくすることが肝要である。[7]この点で国は自治体と連携しながら行財政責任を積極的に果たし、また、国・自治体が、支援活動を行う組織の設立あるいは強化のための支援事業を充実していくことが求められる。

　第三に、事業者の仮設商店街における事業・商売の継続である。被災事業所に自治体を通じて建物を無償で貸す中小企業基盤整備機構の仮設施設整備事業（約580か所の

7　岩手県沿岸における生活保護の受給世帯数は大震災直後に急減し、2012・13年度および14年度前半は2,200人〜2,300人で推移している。この長期にわたる「横ばい」の要因について、経済力が弱い世帯が多い母子家庭や高齢者世帯を中心に受給世帯が微増していることが考えられるが、他方で母子家庭の域外への転居や高齢の受給者の死亡・転居、被災者の医療費窓口負担免除等による申請減があり、総数としてほとんど変化がない、というのが筆者の見方である。

商店街)のなかには、用地確保にあたって市町村が民有地を2年程度の契約で借りた例が多く、契約期限を迎える土地が次々出ている。気仙沼市はすべて民有地のケースである(日本経済新聞2013年6月21日付他)。公有地については仮設住宅団地の建設を優先させた。順調に再建に向かう事業が中断したり、本設の見通しが立たない者が行き場を失ったりすることになりかねない。他方で、撤去費用は市町村の負担であるために、国の負担がなければ非常に厳しい局面に立たされる(写真1-7、写真1-8)。

第四に、中小企業の再建投資に対する高率の国庫補助である「グループ補助金」の継続、拡充である。この補助金は制度創設後に補助の拡充があり、補助対象者および補助総額も増え続けているものの、小さな改善にとどまっている。例えば、次の点は問題を抱えたままである。①地域の土地利用のあり方との関わりで着手しにくい。②3年目繰り越しが不可とされている。③事業実績額への補助が不可とされている。④グループ形成にそぐわない業種は不利である。倒産件数に占める「震災」関連倒産の構成比で宮城県、岩手県が突出している状況下で、足元の地域経済の立て直しのためにきめ細やかな対応が求められる。

〈4〉復旧・復興4年目の現実と課題

(1)仕事・雇用の状況

大震災から4年目の仕事・雇用に関する主な状況は、以下のとおりである。
　①本格的な店舗でまとまって再建(本設)を目指す仮設商店街の大半がそのめどを立てるまでに至っていない。日本経済新聞2014年9月13日付によれば、「石巻まちなか復興マルシェ」(石巻市)は堤防工事のために11月末で閉鎖しなければならないにもかかわらず、移転先を検討している段階である。また、「鹿折復幸マート」(気仙沼市)は嵩上げ工事のために、9月に「仮設の仮設」へ移転したという状況である。他方で、仮設のある現在の場所から離れたくない店主が多いケースもある。例えば、金銭的な負担増とともに、新たなひと・ものの流れが形成されていることがあげられる。なお、嵩上げ地における本設が決まっている商店街でも、高台の住宅街の存在や家賃(テナント料)の上昇などを理由に参加を躊躇する仮設店舗も少なくない。
　②漁業に関して水揚量(例えば、魚市場の水揚量ベース)は、浜によって違いがあるものの、全般的にみれば順調に回復し、2010年の水準の8割となり、魚種によっては大震災前の水準となっている。他方、岩手沿岸で言えば、アワビや秋サケは震災年に種苗(稚貝)あるいは稚魚の放流が低水準となった影響が大きく、回復基調に水を差す結果となり、来季の水揚げも懸念される(震災後の放流については震災前

の水準にようやく回復した)。宮城沿岸で言えば、養殖カキの生産量(むき身)が増大しているものの、震災前の水準に遠くおよばない状況である。
③事業所の再建にあたって資金難や債務拡大に対する不安があげられることが非常に多いが、事業者の「二重ローン」問題について、県レベルでは産業復興相談センターと産業復興機構が対応しており、2014年7月現在、相談件数はア)岩手県522、イ)宮城県1,052、産業復興機構による支援の対象とすることが困難なケースを取り扱う東日本大震災事業者再生支援機構(国レベル)への引き継ぎ件数はア)48、イ)98、金融機関等による金融支援の合意件数はア)146、イ)196、そのうち買い取り決定件数はア)95、イ)112である。2011年11・12月の組織設立後1年間の状況からみれば、ようやくまとまった形で実績があらわれているが、それでも少ないというのが大方の評価であろう。

(2)暮らしの状況

暮らし(生活)に関する主な状況は以下のとおりである。
①岩手、宮城、福島の3県で、高台移転先の用地取得(「防災集団移転促進事業」分)が2014年6月末時点で目標の84%にあたる約750haに達し、13年9月の49%から大幅に伸びている(河北新報2014年8月13日付)。強制ではなく任意で交渉するのが用地取得の原則であるとしても、国(復興庁)の2013年3月以降の数回にわたる「住宅再建・復興まちづくりの加速化措置」を背景に、所有者不明の土地を裁判所が選任した財産管理人が売却(処分)できる制度の活用が一定のインパクトをもったことがあげられる。宅地造成が順次スタートし、住宅建設が本格化することになる。
②津波浸水域や地盤崩落地から被災者がまとまって移住する「防災集団移転促進事業」について、造成完了に長期を要するために、時間の経過とともに希望者が減り続けているケースが少なくない。住民ニーズが変わることはやむを得ないとはいえ、それが減っていけば、自治体が用意する造成地に大量の空き地が広がりかねない。なお、集団移転の対象は本来、災害危険区域内の世帯に限られるが、国は一定の条件を満たせば区域外の住民にも区画分譲を認める方針に転換している。
③沿岸被災地から内陸部や県外へ避難した被災者を対象にしたアンケートが示すように、居住場所について避難先に定住したいとする人が増大しており、沿岸からの人口流出の懸念が高まる一方で、避難先の自治体の生活再建支援も本格化している。岩手県の震災避難者意向調査(2014年8月)では避難先定住希望が内陸50.7%、県外43.2%である(岩手日報2014年9月26日付)。
④大震災による被災等で校舎が使えなくなった岩手、宮城両県の公立小中学校・高

校(82校)のうち、2013年度末現在でも仮校舎に入る学校が46校(通学児童・生徒数約8,700人)におよんでおり、4年目で新校舎に移る学校もわずかである。本来の校舎と違い、教育環境が十分でないため、各地の教育委員会は移転・新築や大規模改修による校舎の再建、他校との統合などで仮校舎の状態を解消するよう急いでいるが、なかには仮校舎状態がいつまで続くかさえ決まっていないケースもある(河北新報2014年3月8日付)。

(3)全般的な状況

仕事・雇用や暮らしに分類できない、全般にわたる状況は以下のとおりである。
①3年目と同様に、事業所や(独自の)住宅の再建にせよ、公共施設の再生にせよ、資材や人手の不足で建設コストが著しく増大したり、工期の遅れが生じたりして、プランの縮小・断念や開業(事業開始)時期の変更を余儀なくされるケースが多い。2016年7月開院予定の石巻市立病院の建設事業費は90億円から157億円に増えており、国や県にも負担を求めている(日本経済新聞2014年10月30日付)。釜石市の災害公営住宅では世界的建築家の審査によって計7,500万円をかけた設計が入札不調で白紙になった(岩手日報2014年5月28日付)。なお、復興工事に従事する業者の活躍は誰もが認めようが、労災件数(とくに建設業における死傷者)の規模がきわめて高い水準で推移しており、事故防止策も追いついていないことがあ

写真1-9 大槌町・大槌城跡城山公園からみた旧市街地(2014年12月撮影)

写真1-10 陸前高田市・市街地嵩上げのために山から土砂を運ぶベルトコンベヤー(2014年12月筆者撮影)

げられる。

② 被災地で難航する事業用地取得の加速化を図る改正復興特区法が2014年5月に施行された。被災地の切実な訴えが国を動かし、議員立法として成立した点で画期的であったという評価がある一方で、主要な改正事項を活用した岩手県や宮城県の事例（土地収用手続きの期間短縮や緊急使用制度の特例など土地収用法の特例）は伸び悩んでいる（2014年11月末現在）。土地の所有者の有無や権利関係を調べるのに時間がかかり、自治体が制度を活用する段階までたどりつかないのが要因となっている（河北新報2014年9月8日付）。なお、岩手県が担う復興事業に関係した取得済み用地は4割ほどで、沿岸市町村ではほとんどがそれを下回るレベルである（岩手日報2014年12月27日付）。

③ 鉄路の復旧が一気に前進する。一つ目は一部の区間が不通になっているJR仙石線の運行に関して2015年5月に全線再開する目途がついたことである。宮城県内で人口規模が第2位の石巻市と仙台市が再び結ばれることになる社会・経済的意義は非常に大きい。もう一つはJR山田線の復旧工事が2015年3月に着工されることになった。2016年の岩手国体までに一部区間の運行再開を目指す。復旧後の運営は第三セクターである三陸鉄道に移管され、三陸鉄道の南リアス線と北リアス線の直結が実現することになる。

大震災から4年間の仕事や暮らしの変化について特筆すべきことは少なくないが、これまでの記述に関わる点をあげると、震災を機に岩手、宮城両県の内陸・沿岸の各地にDIOジャパン（2014年12月現在、民事再生手続き中）がコールセンター（子会社を含む）を開設したが、県の緊急雇用創出事業（国の交付金事業で、市町村も実施主体となる）の終了

写真1-11　写真1-4と同じ場所（2014年12月筆者撮影）

後の2014年に事業休止（閉鎖）し、多数の雇用が失われた。こうしたケースはレアであるものの、仕事づくりの実績のためであれば、どんな雇用創出でもよいわけではなく、県や市町村の復興計画における地域ビジョンにできる限り沿ったものでなければならないであろう。

　被災者の生活や事業者の仕事の再建に直結する土地区画整理事業、防災集団移転促進事業、津波復興拠点整備事業などの完了状況が低調であれば、ましてや居住地、仕事場であったエリアが更地のまま数年を経過していれば、将来のまちの姿がなかなかイメージできず、それぞれの不安が増すことは当然である（写真1-9、写真1-10）。写真1-11は山田町の旧市街地であり、筆者は同じポイントから写真を撮り続けているが、ほとんど変化がない。しかし、後の章で展開するように、今回の震災はあまりに規模が大きすぎ、したがって被害も広範、多岐にわたっているので、復興スピードの遅れを批判し続けるのではなく、国や地域・自治体は制度や政策、費用などの根本的な問題に向き合い、それを少しずつ解消していくこともやむを得ないのではないだろうか。

(4) 5年目の課題

　5年目の課題として3点があげられる。

　①2015年度はいわゆる「集中復興期間」の最終年度にあたるが、15年3月現在、国はその延長を明言していないし、16年度以降の財源手当の詳細も定めていないため、最大の課題にあげられる。例えば、岩手県は2014年6月の試算で復興費用（県・市町村・国の事業分）を16〜20年度に約1.7兆円と見込んでいたが、15年4月の試算で約2.2兆円とする。この修正は事業進行の遅れ（入札不調や作業員不足等の影響）や資材・労務費の上昇などによる。復興相等は復興に必要な事業については5年で終わりではなく、やり抜くと述べる一方で、進捗状況をチェックし、必要な事業を精査していくとともに、財源のあり方を検討するといったことを発言するにとどまる。事業の必要性や追加財政の規模などをめぐって、国が一方的に交付金事業の打ち切りや自らの財政負担の軽減を決定しないよう、国と地方自治体の協議が徹底して行われる必要がある。

　②農林水産業にかかる生産・加工分野の再生アプローチとして、いわゆる「産学官金」（連携）あるいは「農商工連携」「6次産業化」の取り組みが拡大を続けており、小規模事業者でも商品開発や販路開拓などいくつかの局面に参画できる機会が増えつつある。また、若い世代がU・Iターン等で就業しているケースも少なくなく、岩手・宮城県産の商品を買って被災地を支援する、いわゆる「応援消費」が縮減するなかで、一層の展開が期待される。なお、岩手の場合、沿岸市町村における被災事業所の76%（県調査の回答事業所ベース）が2015年2月現在、再開ないし一部

再開している。

③阪神・淡路大震災でもみられたが、暮らしと仕事の再建が進むなかで、格差が拡大していくことである。暮らしで言えば、コミュニティ内の仮設住民と在宅避難者（被災者）あるいは自立再建者の「溝」であり、これまでの付き合いが減っていく。生活困窮世帯の存在も無視できない。これとの関わりで就学援助の対象になる小中学生が増大し、高止まりしている。在宅被災者が家屋修繕の費用捻出に困難を抱え、修繕未了のケースも多い。仕事の面でも、（本格）再建に踏み切れず、年齢的な不安が増すばかりとなる。震災前、震災後の仮設店舗入居時、本設時の借入れという「三重ローン問題」も起こりうる。また、国等の補助金の採択が再建において明暗を分けるケースもみられる。多くの事業者が暮らしとともに仕事におけるローン対応で長期にわたってもがき続けることが想定されるために、いわゆる働き盛りの世代も例外ではなく、きめ細やかなサポートが講じられるべきである。

第2章 震災復興コミュニティビジネスの現状とその持続可能性

はじめに

　東日本大震災を境に岩手沿岸において人口の社会減が加速している。これは主に年齢20代～30代の流出による。従来の新卒者に加えて子育て世帯までも、多くが地域を離れている。大震災以降、津波を恐れて、あるいは家族を亡くしたので住みたくないといったような心理的、精神的な理由とともに、沿岸地域の惨状を目の当たりにし、あるいは復旧、復興に向き合うなかで、長く働けない、暮らせないという悲観的な見通しがあることによる。

　こうした人口の大幅な社会減の経済的な背景として、多くの事業所の被災により地域の雇用維持・創出力が大きく低下していることがあげられる。岩手では大震災から2か月で、約2.3万人が失業手当の手続きを行ったことに象徴されている。このため国（中央政府）、非営利組織、民間ファンドなどの復興・支援事業を通した職業訓練や資格取得、起業、被災事業所の再建、事業所の雇用などへの助成、さらに、岩手内陸や県外の企業の沿岸進出・出店などが雇用維持・創出に大きな役割を果たしている。

　これに対していわゆるUターンやIターンの動きが若手（20代・30代あたり）を中心に幅広い世代で男女問わず活発になっている。地域の復旧、復興に直接に携わりたいという使命感をもって、新たに就職する、支援団体の一員になる、起業する、自営業を継ぐといったケースが数多く見られる。岩手県や沿岸市町村が人口の社会減対策を視野に入れながら、地域（住民）の主体性、自律性にもとづき雇用創出・維持力を再生していくのであれば、そうした動向に着目し、岩手沿岸で就業できる条件づくりをどう進めるかが問われることになる。

　大震災を契機に、岩手沿岸ではU・Iターン者を含めて多くの地域住民が地域の仕事（生産）・雇用と暮らし（生活）に関する（目前の）共通課題に取り組むだけでなく、それらに関する新たな価値を見出し、地域内外で共有していく活動も顕著にみられる。すなわち、農山漁村あるいは過疎地域という地域の特性とともに、大震災前からの継続性や大震災後の断絶性、新規性を強く意識しながら、仕事・雇用と暮らしを社会的な事業によって再建あるいは復旧・復興しようとしている。

本章では、こうした社会的な事業（取り組み）を研究対象にして、研究蓄積のあるコミュニティビジネスあるいはソーシャルビジネスからアプローチする。そして、それを「震災復興コミュニティビジネス」あるいは「震災復興ソーシャルビジネス」と呼ぶこととする。これらの震災復興ビジネスが地域で仕事・雇用を創出し、持続可能な仕組みになりうることが想定されている。しかし、岩手沿岸におけるそうした動向は整理されておらず、全体の構図がみえない。そのため、その発信や普及などにとって大きな損失となり、さらに、復旧、復興の遅れを生じていると考えられる。

　本章の目的は岩手県における震災復興コミュニティビジネス（震災復興ソーシャルビジネス）の実態を明らかにし、その持続と発展に向けた課題を検討することである。本章の意義は震災復興ビジネスが類型化され、その成果あるいは問題や課題が鮮明になる点にある。そして、2011年8月策定の「岩手県東日本大震災津波復興計画　復興基本計画」（以下、岩手県復興計画と略称する）における復興に向けた三つの原則のうち、とくに「『なりわい』の再生」にとって重要な示唆が得られるであろう。

〈1〉岩手沿岸における東日本大震災後の地域経済問題

　東日本大震災の全体的な特徴および社会経済的な特徴は第1章で整理されており、それに委ねるが、大震災からの復旧、復興にとって最大の鍵は、「災害の政治経済学」（例えば、宮入2005、2006など）の研究蓄積を踏まえれば仕事・雇用、暮らし（とくに住宅）、コミュニティである。いずれもいわば「マイナスからのスタート」であるが、被災以前の水準に可能な限り復旧することは国の責務である。そして、経済成長・開発優先型の「創造的復興」ではなく、「人間・地域本位の復興」、つまり、被災者および被災地域・自治体の主体的、民主的なスキームによる復興が非常に重要になる。

　これに対して、現実として、仕事・雇用、暮らし、コミュニティの復旧、復興において、地域では過去にない難題が数多く生じており、さまざまな利害関係が形成されている。地域住民や事業所がバラバラに再建を目指すことになれば、かえって地域全体の経済・社会にとって多くの時間的、金銭的な負担を要する場合がある。他方で、少数派が配慮、重視されるべき局面では、時間や金銭よりも、少数でも「人間」および「自治」が強く問われる。「地域」を（旧）市町村単位で捉えれば、その復旧、復興にとって、市町村における公的セクター、私的セクター、非営利・協同セクターなど多様な主体の存在および各々の役割の分担と連携が非常に重要になる。

　岩手県復興計画では復興の目指す姿として、「いのちを守り　海と大地と共に生きるふるさと岩手・三陸の創造」が掲げられ、「一人ひとりにとっていきいきと暮らすことのできる『ふ

るさと』であり続けることのできるような地域社会づくり」「誰もが再び人間らしい日々の生活を取り戻すことができる被災者一人ひとりに寄り添う人間本位の復興」「コミュニティの回復・再生を図りながら、三陸の海がもつ多様な資源や潜在的な可能性などの特性を生かした復興」「人と人、地域と地域といったつながりを更に広げ、多様な参画による開かれた復興」などと説明されている。

復興に向けた三つの原則、すなわち「『安全』の確保」「『暮らし』の再建」「『なりわい』の再生」のうち「『なりわい』の再生」については、「生産者が意欲と希望をもって生産活動を行うとともに、生産体制の構築、基盤整備、金融面や制度面の支援などを行うことにより、地域産業の再生を図る」「さらに、地域の特色を生かした商品やサービスの創出や高付加価値化などの取り組みを支援することにより、地域経済の活性化を図る」と記されている。

このように岩手の復興は目指す姿および「なりわい」の点でとくに阪神・淡路大震災からの復興で強烈な批判を受けた、成長・開発型の「創造的復興」でないことは明らかであり、県民の「人間復興」および地域の「自治復興」、地域資源の「発掘・利活用」として整理することができる。

岩手県復興計画ではこうした復興の方向が示され、県や市町村、民間企業、地域住民などさまざまな主体が復旧・復興に取り組んでいるが、大震災から約2年（初出論文の執筆時点からみて）、岩手沿岸における仕事・雇用の実状を簡潔に述べれば、以下のとおりである。[1]

①雇用問題の深刻さは阪神・淡路大震災を上回る。また、雇用のミスマッチが顕著にみられる。とくに女性の就職（フルタイム）は選択肢がきわめて限定的であり厳しい。[2]

②小規模・零細商業者（個人事業者）の再建の遅れが目立っている。

③水産加工業の再建がようやく加速しているが、人手不足に悩まされている。

④製造業の再建と言っても、被災事業所の大半は大震災前の取扱量や売上高に戻っていない。

⑤コールセンターやイオンのショッピングセンターを典型として、県外企業による大規模な雇用創出がみられる。また、大手のコンビニエンスストアの早期の再建あるいは進出

---

1 岩手沿岸における仕事・雇用の状況を整理するにあたって、大震災による被害状況を若干あげておく。岩手県復興計画によれば、2011年7月25日現在、産業被害（6,087億円）のうち水産業・漁港被害3,587億円、工業（製造業）被害890億円、商業（小売・卸売業）被害445億円、観光業（宿泊施設）被害326億円などとなっている。中小企業白書（2011）によれば、岩手では水産加工場178のうち全壊59、半壊6である。岩手沿岸では津波浸水区域内の事業所数の割合は64.9％で、宮城沿岸46.3％に比して非常に高く、被災程度がいかに大きいかがわかろう。

2 岩手における2011年の常用雇用指数（5人以上規模事業所）は96.6（10年100.0、09年101.7、08年105.4）である。月別にみれば、5月95.9、6月95.4、7・8月96.2、9・10月95.4、11月96.6、12月97.0である。産業別にみれば、例えば、宿泊業、飲食サービス業は79.8（最低）、複合サービス業は171.0（最高）である（岩手県ホームページにおける毎月勤労統計調査地方調査平成23年）。

および積極的な展開もあげられる。
⑥医療・介護系（施設）の人手不足が著しく、医療・介護ニーズが増大しているにもかかわらず、サービスが供給不足となっている。
⑦観光・レジャーは夏の目玉である海水浴がほとんどできない状況である。海岸沿いの宿泊施設は多くが再開しているものの、復旧・復興業務従事者によって高い稼働率を維持しているのが実状である。
⑧U・Iターンが増加している。既述のとおり、積極的な理由によるケースが多い。もともと新卒者が地元で就職する比率は非常に低く、Uターンでもアルバイト・パート（単純作業）の場合が少なくないし、起業にも程遠いので、大きな変化である。

〈2〉雇用維持・創出とソーシャルビジネス、コミュニティビジネス

(1)雇用維持・創出における人間・地域中心の視点

　岩手とくに沿岸地域の復旧、復興における最重要課題として雇用の維持・確保があげられるが、それについては次の2点が具体的な課題となっている。
　第一に、生活の糧を得るための雇用の確保であり、その受け皿となる産業・生業の建て直し（できるだけ震災前の状況に戻す）である。
　岩手沿岸を含む三陸沿岸は世界三大漁場の一つにあげられるほどの好漁場であり、また、地域別の漁獲シェアでは高い比重を占めており、漁業（生業）の早期再開が目指された。漁場や漁港などのがれき撤去は国の緊急雇用対策事業に位置づけられ、漁業者の大半が自らの漁業再開準備と併せてそれに従事した。
　漁業の復旧は水産業における加工、流通、販売、さらには、観光などの復旧にとっても非常に重要な意味をもっており、それらの基礎（土台）となる。そして、三陸・岩手の基幹産業である水産業の復旧はとくに都市部の住民の食生活に大きな影響を与えるため、欠かせない事項である。ただし、放射性物質の影響や風評被害が長期におよぶことが危惧される。
　他方、工業の被災は内陸の企業（事業所）と併せて「サプライチェーン」の寸断を引き起こし、全国ベースで生産活動は停滞した。したがって、雇用への打撃は計り知れないレベルとなり、その地域産業における存在意義が再確認された。
　地元の商業者は地域の経済、社会の両方の維持にとって欠かせない存在であるが、海沿いないし、その付近に中心市街地あるいは商店街（商業集積地）が形成されていたために、大半が被災し、消防団員として犠牲になったケースも多々みられる。
　第二に、大震災（復旧、復興）を契機とする新たな事業による雇用創出があげられる。

ここでは復旧、復興に関わる一時的な土木・建設作業系ではなく、地元住民・事業所等あるいはU・Iターン者や岩手内陸・県外企業などによる大小さまざまな規模の起業、地域（市町村あるいは旧市町村）あるいはコミュニティ（（旧）市町村より狭い範囲）に根ざした新事業（異業種参入も含む）、支援活動の事業化などがあげられる。

地域の産業・生業を被災以前の水準にできる限り戻すためには、事業所や労働者が絶対的に減少しているために、その内容を持続的に発展させていかなければならない。「被災以前の状況に戻す」というよりも、多くの地域住民が地域の仕事・雇用と暮らしに関する（目前の）共通課題に取り組むとともに、それらに関する新たな価値を見出し、地域内外で共有している（しつつある）、というプロセスおよび質に注目することができる。

この点に関わって、キャッシュ・フォー・ワーク（以下、CFWと呼ぶ）に言及しておく必要がある。永松（2011）はCFWを「労働対価による支援」と訳し、「自然災害や紛争などの被災地において、その復旧・復興のために被災者自身が自ら働いて関与し、その労働に対して対価が支払われることで、被災者の生活を支援する手法」と説明する。その意義は、義援金や物的支援と違い、被災者が地域の復旧、復興に携わることを通して、「誇り」「生き甲斐」「希望」を獲得し、対価に応じて地域社会に新たな価値が生み出される点に見出すことができる。

CFWは今に始まったわけではないが、東日本大震災では公的、私的、非営利・協同の各セクターとのパイプ役をボランティアでなく被災者が担い、被災地・被災者に向き合いながら、直接に、被災地の生産（仕事）、生活、コミュニティの復旧、復興を進める。そして、どのような仕事でも良いというわけではなく、地域の社会経済状況を改善したり、災害に強い地域づくりを目指していくモデルとして、従来のがれき撤去のような肉体労働中心にとどまらない実践的な広がりが顕著にみられる[3]。

しかし、CFWは永松（2011）で述べられているように、「あくまで平常の経済活動が被災地で再開するまでのつなぎプロジェクトである」と位置づけられている。つまり、それは平常の経済活動の再開に合わせて縮小、停止することになるが、すべてをそうせざるを得ないのだろうか。そのなかには持続可能な手法として発展させることができるのであれば、そうすることが望ましい取り組みはないのだろうか。

この点に関して永松（2011）は阪神・淡路大震災の被災地で生まれ、東日本大震災の被災地でも実践されている「まけないぞうタオル（避難所や仮設住宅にいる女性たちが救援物資のタオルを象の形に加工する）」の販売を例にあげ、「ボランティア活動に端を発し、その後、持続的な活動とする過程で、コミュニティ支援などの活動を通じて収入を得られる」コミュニティビジネスの発達として評価し、CFWに通じる発想であると位置づけている。

3　日本経済新聞2011年9月5日付では東日本大震災の被災地におけるCFWの事例が数多く紹介されている。

また、岩手の大手民間企業がバックアップする「三陸に仕事を！プロジェクト」を例にあげ、被災した女性たちによる漁網で編んだ「浜のミサンガ『環（たまき）』」づくりおよびプロのデザイナーによる商品開発・販売促進について、従来のコミュニティビジネスの枠（「商品のクオリティそのものよりも、あくまで支援の一環として消費者が購入することが前提のものが多かった」）を超えた本格的な活動として評価している。そして、「被災地と支援者をつなぐ重要なコミュニケーションツールを提供しているという意味では、これも我が国ならではのCFWの一つのモデルではないかと思います」と述べている。

永松（2011）ではCFWとコミュニティビジネスの関係、さらに、コミュニティビジネスそれ自体が十分に説明されているわけではないが、東日本大震災の被災地、本章で言えば岩手において、CFWあるいは「まけないぞう」「浜のミサンガ『環』」などのような動向に社会的な事業の性格を見出し、コミュニティビジネス（以下、CBと呼ぶことがある）あるいはソーシャルビジネス（以下、SBと呼ぶことがある）からアプローチした場合、大震災から約2年というステージにおいて、それらが地域で仕事・雇用を創出したうえで、それを持続可能にする仕組みになるかどうかが問われるべきである。

(2) SB・CBの概念整理と研究成果

ソーシャルビジネスおよびコミュニティビジネスという用語に関しては、さまざまな定義が提示されている。しかし、地域あるいは労働や生活の質の向上を目指す社会的な事業をさす総称的、包括的な用語になっているものの、共通の定義についてはなお未確定のままである。さらに、定義のための基準あるいは条件（要件）もはっきり定まっていないと言える。

逆に言えば、定義およびそのための基準あるいは条件が未確定であるがゆえに、主体にとって従来のそれらは参考になるものの、それらに縛られずに自由に解釈、発想すればよいことになる。したがって、事業の内容および展開に大いなる可能性が見いだされると積極的に評価できよう。

SBとCBという用語はヨーロッパ（間）、アメリカ、日本などで用いられ方（登場経緯）が異なり、日本は後発国として位置づけられることがある。日本でSBとCBは総体的に事業基盤が弱く、事業展開が狭く、それほど認知されていないことがあげられよう。

SBとCBの関係は（おおよそ）同じ意味で捉えられる場合があり、あるいはSBはCBを包含するような用語として位置づけられる場合もある。

SBやCBの主体はさまざまであるために、それによって定義のための基準あるいは条件も異なると考えることができる。その主体は主として「非営利・協同セクター」が射程に入っているものの、各国で対象に違いがある。主体の呼び方でも、例えば、サードセクター、ソーシャルセクター、ソーシャルエンタープライズなどがあげられる。

SBとCBの主体は多くの研究で法人格の有無を問わないとされているものの、社会的な信頼性（信用性）や事業の継続性の点では必要になると指摘されている。[4]ただし、一般企業（株式会社、有限会社他）に関しては、その「社会的責任」等の点から事業（事業性が高い場合を含む）が実施されるとしても、とくにCBの主体に含めるかどうかは研究や調査などによって異なる。

　ソーシャルビジネスおよびコミュニティビジネスとは、例えば、経済産業省は地域住民が中心となって、さまざまな主体の協力を得ながら、地域が抱える課題を、ビジネスとして継続的に取り組むことにより、地域の問題を解決し、新たな雇用を創り出して、地域を活性化する事業のことといったように説明している。[5]

　コミュニティビジネスについて、細内（2010、p.12）では「地域コミュニティを基点として、住民が主体となり、顔の見える関係のなかで営まれる事業」「地域コミュニティで眠っていた労働力、ノウハウ、原材料、技術などの資源を生かし、住民が主体となって自発的に地域の問題に取り組み、やがてビジネスとして成立させていく、コミュニティの元気づくりを目的とした事業活動のこと」と定義されている。[6]

　事業効果（経済的効果と社会的効果）は地域（コミュニティ）および、事業利益（剰余）は基本的に地域（コミュニティ）における事業継続のための再投資に向けられることになる。

　例えば、ソーシャルビジネス研究会（2008）によれば、SBの基準あるいは条件として、次の3点があげられている（図2-1）。

　　①社会性＝「現在解決が求められる社会的課題に取り組むことを事業活動のミッションとすること」
　　②事業性＝「①のミッションをビジネスの形に表し、継続的に事業活動を進めていくこと」
　　③革新性＝「新しい社会的商品・サービスや、それを提供するための仕組みを開発したり、活用したりすること。また、その活動が社会に広がることを通して、新しい社会的価値を創出すること」

4　神野・牧里（2012、p.169）では「事業を遂行する上で、実施主体の資源や能力や時代に見合った法人格を選択するのは社会起業継続の鍵といえるだろう」と述べている。
5　内閣府は国の2009年の緊急雇用対策をきっかけに地域社会雇用創造事業を12年度まで展開してきたが、この事業はNPOや社会起業家などの「社会的企業」の初動支援や人材創出を目的としているものの、その事業について厳密に定義づけされていない。経済産業省は2011年度に「地域新成長産業創出促進事業費補助金（ソーシャルビジネスノウハウ移転・支援事業（被災地支援）他）」を確保していたが、そこではSB・CBを「地域の課題解決や、地域資源の発掘・活用などをビジネスチャンスとして捉え、主に地域住民等が主体となって、①地域活性化や社会貢献と②事業の自立・持続発展の双方を実現しようとするビジネス」と定義している。
6　風見・山口（2009、p.32）ではコミュニティビジネスとは、「『共（Commons：コモンズ）』が果たしてきた社会的な役割を市民事業組織やコミュニティ組織が担うことにより再構築していくものである」と述べている。

これに対してCBについては、①の社会性が最も重要な基準とされており、基準をめぐっては、SBとCBがそれぞれ部分的に重なるように捉えられている（図2-2）。そして、CBの主な事業の領域は国内地域であり、地域密着性が高いニュアンスが強いのに対して、SBは国内、海外を問わないとされている。[7]

以上のように、ソーシャルビジネスやコミュニティビジネスの定義やそのための基準あるいは条件などを整理することができるが、現実としては、SBやCBありきではないことが少なくない。

田尾・吉田（2009）では以下のように指摘されており、示唆に富んでいる。

「非営利組織を立ち上げる人びとや、それを支える人びとの動機は、市場（企業）や政府によってカバーされないニーズを満たすということよりも、思い、イデオロギー、使命感、問題意識などに根ざしている。そして、それがために企業や政府にたいして抗議することもあれば、あえて経済的合理性を無視した行動をとったりすることもある」。

「非営利組織の活動は、そのメンバーが自ら重要と判断したというだけで、公益的であるとも、善であるとも限らないし、社会にとって本当に望ましいものであるかどうかも確かではない。しかし、多様なものが存在することにこそ、非営利組織の意義があるということができる。何が公益であるのか、何が善であるのか、何が社会にとって望ましいのかなどは、実は誰にもわからない。正しいと信じて行われることでも、間違ってしまうこともあれば、ある人にとっ

図2-1　SBの概念図（その1）

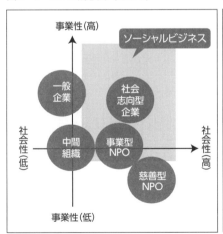

図2-2　SBの概念図（その2）

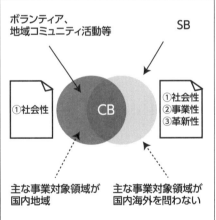

(出所)ソーシャルビジネス研究会(2008)「ソーシャルビジネス研究会報告書」経済産業省

7　細内（2010、p.44）ではコミュニティビジネスの特徴として、①「住民主体の地域密着のビジネス」、②「必ずしも利益追求を第一としない、適正規模、適正利益のビジネス」、③「営利を第一とするビジネスとボランティア活動の中間領域的なビジネス」、④「グローバルな視野のもと、ローカルで行動する開放的なビジネス」があげられている。

て正しいことも、別の人にとってはそうではないということもある」[8]。

　神野・牧里（2012）でも類似のことが述べられている。「事例をヒヤリングするなかで、『社会起業をしたい』という動機で起業した人はいないということもわかった。ミッションを達成するために起業し、事業を推進していたら、第三者から『社会起業』と呼ばれるようになったというのが真実であろう。そして、彼らは経営能力の優れた特別な人ばかりではない。事業を遂行するなかで支援やアドバイスを受け成長し、壁にぶつかり事業の進め方を修正した人も少なくない」「ミッションを達成するためにしかるべき体制と戦略を整えていけばいい」[9]。

　本章では、以上のことを踏まえて、岩手における地域の仕事・雇用や生活の再建あるいは復興のための社会的な事業（取り組み）を、CBあるいはSBからアプローチする。その主体として非営利組織（とくにNPO法人）に焦点を当てることを想定している。そして、岩手沿岸におけるそうした動向の実態を明らかにし、全体の構図が浮かび上がるようにしたい。この普及、発信が個々の組織にとどまらず、地域全体の社会変革力を高めるきっかけとなることを期待したい。

〈3〉震災復興CBの事例とその特徴

　本節では最初に、岩手における震災復興CBの事例を事務所の所在地別に紹介し、次いで、その特徴を整理し、それを類型化してみる。震災復興CBに関する記述は筆者による事務所におけるインタビュー、関係者のシンポジウム等における報告レジュメ、ホームページやテレビ、新聞等からの情報収集などにもとづき、主として2012年8月から12月までの情報である。

(1)震災復興CBの事例

1）陸前高田市

〈一般社団法人SAVE TAKATA〉
- 「一般社団法人SAVE TAKATA」は陸前高田市とその周辺の地域復興、これに関する市民協力の促進を目的とする。ミッションには「新しい事業機会を創ります」「世界に誇れる地方都市のモデルを創ります」などの文言がみられる。
- 2011年3月に設立された（11年6月法人認証）。陸前高田オフィスに加えて東京オフィ

8　田尾・吉田（2009）pp.15-18。
9　神野・牧里（2012）p.169。

- スもある（写真2-1）。
- コアメンバー（常勤）は6人で、陸前高田と東京の各オフィスの代表は陸前高田市の出身である。メンバーの特徴は20代後半から30代前半の若手中心による構成であり、Uターン者や女性も多い点にみられる。
- 主たる事業として、支援企業・団体および個人の活動の現地におけるコーディネート、チャリティー活動プログラムや各種イベント事業の企画・実施、地域コミュニティの支援（「陸前高田復幸MAP」製作等）、教育応援プロジェクト、各種メディアへの広報、県内外イベント・プロジェクトへの参加・参画（「復興陸前高田うごく七夕まつり実行委員会」「桜ライン311」等）などがあげられ、事業展開には目覚ましいものがある。岩手県「新しい公共支援事業」の事業者に選定された。[10]

〈NPO法人陸前高田市支援連絡協議会 Aid TAKATA〉

- 「NPO法人陸前高田市支援連絡協議会Aid　TAKATA」は、首都圏に暮らす陸前高田市出身者らが国内外のさまざまな協力団体やボランティアグループなどと連

写真2-1　SAVE TAKATAが入居する建物（2013年9月筆者撮影）

10　「新しい公共支援事業」とは民主党政権下において「新しい公共」の拡大と定着を図るため、各都道府県に配分した交付金で基金を設置して、NPO等の活動基盤整備の支援やモデル的取り組みの実施により、担い手となるNPO等の自立的活動を後押しする事業である。

携しながら郷土の復旧、復興を支援する連絡協議会である。
- 2011年4月に設立された（11年8月法人認証）。陸前高田事務所に加えて東京事務所もある。
- 代表は国連難民高等弁務官事務所の元人事研修部長（陸前高田市出身、市ふるさと大使）である。
- 主たる事業として、復興イベント事業の実施およびそれへの参加・協力、災害FM運営事業、地元企業の再生・発展支援事業、復興支援グッズ販売事業（とくに市公認キャラクター「ゆめちゃん」グッズ）、宿泊施設「矢作すぎっこ村（ボランティアあるいは学生・企業などと市民の交流の場）」の運営、仮設住宅・避難所コミュニティ事業などがあげられる。
- 賛助会員を募集しており、年会費は個人1口3,000円、団体・法人1口10,000円、学生（個人）1口1,000円であり、入会金は団体・法人のみ20,000円である。

〈NPO法人陸前たがだ八起プロジェクト〉
- 「NPO法人陸前たがだ八起プロジェクト」は陸前高田市で被災された方々の主体的な復興を支援したり、市内最大級の仮設住宅団地「モビリア」（震災前はオートキャンプ場）を拠点に見守り支援を行ったりする（写真2-2）。当面、住民を笑顔にし、仮設住宅での生活を笑顔で終了できるモデルケースを目指す。これは仮設住宅での生活は、その終了後の生活に大きな影響を与えることにもとづく。
- コアメンバーは事務局長を含めて4人で、事務局長は陸前高田市民で、「モビリア」

写真2-2 「モビリア」入口（2012年10月筆者撮影）

所在地区（小友町）の住民である。
- 2011年10月に設立された（12年3月法人認証）。「モビリア仮設住宅サポートセンター」内に事務所があるが、仮設住宅内のNPO法人の拠点はほとんど例がない。もともと大震災時にモビリアが避難所になって、現事務局長がモビリア支配人として陣頭指揮をとったことによる。
- 主な取り組みとして、見守り、生活相談、仮設住宅の住民主体のイベント、生きがいづくり（モビリア畑、ぬいものサークルなど）、講演活動、社会福祉協議会や民生委員、自治会などとの連携によるさまざまなサポートなどがあげられる。外部組織・団体と仮設住宅住民のパイプ役となっている。震災から一貫して支援してくれている組織はない。ただし、アドバイザーとして社団法人中越防災安全推進機構に時折お世話になっている。2012年夏はユースフォースが来てくれた。自治会長は「『仮設住宅の規模が大きいので、自治会だけでは住民支援や行事開催などの連絡調整が十分できない。NPO法人が受け皿になってもらうことで県内外の団体とも連携した取り組みができる』と頼りにする」（岩手日報2012年4月28日付）。
- 2012年10月に事務局長にインタビューし、以下のことが明らかになった。各種のイベントや生きがいづくりなどでは女性が積極的に運営、参加してくれる。復旧、復興の進捗にあわせて、住民ニーズがめまぐるしく変化しており、それに追いつき、応えてきたのが成果としてあげられる。マンパワー不足が問題である。NPOにしたのは、助成金を受けやすいという理由が大きいが、その獲得に苦労している。安定した運営が課題である。住民の大半が目の前の生活で精一杯であり、住民参加型で地域のあり方を協議するまでには至っていないが、これは大きな課題になる。住民ニーズに沿えば、ゆくゆくはモビリアを拠点に観光業を中心にした地域活性化に取り組みたい（「観光拠点」から「復興・観光拠点」へ）。

〈なつかしい未来創造株式会社〉
- 「なつかしい未来創造株式会社」は、陸前高田市等の企業経営者らが復興事業を展開する復興まちづくり会社として位置づけられ、陸前高田市に軸足をおいて、「仕事をつくる」「出会いを増やす」「良い社会資本を残す」ための活動を積極的に実践することが掲げられている。
- 2011年10月に設立された。大震災前から県中小企業家同友会気仙支部（07年設立）内で同業種・異業種ネットワークがあったことが設立の原動力になった。
- 代表取締役社長は県内三つの自動車学校を経営する大船渡市出身者である。地域の産業界から組織・団体の枠を超えてコアメンバーが構成されているが、別に本業をもっていることが多く、ホームページをみる限り専属スタッフは3、4人である。㈱

ソシオエンジン・アソシエイツ（東京のソーシャル・マーケティング系コンサルタント）のメンバーが入っている。
- 主な取り組みとして、陸前高田千年みらい創造会議、起業家育成・開業支援、復興イベント、研修ツアー・教育旅行の受け入れ、仮設商店街事業、まちづくり支援などがあげられる。また、「一般社団法人ソーシャルビジネス・ネットワーク」（東京、ソシオエンジン・アソシエイツとの関係は深い）が支援するが、ソーシャルビジネス・ネットワークが受託した内閣府のインターンシップ事業（「復興支援型地域社会雇用創造事業」）を通じて出会ったことがきっかけである。そして、「なつかしい未来創造」の構成メンバーの事業所がインターンシップの受け入れをしている。
- 「将来的に約500名分の雇用を創出。複数の事業を育成し、当社自体は10年間で発展的に解散することを目指しています」（なつかしい未来創造ホームページ）。「各事業は軌道にのった段階で、本体から分離して独立させる方針だ。『インキュベーション（ふ卵器）企業。10年間で役目を終える』と田村（代表取締役社長：筆者注）は説明する」（日本経済新聞2011年10月26日付）。

2) 大船渡市

〈NPO法人夢ネット大船渡〉

- 「NPO法人夢ネット大船渡」は大船渡市を中心に気仙地域の被災者の暮らしと仕事を支援し、また、大震災により閉鎖中の三陸鉄道・盛駅舎を拠点にし、「ふれあい待合室」（2011年10月から県の委託により運営）として大船渡市の賑わいづくりのために多目的に活用している（写真2-3）。
- 2006年12月にNPO法人に認証された。大震災前は市民活動フォーラムや情報紙の発行を手がけ、市民活動団体間の交流やNPOの要望・課題調査などを行い、中間支援組織の役割を果たしながら、地域づくりに貢献してきた。
- 理事長は気仙地域の市民活動団体による被災者支援活動を行う「気仙市民復興連絡会」（2011年4月に結成され、その後解散）の会長でもあった。コアメンバーは6人前後である。
- 主な事業として、被災者支援情報紙「復興ニュース」（月2回）の発行、市内商店等の商品・復興グッズ等の販売、イベント企画・実施（復興歌声列車、ふれあいウォーキング、親子広場など）、復興イベントへの参加・協力、仮設住宅支援事業（在宅やみなし仮設も対象）、手芸講習・手芸品販売、高齢者パソコン教室、無料法律相談、子ども服の交換所、復興ツアー・視察の受け入れ、気仙市民活動情報紙「みらい」発行（2010年5月～11年4月、毎月1回）などがあげられる。

写真2-3　三陸鉄道盛駅「ふれあい待合室」（2014年12月筆者撮影）

- 会計規模は2011年度で約1,700万円である。経常収入の内訳は助成金37.5％、収益事業36.5％、寄付金16.2％、その他事業6.7％、入会金・正会員会費0.2％などである。会員を募集しており、年会費は1人3,000円である。これまでの助成事業は、例えば、日本NPOセンターから組織基盤強化支援、ジャパン・プラットフォームから被災者支援事業、中央共同募金会から被災者の雇用創出事業と内職応援・支援事業、岩手県から三陸鉄道盛駅舎利活用事業などがあげられる（2013年1月の理事長へのインタビューにもとづく）。

3）釜石市

〈一般社団法人三陸ひとつなぎ自然学校〉

- 「一般社団法人三陸ひとつなぎ自然学校」は、被災地でボランティアをしながら三陸の人や自然、歴史・文化、郷土料理などに触れ合ってもらい、釜石ファン（リピーター）を増やすという、釜石市を拠点とする「どんぐり・ウミネコ村ツーリズム（ボランティアツーリズム＝ボランティア活動＋農業・漁業・自然体験）」を目的とする。また、地域内での交流やセミナー、ボランティア派遣やインターンシップ等を通した復興に貢献する人材育成も目的としてあげられ、代表者へのインタビュー（2013年1月）によれば

「さんりく釜石わかもの塾」と呼ばれている。
- 2012年4月に任意団体として発足した（13年5月一般社団法人化）。代表者（30歳代）が2011年7月に内閣府の社会起業家を育成する事業「復興支援型地域社会雇用創造事業」（一般社団法人HIT受託分）に参加し、インターンシップを通して構想を練り、コンペで認められ、200万円の支援を受けたことがきっかけである。代表者は、釜石市で震災前からグリーンツーリズムの受け入れ拠点であった旅館「宝来館」の番頭だった（日本経済新聞2012年11月17日付）。メンバーにはUターン者がおり、若手中心に構成されている。
- ボランティアに限らず、地元の子育て世帯も対象にした、グリーンツーリズムの実践部隊になっており、数多くの体験者を受け入れている。北海道の自然体験をメイン事業とする札幌市のNPO法人「ねおす」と密に連携しながらさまざまな取り組みを行っている。また、地元の子どもの育ちの場・学びの場づくりにも重点をおいており、例えば、主に仮設住宅の子どもを対象にして、仮設住宅談話室等で「放課後子ども教室」を実施していることも注目に値する。「バイオディーゼルアドベンチャー」（バイオディーゼル燃料で地球を走るプロジェクトを展開）等との連携で休耕地を活用し、菜の花を育て、景観形成に加えて食用油生産・販売と雇用創出を目指す「菜の花プロジェクト」も進行中である。

〈NPO法人アットマークリアスNPOサポートセンター〉

- 「NPO法人アットマークリアスNPOサポートセンター」は釜石市圏域におけるまちづくりの推進と支援、住民と企業、行政のパートナーシップによる地域社会づくりを目的とする。
- 2004年4月にNPO法人に認証されている。
- 代表理事（和菓子店店長）は、2011年4月に設立され釜石市に所在するNPO法人いわて連携復興センターの代表理事でもある。この組織は、岩手の中間支援組織の集まりで、コミュニティ再生や地域でのなりわい再生のためにつながり・にぎわい・ふれあいを創っていくことを目的とする。
- 大震災後の主な事業として、釜石市東部地区の商店街の復興支援、緊急雇用創出事業等を活用した被災者の生活安定のための収入確保支援などがあげられる。これらのうち「釜石市仮設住宅団地支援連絡員配置事業」に重点がおかれている。この目的は被災者支援に限らず、雇用創出もあげられる。事業体制は、コールセンター4人、エリアマネージャー8人（各エリア1人）、支援連絡員75人（2012年9月現在）となっている。主な役割は見回り・見守り、相談受付、談話室の管理、支援物資・各種文書の配布、コミュニティ活動支援などである。

4) 大槌町

〈一般社団法人おらが大槌夢広場〉

- 「一般社団法人おらが大槌夢広場」は住民参加型の復興まちづくり事業を実施し、観光業、商工業、農水産業の発展と、それらの担い手である大槌町民の生活再建に寄与することを目的にする（写真2-4）。
- 2011年11月に設立された。2011年8月結成の「おらが大槌夢広場創造委員会」から出発しており、町内の商店主や水産加工業者らの異業種間の連携に特徴がある。その時の委員長がそのまま代表に就任している。
- 組織は理事9人（町内5人）、スタッフ17人（2012年12月現在）などで、大半が町内の被災者である。公共公益事業チーム、大槌観光コンベンションビューローチーム、新規事業開拓チーム、独立開業支援チームで構成される。スタッフのなかで女性が半数近くを占め、20代・30代の若手が多いのも特徴である。新規独立を果たしたスタッフも数人いる。事務局長は町の復興計画策定に関わっていた東京のコンサルタント会社の出身である。
- 主な事業として、復興食堂（2011年11月オープン）の運営、復興資料館運営、被

写真2-4　おらが大槌夢広場の事務所等（2012年10月著者撮影）

災地ツアーガイド、視察の受け入れ、「大槌新聞」の発行（毎週月曜日）、災害FM局運営、地場産品販売、開業支援、復興イベントの実施・参加やコーディネート、ファシリテーター育成、古民家再生プロジェクト、パソコン・お花教室などがあげられる。

2012年12月の代表へのインタビューによれば、まちづくり人材育成、被災地ツーリズム、復興食堂・農商工連携が重点事業である。復興食堂は国の緊急雇用創出事業を活用しながら運営されているが、三陸産グルメ（「おらが丼」「特選海鮮丼」）に対するこだわりがみられ、大槌の魅力を発信する絶好の機会と捉えられている。また、「大槌ありがとうロックフェスティバル」や「こども議会」など次世代を担う若者を主な対象にしたイベントの仕掛けも注目に値する。「SAVE IWATE」が受託した内閣府のインターンシップ事業（「復興支援型地域社会雇用創造事業」）に参画し、町内を中心にさまざまな組織・住民を対象に実施している。

- 2012年4月〜5月の運営資金8,700万円の内訳は国・町委託（雇用創出事業）55%、民間委託（中間支援組織や民間助成ファンドなど）30%、その他公共委託（農水省等）14%である。

〈NPO法人吉里吉里国〉

- 「NPO法人吉里吉里国」は豊かな森を育み、海の再生へつなげるとともに、吉里吉里の森を次世代に残していくために、森林資源を有効活用し、雇用を創出することを目的とする。
- 2011年12月にNPO法人に認証された。
- 構成メンバーは2012年4月現在16人で、理事12人のうち4人は外部アドバイザーである。理事長は年齢60代であるが、大震災より少し前までの8年間、林業に従事していた。事務所は吉里吉里の海のすぐそばにある。山に常時入っているのは4人程度で、失業した人ばかりである。
- 主な事業は、①「復活の森」プロジェクト、②自伐林業の普及、③薪文化の復活・継承、④森林教室・講習の開催である。吉里吉里の森の廃材から作った薪を販売する「復活の薪プロジェクト」が当面のメイン事業である。2011年5月から薪の販売を開始し、1袋10kg 500円とし、同年9月末までに5,000袋を完売した。同時に、これは50tのがれき処理となった。作業に関わった方々に対して、作業代は地元商店街の限定利用の商品券で還元するという手法も導入した（現金とは還元率で差をつけた）。

きっかけは避難所に県の災害支援で薪ボイラーの入浴施設が開設され、がれきの中から燃料用の廃材を集め、利用していた際に、売れないかという声が出たことである。避難所生活を送る有志ら12人で任意団体「吉里吉里国復活の薪」が創設された。「復活の薪プロジェクト」とともに、2011年6月から毎月1回「吉里吉里国

林業大学校」(スタッフの技術習得)を開講し、技術・技法の継承にも取り組んでいる。次なるステップとして、森林資源保全、豊かな海の復活を主たる目的に、人工林の間伐にも着手しており、吉里吉里漁港近くの被災林を最初の対象にし、薪や建築用材などの販売まで手がけることになっている(「復活の森プロジェクト」)。

　2012年10月の理事長へのインタビューによれば、ホームページ等をみてボランティアが頻繁に来てくれるようになったことが大きな成果である。事業展開にとって人材不足(企画、事務処理など)という問題がある。助成金のおかげでスタッフ(常勤)の給料が何とか賄われている。吉里吉里の山林の所有者のうち約8割は漁師なので、ゆくゆくは漁師が副業として自伐林業を普及してもらいたい(現在、販売を条件に無償で間伐を引き受けている)。そのための技術・技法の継承はおしまないということであった。また、さまざまな活動を通して地域住民が持続可能なライフスタイルの確立を目指すきっかけになればという思いが随所に感じられた。

- 正会員は入会金、年会費(1口)の順で、個人3,000円、3,000円、団体10,000円、10,000円、賛助会員は個人1,000円、3,000円、団体10,000円、10,000円である。

〈NPO法人まちづくり・ぐるっとおおつち〉

- 「NPO法人まちづくり・ぐるっとおおつち」は、大震災後、被災者の生活再建の支援に重点をおき、手芸講習および手工芸品の制作・販売、ボランティアのコーディネート、移動販売車による産直販売、移送サービス、仮設住宅等での交流事業、情報紙「復興瓦版」の発行などを手がけている。仮設住宅等での交流事業については例えば、カラオケ会、写経の会、手作りだんご体験、クリスマスリース作りなどが無料や実費負担により実施されている。大震災前には、全壊した「御社地ふれあいセンター」の運営(町からの指定管理)、町伝統民芸品の製造促進販売、地産地消を目的とする地元野菜の産直販売、内陸の子どもたちの漁業・農業体験、イトヨの保護や河川の清掃等の環境保全などを通してまちづくり推進活動を行っていた実績がある。
- 2001年7月に町の有志により設立された。大震災により理事9人のうち2人、準会員3人が犠牲になった。2011年8月よりジャパン・プラットフォームの助成を受け、再スタートを果たした。

5) 田野畑村

〈NPO法人体験村・たのはたネットワーク〉

- 「NPO法人体験村・たのはたネットワーク」は農林漁業、歴史・文化、地域住民との交流による体験型観光・教育の推進、地域経済の振興、農林漁業の後継者

育成や高齢者の心身の健康促進などを通して、郷土意識を向上させ、地域を活性化することを目的とする。
- 2008年1月にNPO法人に認証された。前身は2003年発足の「体験村・たのはた推進協議会」である。村の観光スタイルを通過から体験、体験から滞在へシフトさせることに重点がおかれている。村民一体型の体験プログラムは2009年度に利用人数約8,000人、利用件数約1,600件、売上額約2,100万円の実績であった。2006年に25歳でIターンした若手の事務局長の存在が早くから注目されていた。
- 大震災前には、観光資源として最高の評価が与えられている景勝地「北山崎」(高さ180m前後の断崖絶壁が続く)をメイン舞台にした体験型観光・教育で全国的に有名になり、数々の賞を受賞し、著しい発展を遂げていた。日帰り・宿泊型の体験メニューを数多く用意し、番屋エコツーリズムは看板メニューであった。例えば、漁業者が船頭をつとめる「サッパ船アドベンチャーズ」「机浜番屋群」(昔ながらの漁師番屋が25棟残されており、2006年に水産庁「未来に残したい漁業漁村歴史文化財百選」に選定された)の漁師ガイド、番屋料理プログラム(漁家の母親と一緒に調理し、食事もする)などである。

　体験プログラムの拠点であった「机浜番屋群」や体験施設、資材などは大震災により全壊・流出したが、これまで活躍してきた漁師や女性など地元住民が再起を目指した。大震災後の主な事業として、震災版番屋ツーリズム、「津波語り部」をはじめとした被災地ガイド、北山崎ネイチャーガイドなどがあげられる。2011年7月から「『机浜番屋群』再生プロジェクト」が実行委員会の形でスタートしており、1口1万円(復興支援と田野畑牛乳せんべい贈呈)でサポーター登録を募っている。また、番屋建設ボランティアも募集している。

　三陸ジオパーク推進協議会(岩手、青森、宮城の県や市町村により構成)の「いわて三陸ジオパーク構想」(長大な三陸海岸を丸ごと地球活動の遺産公園にする)や環境省の「三陸復興国立公園」整備・推進政策が観光推進の起爆剤として期待されており、「体験村・たのはたネットワーク」がエコツーリズムや自然教育、防災教育などの点で果たす役割は非常に大きい。
- 賛助会員の年会費は個人1口2,000円、団体1口10,000円である。

6) 洋野町

〈はまなす亭〉

　「はまなす亭」は洋野町の水産物、とくにうに、ほやを使った海鮮料理や軽食などを提供し、加工品およびそのインターネット販売も手がけている女性グループのお店

である。地域に根差した、洋野ならではの「食」の発信・普及へのこだわりがみられる（2013年2月の店主へのインタビュー等にもとづく）。女性店主が手がける加工品はさまざまな賞を受賞している。また、お店のパンフレットには（天然）ほやのさまざまな情報が掲載され、「いわて食の匠」（県の認定）として郷土料理の伝承にも力を入れている。「はまなす亭本店」（1998年～）は種市漁港そばの「種市ふるさと物産館」に所在していたが、大震災により全壊した。高台の国道45号線沿いの「たねいち産直ふれあい広場」内にあり、2011年3月8日にオープンしたばかりの「はまなす亭種市産直店」とともに姉妹店として発展させていこうとした矢先の大震災であった。

本店は中小企業基盤整備機構の助成を受けて、2012年3月8日に元の場所近くにプレハブ店舗で再開した。2012年9月25・26日に県工業技術センター（盛岡市）で開催された「岩手県ふるさと食品コンクール」では、大震災前から手作り、販売しており、大震災後に改良を重ねた「味噌うに」が最優秀賞を受賞した。また、店主はこれまでの6次産業化に関する取り組みが評価され、その推進に貢献することを目的とした、農林水産省の「ボランタリー・プランナー」に2012年2月に任命されたが、特産のキタムラサキウニのPR組織「ウニぷろじぇくと」のメンバーとしての活躍や海の体験メニューの実践のようにグリーン（ブルー）ツーリズムに積極的に取り組んでいることも評価対象となった。「ウニぷろじぇくと」は2007年から「ウニの森づくり植樹祭」を年1回実施しており、「山」と「海」の関係を非常に重視する。植樹祭ではコナラや芝クリなどが植樹され、参加者は約200人におよび、地元小学校の児童も参加する。

7）盛岡市

〈三陸に仕事を！プロジェクト実行委員会〉

「三陸に仕事を！プロジェクト実行委員会」は実行委員長を岩手めんこいテレビ代表取締役社長とし、メンバーは岩手めんこいテレビ、仙台放送、博報堂（盛岡、仙台、TBU）で構成されている。メイン事業は浜の女性たちのための仕事作りを目的とする、浜のミサンガ「環（たまき）」（漁網で編んだオリジナルのミサンガ）であり、2011年5月に製作をスタートした。1セット1,100円で、500円以上が作り手の収入になる（写真2-5）。「プロジェクト実行委員会」のホームページにおける2012年6月15日付のニュースは被災地の方々に総額1億円以上を届けることができたと報じている[11]。今では、釜

11　岩手日報2012年10月14日付では「岩手、宮城両県の女性たちが漁網で作る『浜のミサンガ・環』は生産者が300人を超え、1億7千万円を売り上げた。メディアを活用したPRでも特筆される」と記されている。

写真2-5　ミサンガ（一例）

石市、大船渡市、陸前高田市、大槌町、山田町、宮城県の石巻市や南三陸町で実践され、事務所もある。

〈一般社団法人SAVE　IWATE〉

「一般社団法人SAVE IWATE」は2011年3月に盛岡市在住の有志6人でスタートした。役員のうち理事長はまちづくり系コンサルタント会社の代表取締役である。顧問には放送大学岩手学習センター所長、元岩手県副知事、岩手大学と岩手県立大学の両学長など8人が名を連ねる。会員の年会費は正会員で個人1口1,000円、団体1口10,000円（NGO・NPO法人、任意団体は1,000円）、賛助会員で個人1口2,000円、団体1口10,000円である。

活動内容は安否情報・被災地情報の収集、支援物資の受け入れ・搬送・仲介、避難生活支援、ボランティア受け入れ・派遣・仲介、こころと体のケア、チャリティ事業の実施・支援、まちづくり支援、復興ぞうきん（被災者による手縫い）活動などである。復興ぞうきんは300円で販売され、縫った方が200円を受け取る。その参加者は約100人で、2012年9月末までに約36,000枚が販売された。三陸の和グルミプロジェクトも展開しており、東北で大量に採取される和グルミ（くるみ）を1kg 250円で買い取り、被災者が殻むきして販売したり、実を加工して和洋菓子を、殻を利用

してアクセサリーを製造したりする。内閣府の「復興支援型地域社会雇用創造事業」の事業者に選定された。

8）遠野市

〈NPO法人遠野まごころネット〉

「NPO法人遠野まごころネット」は2011年7月にNPO法人に認証された。仮設住宅や在宅避難者などの見守りや被災者の交流スペース開設をはじめ被災者の生活支援を行い、また、観光業や農林漁業の復旧・復興支援（「まごころ百姓隊」他）、復興グッズ販売（「遠野まごころショップ」）も手がけている。支援企業・団体および個人の（ボランティア）活動を現地にてコーディネートしたり、チャリティー活動プログラムおよび各種イベント事業の企画・実施、地域コミュニティの支援、各種メディアへの広報なども行っており、復旧・復興に関わるありとあらゆる分野を網羅し、事業規模は拡大の一途をたどっている。2012年度事業計画書では支出見込額として6.6億円（ボランティア活動を会計処理の対象にする方式による）が計上されており、巨大NPO法人と言えよう。

会計規模は2011年7月～12年3月で3.4億円である。経常収益の内訳はボランティア受入評価益で52.9％を占め、次いで民間助成金と市補助金で32.3％である（収支計算書）。寄付金は8.4％、車両運搬具受贈益は3.2％、物品販売事業収益は2.8％で、会費は0.2％しかない。「本部事務局員やコーディネーターとして常駐約20人、現地に約30人のスタッフを抱える。人件費には県の緊急雇用制度も活用しているが、運営全体の費用をみると半分以上が寄付金だという」（岩手日報2012年4月24日付）。ボランティアは「土・日は150～300人を受け入れており、大型連休は1日400～500人を見込む」（同）。会員の年会費は正会員で個人1口10,000円、団体1口30,000円、賛助会員で個人1口3,000円、団体1口10,000円である。

12　NPO法人遠野まごころネットは2012年7月12日に理事長名で、企業・団体・個人向けに「ボランティア活動資金ご支援のお願い」という文書をホームページ上にアップしている。そこでは「災害支援ボランティアの皆様に被災現場への送迎用車両と遠野市内の宿泊用施設を無償で提供させていただいております」「発災からの時間経過が進むにつれ、震災ボランティア関係の補助金や助成金ではこの費用を負担する事が制度上困難となってまいりました。ボランティア受け入れにかかる諸経費が当法人の予算を圧迫する状況となっております」という文章が記され、ボランティアの方々に必要経費を一部負担してもらうことも検討せざるを得ないので、企業・団体・個人の方々に支援をお願いしている厳しい状況が垣間見られる。

9) その他の震災復興CB

　第一に、仮設住宅やみなし仮設、在宅避難等の女性たちによる手芸作品の製作・販売である。ここでは一例をあげておく。

　陸前高田市の「ちーむ麻の葉」は繰り返し使えるドレスタオルや海を汚さないための洗剤不要のエコたわし（アクリル製）を手がけている（写真2-6）。大槌町では「大槌エコたわし」というグループがその名の通り、アクリル毛糸を使った、洗剤不要の食器用たわしを製作、販売している。注文・販売数は4,000個を超える人気のようである。[13]

　事務所が遠野市にある「大槌復興刺し子プロジェクト実行委員会」は2011年6月から、NPO法人テラ・ルネッサンス（京都）の支援を受けながら、刺し子を手がけている。2012年8月末までの売上げは約2,100万円で、約70人が参加しており、スタートから10年以内に現地法人化（産業化）を目指している。

　宮古市では「ゆいとり」が、野田村では「グラシアの会」が手芸作品を制作、販売している。岩泉町では「織り織りのうたプロジェクト」が東京のヨーガ教室関連のボランティア団体の支援を受けながら、中古の衣類や古布を使い、裂き織りの材料としてリサイクルし、ヨーガマットなどを製作している。

　盛岡市では「サンガ岩手」があげられる。盛岡の代表者の自宅を手芸工房本部にして、被災者の手芸商品の販売を通して生活自立支援に取り組む。2012年7月には大槌町に手作り工房を開設した。大槌と釜石の手芸工房8グループ（総勢100名）の拠点として、また、ふれあいカフェとして活用されている。その他には「NPO法人生活温故知新」や「ハート・ニットプロジェクト」が主に沿岸各地における手芸作品の製作を支援し、販売している。

　第二に、被災した方々が復興グッズを製作、販売している。

　復興グッズについては、県内外の数多くの民間企業・事業所が手がけているが、それ以外の組織とし

写真2-6　ちーむ麻の葉の手芸作品

13　岩手の生活情報紙「マ・シェリ」864号（2012年7月13日発行）。

て、陸前高田市では「あすなろホーム」（指定就労継続支援B型事業所）や「すずらんとかたつむり」（同）などがあげられる。仮設住宅等での手芸作品の製作・販売と同様に、収入確保に加えて生き甲斐や地域内外の方々との交流を重視した生活対策および生活再建サポート、さらに、地域（コミュニティ）の復旧、復興に対する貢献が目的となっている。

野田村では主に仮設住宅に住む男性ばかりの「だらすこ工房」が被災木雑貨（木工品）の製作、販売を手がけており、収益の一部は大津波を防ぐための植林費用に充当される。

釜石市では「一般社団法人和RING PROJECT」が「復興サポートショップ『和』」というオリジナル復興グッズのネット販売を手がけている。大船渡市では「大船渡市津波復興支援ぽんずプロジェクト（ぽんずショップfrom 大船渡）」が同様の手法でネット販売や市内スーパー等での販売に取り組んでいる。

陸前高田市の「川の駅よこた」や大船渡市の「おさかなセンター三陸」など地域外からの利用者に重点をおいた場所に加えて、陸前高田市観光物産協会のように非営利・協同セクターも、市内の商店等が製作した復興グッズをいくつかの手法で代理販売しているケースは多い。

同様に、復興グッズや手芸作品などさまざまな地域特産品（市外も含む）を扱う陸前高田物産センター（陸前高田地域振興株式会社）で、2012年10月に従業員にインタビューした際には、作れば売れるという時期はとっくに過ぎており、商品ベースにならない場合は断わるということであった。県内外の大小さまざまな企業が、自社製品も含めてさまざまな製品を販売するので、激しい競争となっていると考えられる。

第三に、「大震災語り部」を組み入れた被災地ガイドツアー（被災地ツーリズム）である。これは急減した交流人口の回復の点で大きな効果をもたらしている。

大船渡市、釜石市、宮古市、陸前高田市などにおける観光協会や観光物産協会（陸前高田市のケースでは2012年2月にガイド部会が設立された）などの地元組織が「語り部」を実施しており、それが県交通、花巻観光バス、県北バスなど地元の企業、またはJTB、名鉄観光、JR東日本など大手旅行会社が取扱う被災地ツーリズムに組み入れられることが非常に多い。三陸鉄道は独自でツアーを実施することも少なくない（社員による被災地の案内「被災地フロントライン研修」）。「語り部」が日帰り・宿泊プランの一部となり、沿岸市町村内外での名所見学、買い物、食事などとセットになるわけである。

公的組織あるいは大学、小中学校のような教育機関が企画する場合は研修ツアー、スタ

---

14 「語り部・震災ガイド」の料金はさまざまで、参加人数、所要時間、内容などで異なる。NPO法人体験村・たのはたネットワークの場合、2時間で例えば3〜5人の（個人）参加で1人当たり2,000円あるいは団体料金扱いでガイド1人当たり15,000円（15人程度まで）である。陸前高田市観光物産協会の場合、3時間まで1人当たり一律3,000円で、1時間超過ごとに1,000円である。宮古観光協会の場合、1時間までガイド1人に付き4,000円である（20名程度まで）。ただし、4,000円ではスタッフ2人しか雇えないレベルであるという苦労を聞くことができた。国の緊急雇用対策事業（2012・13年度）で何とかやりくりできているのが実状である。

ディツアーあるいは教育旅行といったように学習・研究の性格が強くなる（エージェントによる仲介のケースが大半を占める）。地元組織は国会議員・地方議員、自治体職員、消防団、研究者などの視察対応でも駆り出されることが多い。なお、既述のとおり、「おらが大槌夢広場」や「体験村・たのはたネットワーク」も被災地ガイドを実施しており、前者の場合、昼食では「復興食堂」が利用されている。

宮古観光協会の場合、田老地区で行う「震災ガイド（学ぶ防災）」の利用客が、実施半年で1万人を突破している。その舞台は安全神話が崩れた「スーパー堤防」、津波が4階まで押し寄せた「たろう観光ホテル」であり、スタッフ4人で対応している。2012年12月の事務局長へのインタビューでは、ガイドを通して、津波の恐ろしさを理解し、防災意識を高めてもらい、他方で、大震災を風化させない点で大きな成果をあげているようであった。そして、メジャーな観光スタイルとして防災教育・自然教育旅行に目が向けられ、増えるよう努力するという意気込みが聞かれた。また、震災遺構として被災建物等を残すことに関する議論も観光のあり方にとって重要になってくるということであった。

(2) 震災復興CBの類型化とその特徴

まず、震災復興CBに共通した特徴を整理する。第一に、事業の開始・継続にとって、県内外の非営利組織、国や地方自治体などからの支援・助成があり（支援・助成を取り付け）、また、非営利、私的の両セクターの大小さまざまな組織との連携・協働が強力にみられる。人材や資金、情報などの提供、各種助成金等の申請支援、マネジメントサポートなど経営におけるさまざまな側面で支援・助成団体の存在が非常に大きい。地域内では主要メンバーが連携・協働先のプロジェクトの（主要）メンバーになっていることもある。

第二に、若手と女性の活躍が顕著であり、地域経済・社会へ大きな影響を与えている。組織の幹部からみれば、将来的には独立することが望まれていると言える。岩手日報2012年10月14日付では「行政のキャッシュ・フォー・ワークとなる緊急雇用創出事業は、県内で2011年度に約8千人の職を生みだしたが、短期間のため期限後の長期雇用が課題となる」と指摘されているが、雇用された若手等をみると、単なる雇用創出および所得確保にとどまらない成果を見出すことができる。

第三に、地域内外の多くのボランティアやサポーターによって支えられている。これに関しては、人材・資金面があげられ、取扱い商品・サービスの購入・利用などは活動の継続にとって、非常に重要な意義をもつ。遠方からの学生や社会人のボランティアも貴重な戦力である。寄付金、（イベント時等の）協賛金、設備・備品等の寄贈などは驚くほどの規模になるケースは多くないものの、不可欠な存在である。

第四に、日々刻々と地域や住民のニーズが変わっているために、事業の内容や規模、サー

ビス提供先、ひいては事業主体の体制もそれに合わせて変えていることが多々みられる。したがって、スタート時からの違いを考慮すべきではあるものの、組織あるいは活動の規模やエリア、会計規模などの差異が顕著になっている。なお、事業はローリスク・ローリターンの点で一貫している。

第五に、震災復興CBに何らかの形で関わった、あるいはそれによりサービス等を受けた人々がその状況や感想などをツイッター、フェイスブック等さまざまな媒体を通して発信しており、それらが地域内外で共有され、総体的に仕事や生活の再建に好循環をもたらしている。また、スタッフによる情報発信では、時に本音を語る場、現場の状況を生々と伝える場となっており、同様の効果がみられる。

次に、震災復興CBに共通してみられる主な苦労を整理する。

第一に、人材不足に悩まされ、資金確保に苦労している。地域や住民のニーズによっては、事業の範囲は仕事（産業）あるいは暮らし（生活）のある側面だけにとどまらず、仕事あるいは暮らしのさまざまな側面に派生することがあり、それに応じようとすれば、人材および資金の不足に直面する。スタッフを増やせても、その給料のための資金が必要となるために、両者は連動している。

第二に、支援企業・団体および個人の活動の現地コーディネート、復興イベント・プロジェクトに伴う連携・協賛先探し、助成事業等の申請手続きなどに伴う苦労である。これらは機械的な作業のように単純ではなく、経験・知見にもとづくノウハウ、相手先との問題意識の共有などが相当必要になる。また、積極的になるほど、出張が多くなり、時間的、精神的、肉体的なコストが求められることが多い。

筆者は本章ではどちらかと言えば、表立って活動を見聞きすることができる震災復興CBの事例を取り上げたと認識しているが、むしろ、そうでない事例の方が多くの苦労、問題を抱えているかもしれないことに言及しておく。

次に、震災復興CBを類型化し、各類型の特徴を整理する（表2-1）。事業の重点分野に応じて、産業系、生活（暮らし）系、総合系（多分野）の各類型が考えられる。

産業系では「三陸ひとつなぎ自然学校」の「ボランティアツーリズム」「おらが大槌夢広場」の被災地ツーリズムや復興食堂の運営、「吉里吉里国」の「復活の森プロジェクト」などがあげられ、いずれもメイン事業である。

生活系では「陸前たがだ八起プロジェクト」の仮設住宅における居住者中心の生活活性化や見守り支援、「夢ネット大船渡」の「ふれあい待合室」運営や「復興ニュース」発行、「SAVE IWATE」の避難生活支援などがあげられる。

総合系は「SAVE TAKATA」や「遠野まごころネット」などのように、事業が多分野にわたる震災復興CBを対象にすることができる。産業系と総合系では若手の活躍が際立っており、スタッフの数でみても多い。

仮設住宅を中心とする高齢者や障害者の生活サポートや交流事業などは市町村、社会福祉協議会、生活協同組合、NPO、ボランティア（グループ）などが担っていたり、関わっていたりすることが多い。こうした領域に限らないが、震災復興CBは公的セクターや私的セクターで担え（きれ）ない、いわば「すきま」を埋める重要な役目も果たしている。なお、CBの「ビジネス」という文字をみれば誤解を招くかもしれないが、仮設住宅の見回りサポートであっても（財源の大半が自主財源でなくとも）、事業性・継続性が全く意識されていないわけではないので、CBとみなしている。

　次に、CBの基準・条件をソーシャルビジネス研究会（2008）にしたがって社会性、事業性・継続性、革新性とし、各事例に当てはめると、それぞれに関して非常に優れている「◎」、優れている「○」、やや劣る「△」で評価することができる（表2-1）。

　社会性の点では、例えば、「まちづくり・ぐるっとおおつち」による仮設住宅等での交流事業や「復興瓦版」の発行など、「SAVE　IWATE」の避難生活支援やボランティア受け入れ・仲介などが非常に優れており、「生活系」を高く評価することができる。これに対して、「はまなす亭」の食堂経営や水産物の加工品の提供などは社会的課題として現在解決が広く、強く求められているとは言い切れない。ただし、「ウニぷろじぇくと」のような社会貢献活動の側面からみると、評価が変わってくることがポイントである。なお、ここでは事業対象者の多少は必ずしも重視していない。

　事業性・継続性の点では、例えば、「おらが大槌夢広場」の農商工連携・復興食堂、町外発送（年契約5,000円）もスタートした「大槌新聞」の発行、「体験村・たのはたネットワーク」の震災版番屋ツーリズムなどが非常に優れている。「◎」は結果的にすべて「産業系」である。これに対して、手芸作品や復興グッズの製作・販売などはやや劣ると評価することができる。ここでは5年前後の期間を想定しているが、それより短い期間であれば評価も変わってこよう。

　革新性の点では、「SAVE TAKATA」や「Aid TAKATA」が企画、参画するさまざまなイベントやプロジェクト、大震災前に高い評価を受け、再開を果たした「体験村・たのはたネットワーク」の活動などは非常に優れている。「◎」は「総合系」と「産業系」で占める結果となった。個別事業でみると、「夢ネット大船渡」のふれあい待合室が注目に値する。これに対して、「陸前たかだ八起プロジェクト」や「アットマークリアスNPOサポートセンター」のように仮設住宅の見守りや生活サポートなどはやや劣ると評価することができる。

15　「被災地NGO協働センター」（兵庫県）は阪神・淡路大震災をきっかけに「まけないぞう」のように、全国から集めた不要な新品タオルを被災地で加工、販売して収入につなげる仕組みを展開したが、阪神・淡路大震災後は5年で売上高が半減した。東日本大震災復興に際して、「同センターの村井雅清代表は『今回も一過性で終わってしまうのが怖い。現地から被災地外に住む人への地道な情報発信を続けなくては』と述べている（日本経済新聞2011年5月10日付）。

ただし、それぞれが細かな工夫を凝らしているので、この点に着目すれば評価は少し見直すべきかもしれない。

なお、「なつかしい未来創造」のように、本業をもつコアメンバーは個々の本業が主となっているために、組織全体としての活動はそれほど目立たず、評価が難しい側面がある。逆に、組織によっては本業をもっているものの、震災復興CBに大半の時間を割いているコアメンバーが少数ながらみられる。

次に、会計規模あるいは事業規模にも着目し、各事例を比較して「超大」「大」「中」「小」で評価してみた（表2-1）。

「遠野まごころネット」はNPO法人認証を受けた2011年7月27日から12年3月31日までの約8か月の会計規模が3.4億円で「超大」（メガビジネス）である。これに対して、「陸前たがだ八起プロジェクト」のように仮設住宅の見守りや生活サポートが主たる事業となり、かつ大規模に展開していないケース、「吉里吉里国」のように事業範囲が狭く、かつ事業の進展がスローなケースは「小」（スモールビジネス）にしている。

本来であれば、経営状況を詳細に踏まえる必要があるものの、事業性・継続性や革新

表2-1 岩手における震災復興CB（コミュニティビジネス）の類型

	事業分野			CBの基準・条件			事業規模 (会計規模)
	総合系 (多分野)	産業系	生活系	社会性	事業性・ 継続性	革新性	
一般社団法人SAVE TAKATA	☆			◎	△	◎	中
NPO法人陸前高田市支援連絡協議会Aid TAKATA	☆			○	○	◎	中
NPO法人陸前たがだ八起プロジェクト			☆	◎	△	△	小
なつかしい未来創造株式会社		☆		○	△	◎	中
NPO法人夢ネット大船渡			☆	◎	△	◎	小
三陸ひとつなぎ自然学校		☆		○	○	◎	小
NPO法人アットマークリアスNPOサポートセンター	☆			◎	△	◎	中
一般社団法人おらが大槌夢広場		☆		◎	○	◎	大
NPO法人吉里吉里国		☆		○	○	○	小
NPO法人まちづくり・ぐるっとおおつち			☆	◎	△	△	小
NPO法人体験村・たのはたネットワーク		☆		△	◎	○	小
はまなす亭		☆		△	◎	○	中
三陸に仕事を!プロジェクト実行委員会			☆	○	◎	△	大
一般社団法人SAVE IWATE			☆	◎	○	○	超大
NPO法人遠野まごころネット	☆			◎	○	○	超大
手芸作品製作・販売			☆	◎	△	△	
復興グッズ製作・販売		☆		○	△	○	
被災地ツーリズム		☆		○	○	◎	

※事業分野は☆で、CBの基準・条件は◎、○、△で示している。事業規模は2012年の夏・秋を目安としている。
（出所）筆者作成。

性の点から言えば、5、6年後には評価の分布、さらに、事業分野（類型）が大きく変わり得る。あるいは組織によっては中間支援組織にシフトしているかもしれない。本章におけるケースに限らず、震災復興CBの多くが人材育成（起業家育成）に力点をおいており、すでにスタッフが独立起業しているケースがある。また、今後任意グループが現地で法人化されることになれば、あるいは組織形態の違いがかなり作用するようであれば、変化の程度は増すであろう。他方、県内では今後、活動に一区切りをつけたり、活動の方向性に悩んだりして組織を縮小、解散するケースが増えるかもしれない。

〈4〉震災復興CBの課題

　震災復興CBの事例からみた、その持続と発展にとっての短中期的な共通課題として、次の6点があげられる。

　第一に、公的、私的、非営利の各セクターの資金面における支援・助成が著しく不足しており、その充実が強く求められる。人材確保・派遣でも発展的な支援が必要である。東日本大震災の規模から言えば、震災復興CBの主体の「依存」という批判は到底受け入れられない。こうしたなか、例えば、岩手県が募集した「いわて復興応援隊」（新たな発想をもって被災地の復興・活性化に取り組む）に対して、県外からも含めて非常に多くの応募があった。その採用者の大半が豊かなキャリアを備えており、震災復興CBサポートに対する期待は高く、将来、被災地での起業や定住もありえる優れた手法になりそうである。

　第二に、震災復興CBの継続性の点で大きな支障を来す「風化」をできる限り防ぐことである。たとえ岩手の内陸であっても、それが危惧されるが、沿岸から内陸へ移住した人（一時的な居住者も含む）をはじめ内陸の住民・企業が率先して沿岸地域との交流・連携を仕掛け、全国に波及させることが不可欠である。寄付金付き商品・サービスの提供であっても立派な社会貢献であると言えよう。[16]

　第三に、震災復興CBを継続するための自己努力も問われる。多くの事業については、資金が流れる仕組みづくりが不可欠であり、非営利組織に関する先行研究でも言いつくされてきた。また、資金面以外では、例えば、被災地ツーリズムは大手エージェント主導のケースが多いが、地域主導による展開が地域ぐるみで検討されるべきではないだろうか。ただし、震災復興CBのなかには有期的な事業があろうから、これは無理に継続する必要はない。

　第四に、手芸作品や復興グッズに関しては、誰が何を、どこで、どれくらい製作、販売

16　岩手日報2012年12月31日付は岩手日報社が実施した県政世論調査（11月20日〜12月4日）で、東日本大震災の風化について全県で「感じる」「やや感じる」が84.1%、沿岸部でも79.3%におよんだことを報じている。

しているかという全体の構図は把握されていないが、4、5年で終了してもよい性格である。継続したいのであれば、小規模な団体による連携あるいはその他の組織形態の選択、個々の努力、例えば品質、生産量、価格、さらには販売戦略が問われる。イベントやバザー、商店等における販売であれば、協力する人も不可欠である。

　第五に、震災復興CBに関わる起業や新規事業に対する支援の充実・強化である。新卒者が地元で就職できない（しない）状況を短期間で改善することは厳しいとしても、社会人が経験や人脈などを活かしてU・Iターンできる仕組みづくりは強化していく必要がある。また、いくつかの事例でみられる中間支援組織のような役割も震災復興CBの持続、発展にとって重要になってくるであろう。こうした点から言えば、起業や新規事業に対する支援は重要な選択肢となる。

　第六に、元の職場に戻りたい気持ちが強い失業者は非常に多く、その再建を待っている場合には、震災復興CB（SB）に目を向けないし、それ自体がほとんど認知されていないかもしれない。大震災後の国の緊急雇用対策事業で多くの雇用が生まれたが、短期であるために、次なる対策が必要になることにも関わらせて言えば、震災復興CBの基本から周知徹底を図ることが要請される。

　次に、産業系、生活系、総合系の各類型に焦点を当てて短中期的な課題を提示しておく。

　第一に、社会性と事業性・継続性の点で生活系と産業系の特徴は大きく異なるが、生活系にとって各セクターの支援・助成は中期的にみても広範に求められる。ただし、生活系は全体として、地域・住民の生活再建が進めば、縮小していくと考えられる。とりわけ手芸作品や復興ぞうきんなどの製作・販売は一時的な性格がかなり強いので、こうした点を考慮した支援・助成となろう。

　第二に、産業系は事業性・継続性および革新性の点で優れているが、地域の雇用創出・維持、さらに、人口の社会減対策にとって非常に重要な存在であるために、「風化」を物ともせずに、地域内外のマーケットを舞台に積極的に仕掛けていくことが課題となってこよう。

　第三に、生活系と産業系に対して、総合系は革新性を発揮しながら、あるいは向上させながら事業分野を見極め、同時に事業性・継続性を重視していくことが不可避となるであろう。「遠野まごころネット」は事業規模が「超大」であるが、（助成・寄付）事業の実施が先行し、組織、人材などが追いついていないような印象を受ける。マネジメント強化や人材育成が急務であるかもしれない。

　次に、県内外の営利・非営利組織の支援・助成に関して言及しておく。

　中小企業基盤整備機構経営支援情報センター（2011）は復興過程におけるソーシャルビジネスの支援をめぐって、「ボランティアや中小企業を含む営利事業者の活動についてすでにさまざまな支援施策が存在する一方で、ソーシャルビジネスは法人格が多岐に分かれ、所轄も国と地方自治体にまたがっているという特有の事情があるため、十分な支援が行き届

いてはいない現状がある」「すでに支援のスキームや資源が存在するにもかかわらず、法人格が異なるという理由だけで支援を受けることができない事態は支援機関、事業者、そして、被災者それぞれにとって悲劇である」と鋭い問題提起を行っている。

そして、「受益者にとっては、『サービス提供者がどのような法人格の主体が行っているか』は重要度の高い問題ではないであろう。とりわけ復興に係る事業であればなおさらのことである。提供者の法人格よりも、需要に即したサービスが持続可能なかたちで提供されることが最も優先順位の高い問題である」という支援・助成の根本に関わる指摘がみられる。[17]

同論文では兵庫県や福島県、非営利組織、中小企業基盤整備機構などの大震災前後のCB・SB支援事業あるいはそれに近似の事業を整理することを通して、復興過程における「ソーシャルビジネスの創業支援」「既存ソーシャルビジネス事業者の活動環境整備（活動場所の確保、各種専門家の派遣、被災地におけるSB事業者と地元住民の相互交流・連携支援）」「ソーシャルビジネス事業者の情報発信支援」という三つのSB支援の方向性が提案され、被災地と非被災地を結びつつ、一体的に支援していくことが強調されている。

岩手をみると、岩手県復興計画における「暮らしの再建」の「Ⅳ地域コミュニティ」では基本的な考え方に、「被災地域等の住民、NPO、企業など『新しい公共』の担い手が主役となって市町村と協働して進める復興のまちづくりを支援する」という文章がある。そして、「短中期的な取り組み」では「地域コミュニティ活動をリード・サポートする人材の育成とイベント開催などの地域づくり活動の支援」「伝統文化等地域資源を活かした地域づくり活動の支援」などが記されている。

岩手日報2012年8月28日付では、岩手において「東日本大震災の後、県内で設立を申請したNPO法人はこの1年半で74（認証済みは66）を数える。年間平均をはるかに上回るペースだ。そのうち30団体（認証27団体）が震災対応を目的とする」と記述されており、NPO法人に限った記事とは言え、注目すべき動向である。その30団体は震災復興CBの事例を踏まえると、多様であることが推察されるが、震災対応団体の増大に対して、例えば、今後、岩手県がどのような支援・助成を行っていくかは重要なポイントになろう。

こうして東日本大震災からの岩手の復興において、国や地方自治体、営利・非営利組織が震災復興CBあるいはNPO等向けに実施する支援事業のあり方が強く問われている。したがって、その現状の分析から行う必要がある。また、公的、非営利、私的の各セクター

---

17 筆者も日本地方自治学会2009年度研究会（09年11月）における報告「『小さくても輝く』農山漁村地域における自治体財政の実態―住民協同組織および町出資法人との関係を中心に―」のなかで、「民間非営利組織の多くは県内外の住民や起業を対象にして活動するために、町村に限らず、県との直接間接的な関係も重要であり、そのうちNPO法人に対する支援策を整備、拡充する県は増加しているが、法人格のない非営利の住民協同組織の方が圧倒的に多く存在するにもかかわらず、それに対する財政的支援は個別対応の性格が強く、また規模も小さく、制度的に著しく不十分であることは重大な問題である」と指摘したことがある。

の支援・助成の違いも議論しておくべきであろう。これらについては今後の研究・調査課題としたい。

おわりに

　本章では岩手県の大震災からの復旧・復興あるいは再建における、住民主体による地域の仕事および暮らしに関する社会的、公共的な事業（取り組み）を震災復興コミュニティビジネス（ソーシャルビジネス）と捉えて、その実態を明らかにし、その持続と発展にとっての課題を整理した。

　最後に、本章を要約しながら、そこから示唆される点をいくつかあげておく。第一に、震災復興CBの全体の状況がある程度明らかになった。したがって、その発信や普及が進めば、復旧・復興に大きな弾みがつく。震災復興CBは沿岸南部・中部に集中しており、事業分野は多岐にわたる。それだけ地域の産業や生活などに関する多くの社会的、公共的な問題があることを示しており、それに取り組むことが求められている。

　第二に、震災復興CBの事例を踏まえていくつかの課題を提示したが、地域内外の住民・企業の多様な参加・参画がその推進にとって非常に重要な意味をもつ。多くの人々が震災復興CBを積極的に認知し、評価する土壌づくりから出発し、それに関わる人材育成（雇用創出）がその発展にとって大きな分岐となる。

　第三に、震災復興CBの特徴の一つにローリスク・ローリターンがあげられるが、それは地域資源を客観的、科学的に見つめ直し、被災地・被災者にしっかり向き合いながら、いわば小規模な「攻め」の利活用を地道に積み重ねるとともに、地域（郷土）への「誇り」、自らの「生き甲斐」、地域全体の「希望」を獲得することである。

　第四に、震災復興CBおよびCB・SBの推進は公的、非営利・協同、私的の各セクターの役割分担や国・地方の行財政のあり方を見直すことである。支援・助成側にもいくつかの課題があるが、U・Iターン者や若手の起業や新規事業などに対して、事業（ニーズ）に応じた支援・助成の充実が問われており、重要な論点になろう。

第3章 岩手県立病院の再建
── 2012・13年度を中心に

はじめに

　岩手は都道府県のなかで公立病院の比重が最も高く、また、県立病院の比重も同様であり、2010年4月現在、20の県立病院が存在した。他方で、岩手では2006年度から経営・財政悪化、医師不足、患者モラル（受診行動）を理由に県立病院等の再編が加速しており、公立病院改革で他県に先んじたケースとなっている。県立病院は60年以上にわたって、岩手の農山漁村の医療供給においてきわめて重要な役割を果たしてきたが、その再編が農山村の病院を中心に進められていた。

　こうした状況のなか、東日本大震災が起こった。大震災は岩手県に甚大な被害をもたらしたが、その地域医療に関して広大な農漁村地域をもつ南東部の公立病院（県立病院）のほとんどが全半壊等となり、機能停止に陥ったり、あるいは大幅な機能低下を余儀なくされたりした。したがって、その再建のあり方が問われている。県の「東日本大震災津波復興計画　復興基本計画」（2011年8月策定）では被害の大きい県立病院等の機能をどれくらい、どのように再生していくかは不明瞭である。県立病院等の2014年3月現在の病床数は表3-1のとおりとなっているが、全壊した高田、山田、大槌の各病院のそれは大幅減あるいはゼロのままであるために、その規模は大きな論点である。

　本章の目的は岩手県南東部の県立病院を主な事例にして、その再建プロセスにおける問題を明らかにし、再建の課題を提示することである。

〈1〉岩手沿岸の地域医療における被災状況

　岩手沿岸12市町村の基本的な社会状況は表序-2（13頁）のとおりである。震災前の人口は宮古市の6.0万人から普代村の3千人まで幅があるものの、仙台市、石巻市を含む宮城沿岸に比べると、全体として小規模である。2000年度から10年度までの10年間の人口減少率をみると、最大が岩泉町の16.3%、最小が久慈市の8.2%で、いずれにしても減少の程度は大きい。

表3-1 岩手県立医療機関の一覧

区分	病院名	病床数						備考
		2000年2月現在	2003年6月現在	2005年3月現在	2008年4月現在	2010年4月現在	2014年3月現在	
センター病院	中央	730	730	730	730	685	685	
広域基幹病院	花巻厚生	257	257	257	257	−	−	2009年3月まで
	北上	260	260	260	260	−	−	2009年3月まで
	中部	−	−	−	−	434(394)	434(434)	2009年4月から開設
	胆沢	351	351	351	351	351	346	
	磐井	305	315	305	315	315	315	
	大船渡	479	479	479	489	489	489(459)	
	釜石	272	272	272	272	272	272	
	宮古	404	404	404	387	387	377(293)	
	久慈	354	342	342	342	342	342(315)	
	二戸	300	300	300	300	300(289)	300(270)	
地域基幹病院	千厩	194	194	194	194	194(114)	188(161)	
	遠野	221	221	221	221	199	199	
地域総合病院	江刺	210	210	210	150	150	145	
	高田	136	136	136(70)	136(70)	136(70)	〈41〉	
	大槌	121	121	121	121	121(60)	〈0〉	
	山田	135	105	125(72)	60	60	〈0〉	
	一戸	374	374	374(326)	374(326)	325	324	
地域病院	沼宮内	76	60	60	60	60	19(0)	2011年4月から地域診療センター化
	東和	71	71	71	68	68	68	
	大東	140	124	124	121	121(81)	〈0〉	
	軽米	105	105	105	105	105	105	
診療所(地域診療センター)	中央病院附属紫波	65	65	65	19	19(0)	19(0)	2006年4月から地域診療センター化
	中央病院附属大迫	52	52	52	19	19(0)	19(0)	2007年4月から地域診療センター化
	磐井病院附属花泉	75	75	75	19	−	0	2006年4月から地域診療センター化
	大船渡病院附属住田	65	65	65	19	19(0)	19(0)	2008年4月から地域診療センター化
	二戸病院附属九戸	45	45	45	19	19(0)	19(0)	2007年4月から地域診療センター化
精神病院	南光	408	408	408	408	408	393	

※1.カッコ内の数値は実稼動病床数であり、筆者が病院へのヒアリング等によって把握した分のみ参考までに掲載している。
 2.高田病院、大槌病院、山田病院は東日本大震災により全壊したために、2014年3月現在、仮設(病院ないし診療所)である。また、大東病院は一部損壊のために、病床休止となっている(2014年4月から40床)。
 3.花泉地域診療センターは2010年4月に民間移管された。そして、2012年4月から県立に戻っている。
 4.2014年3月現在、岩手県では「広域基幹病院」は「基幹病院」に、「地域基幹病院」「地域総合病院」「診療所」は「地域病院」に区分変更されている。
〔出所〕岩手県ホームページ・岩手県医師支援推進室における表「自治体立医療機関一覧」などより筆者作成。

65歳以上人口の比率（2010年）については、岩泉町が37.8％で最高、久慈市が26.4％で最低で、久慈市以外の市町村はいずれも30％を超えており、いわば超高齢社会と言える。
　地域医療の点では人口千人当たりの医師数（2008年末現在）は大船渡市、陸前高田市、住田町からなる気仙二次医療圏で1.34人（医師総数97人）、そのうち大船渡市1.72人（同71人）、陸前高田市0.86人（同21人）、住田町0.77人（同5人）ときわめて低い数値である。釜石二次医療圏は1.38人（同79人）、そのうち大槌町0.55人（同9人）、宮古二次医療圏は1.18人（同114人）、そのうち山田町0.56人（同11人）で、いずれにおいても全国平均を大幅に下回り、医師不足は顕著である（厚生労働省「平成20年医師調査」）。
　公立医療機関は気仙二次医療圏でみると、大船渡市で県立大船渡病院、市立国保綾里診療所・歯科診療所、同国保越喜来診療所、同国保吉浜診療所、陸前高田市で県立高田病院、市立国保二又診療所、同国保広田診療所、住田町で県立住田地域診療センター（大船渡病院附属）からなる。診療所は訪問診療を積極的に実施しており、越喜来診療所では2007年度に305件、住田地域診療センターでは病院時代の05〜07年度に年度平均で500件超におよんでいた。
　高田病院はかつて、「毎年3億〜5億円の赤字を計上する、県の『お荷物病院』だった」ようであるが、2004年に現在の院長（2012年度時点）が着任して以来、「日本一老人に優しい病院」をスローガンにし、「高齢化が進む地域の特性に合わせて慢性期のケアを充実。地域密着の病院に生まれ変わり、09年度には黒字転換を果たしていた」（岩手日報2011年6月7日付など）。そして、「末期がんの患者が自宅で家族と共に過ごすターミナルケアも導入した」（同）。こうした実績が認められ、2011年8月から1病棟（回復病棟）を増やし、90床（震災前70床）まで拡充することになっており、また、リハビリ科の設置を予定し、リハビリスペースを確保し、作業療法・理学療法に加えて言語聴覚のスタッフも配置していたなかでの大震災であった。
　次に、岩手県における被災状況であるが、「岩手県東日本大震災津波復興計画　復興基本計画」（以下、岩手県復興計画と略称する）にしたがえば、人的被害は2011年7月25日現在で死者4,611人、行方不明者2,081人、合計6,692人である[1]。家屋被害に関しては全・半壊24,534棟、一部損壊5,010棟、合計29,544棟におよんでいる。
　医療提供施設の被害状況であるが、岩手県復興計画（参考資料）にしたがえば、表3-2のとおりである。病院の大半が被害を受けているが、そのうち全壊3はいずれも県立病院で、高田病院、大槌病院　山田病院をさす。どの病院も海岸から近く、低地に位置してい

---

[1] 死者と行方不明者の合計は2011年11月半ばに6,090人と公表されたが、12年8月8日現在5,878人（死者4,671人、行方不明者1,207人）である。死者数と行方不明者数の合計は2011年7月25日現在と12年8月8日現在で異なるが、これは重複してカウントされていたものがはっきりとしたことによると思われる。なお、復興庁が2012年5月に公表した「震災関連死」は12年3月31日現在、岩手193人で、これを別途カウントすることができる。

たので、立地それ自体が問われるべきかもしれない。

沿岸市町村における医療施設の被災状況と2011年10月1日現在の復旧状況は表3-3のとおりである。病院、診療所のいずれも被害は甚大であり、少しずつ再開に至っているものの、診療所（民間）に関しては医師の死亡等により、閉院となったケースも少なくない。また、民間医療機関の再建は公的支援の点で公立に比して大きく劣っており、資金確保をはじめ多くの難題に直面している。

他方、表3-4は岩手県内の社会福祉施設の被害状況であるが、被害施設数の割合は医療提供施設のそれを上回っており、同様に深刻な事態に陥っている。そして、地域保健の領域で言えば、陸前高田市では9人の保健師のうち6人が亡くなっており、保健に限らず、介護、医療の領域においても、復旧、復興に向けて他市町村・県から応援スタッフが受け入れられている状況である。

医療提供施設と社会福祉施設をトータルでみると病院が被害施設数の割合で最大となっているが、津波の影響を受けていれば、一部損壊であっても、高額医療機器は言うまでもなく、多くの施設においてカルテや薬剤なども使い物にならなくなっている。また、例えば、貯水槽の一部損壊であっても、上水道の供給がストップしたことを典型とすれば、ライフライン等におけるわずかな被害でも医療供給機能が大幅に低下することが明らかになった。

こうした状況の他にも、県が災害拠点病院に指定する県立釜石病院が耐震補強されておら

表3-2 岩手県医療提供施設の被害状況

区　分	施設数	被害施設数				被害額（億円）
		計	全壊	半壊	その他	
病　　院	94	62	3	1	58	193.6
診療所（医科）	754	114	33	11	70	46.3
診療所（歯科）	613	127	37	11	79	39.8
調剤薬局	576	53	37	16	0	17.8
合　　計	2,037	356	110	39	207	297.5

※1．被害額は、精査中　2．岩手県保健福祉部調べ
〔出所〕岩手県『岩手県東日本大震災津波復興計画 復興基本計画—参考資料—』（2011年8月）p.4の表を一部改変して筆者作成。

表3-4 岩手県社会福祉施設の被害状況

区分	施設数	被害施設数				被害額（億円）
		計	全壊	半壊	その他	
老人福祉施設	1,087	131	11	5	103	46.3
障がい者（児）福祉施設	322	72	8	0	64	14.2
児童福祉施設	831	216	28	4	184	25.8
その他社会福祉施設	28	19	1	2	16	6.1
合　計	2,268	438	48	11	367	92.3

※1．施設数は、被害があった種別ごとの施設数を合計したものであり、県内の社会福祉施設の合計数とは一致しない。
　2．被害額は、精査中
　3．岩手県保健福祉部調べ
〔出所〕表3-2に同じ。

表3-3 岩手沿岸市町村の医療施設の被災・復旧状況

	種別	既存数	被災	再開 自院	再開 仮設	再開見込	閉院等	未定
陸前高田市	病院	2	1	0	1	0	0	0
	診療所	9	9	2	3	0	3	1
	歯科診療所	9	9	0	4	2	2	1
大船渡市	病院	1	1	1	0	0	0	0
	診療所	24	13	6	3	2	2	0
	歯科診療所	18	13	6	3	1	0	3
釜石市	病院	5	5	5	0	0	0	0
	診療所	13	8	3	3	0	1	1
	歯科診療所	18	11	3	5	1	1	1
大槌町	病院	1	1	0	1	0	0	0
	診療所	7	7	0	4	1	0	2
	歯科診療所	6	6	0	4	0	1	1
山田町	病院	1	1	0	1	0	0	0
	診療所	4	3	0	2	0	1	0
	歯科診療所	5	5	1	2	1	1	0
宮古市	病院	4	2	2	0	0	0	0
	診療所	28	12	10	1	0	1	0
	歯科診療所	24	13	10	1	1	0	1
岩泉町	病院	1	0	0	0	0	0	0
	診療所	6	1	0	0	0	1	0
	歯科診療所	5	0	0	0	0	0	0
田野畑村	病院	0	0	0	0	0	0	0
	診療所	1	0	0	0	0	0	0
	歯科診療所	2	1	0	0	1	0	0
普代村	病院	0	0	0	0	0	0	0
	診療所	1	0	0	0	0	0	0
	歯科診療所	1	0	0	0	0	0	0
野田村	病院	0	0	0	0	0	0	0
	診療所	1	1	0	1	0	0	0
	歯科診療所	1	1	1	0	0	0	0
久慈市	病院	3	2	2	0	0	0	0
	診療所	15	0	0	0	0	0	0
	歯科診療所	15	1	1	0	0	0	0
洋野町	病院	1	0	0	0	0	0	0
	診療所	3	0	0	0	0	0	0
	歯科診療所	5	0	0	0	0	0	0
沿岸市町村合計	病院	19	13	10	3	0	0	0
	診療所	112	54	21	17	3	9	4
	歯科診療所	109	60	22	19	7	5	7

※ 1．2011年10月1日現在、県まとめ。
 2．大槌町の再開・仮設4は4人の歯科医師で1か所の仮設歯科診療所を運営していることをあらわす。
〔出所〕岩手日報2011年10月30日付p.1の表を転載。

ず一部損壊し、入院機能が大幅に低下し、大半の入院患者は内陸への転院を余儀なくされた。県（医療局）の財源面における制約から後回しにされていたのではないだろうか。また、気仙医師会は陸前高田市で開業していた会長と副会長のいずれも亡くなり、ほとんど機能しなかった。

〈2〉岩手沿岸の公立病院等の再建状況

　岩手沿岸において医療提供施設の半数以上が被災（全半壊等）しており、病院の被災割合が68.4％で最高となっているのに対して、2013年2月1日現在の復旧状況をみると、病院は仮設を含めてすべてが再開している（表3-5）。調剤薬局は再開の割合が67.9％で最も低く、また、18.8％が廃止等であり、未定を加えると30.1％が再開見込みにも至っていない状況である。病院はすべて再開しているものの、高田、大槌、山田の各病院に関しては仮設であり、病床数が大幅に減少したり、あるいはゼロになったりしている。陸前高田市では病院・診療所11施設のうち10施設が被災したが、6施設が再開する一方で、4施設がすでに廃止である（2013年2月1日現在）[2]。震災前の診療体制には程遠い。また、陸前高田市に隣接する一関市の県立大東病院は病棟の全体に亀裂が入った影響が大きく、入院機能および主力のリハビリテーション機能（回復期）の停止に追い込まれた。リハ機能は早々に県立千厩病

表3-5　岩手沿岸市町村の医療施設の復旧状況

		既存	被災	再開			再開見込	廃止等	未定
				自院	仮設	計			
沿岸市町村	病院	19	13	10	3	13	0	0	0
	診療所	112	54	30	12	42	0	12	0
	歯科診療所	109	60	29	19	48	2	8	2
	調剤薬局	100	53	36	0	36	1	10	6

※1. 2013年2月1日現在。
　2. 歯科診療所の再開には大槌町におけるケースのように4人の歯科医師で1か所の仮設診療所を運営しており、「4」でカウントしているものが含まれている。
〔出所〕岩手県ホームページより筆者作成。

[2]　県医師会は2011年8月から市立第一中学校に高田診療所を開設し、2014年3月現在でも継続している。診療日時は水曜日15時から17時まで（皮膚科は予約診療のみで、岩手医科大学の遠隔診療である）、土曜日15時から18時まで、日曜・祝日11時から16時までで、2013年8月から木曜日の診療を終了するとともに、水曜日の診療も縮小している。内科と外科に加えて、小児科、皮膚科、耳鼻科、眼科など開業医がいない診療科を中心に担っており、診療時間も開業医とできるだけ重複しないようにしている。岩手日報2013年2月16日付によれば、「内陸部から延べ千人以上の派遣医師が診察に当たっており」「毎月100人以上の新規患者が来所。11年8月の開設以来の患者数は約1万人に上る」。「12年7月からは新たに子どもの心のケアも実施」。「県は、同診療所運営に関する医師の交通費や人件費など約4500万円（地域医療再生基金）を13年度一般会計当初予算案に計上」している。

院に移管され、入院機能に関しては増改築工事を経て2014年4月に40床で再開している。

次に、高田病院、大槌病院、山田病院の2012・13年度の状況を筆者の各病院等におけるヒアリング調査、各種メディア、病院ホームページなどにもとづいて整理しておく。

(1)高田病院

高田病院は2004年度に着任した前院長（2012年度末まで院長）のリーダーシップの下、「日本一老人に優しい病院」をスローガンにしてさまざまな取り組みを行っていたが、震災により中断を余儀なくされた。こうしたなか、陸前高田市の中核病院であるにもかかわらず、重点をおいてきた訪問診療は震災後の早い段階で再開した。体調が悪化し、かつ通院が困難である住民が多いために、訪問診療の高いニーズが継続的にみられる[3]。訪問診療は主に医師、看護師等のチームで毎日（平日）実施されているが、その実績をみると、対象患者数は2012年で月平均40人程度、13年も同程度で変わっていない。開業医の診療体制が整っていないこともあって、高田病院の存在は非常に大きい。

震災直前に結成され、中断状態となっていた「陸前高田の在宅療養を支える会」が2013年2月に仕切り直しで発足し、前院長が会長に就任した。陸前高田市を中心に地域内で連携しながら在宅医療を支え、地域包括ケアシステムを担う支援ネットワークを構築することを目的とする。高田病院の訪問診療はシステム全体の一部であるが欠かせない。

震災前から地域保健活動として毎年、市内11地区で健康講演会（医師、技師、事務局長、看護師などをメンバーとする講演会、懇談会、体操など）が夜間に実施されていたが、震災後も早々に再開している。仮設住宅（集会所）も対象にし、2012年は27回実施され、参加者数は延べ720人におよぶ。

診療科は2013年10月現在、毎日診療（月曜日〜金曜日）の内科、呼吸器科、小児科、整形外科、眼科に加えて、週1日の外科、皮膚科、婦人科、専門外来として「さわやか」（認知症外来）、糖尿病、健康増進、「ほほえみ」（寝たきり患者等）、禁煙などがあげられ、2012年に比してあまり変化はない。平日の時間外や土・日曜日等でも医師と看護師は

---

3 河北新報2013年10月4日付では岩手、宮城、福島の各県で震災後2年間で要介護・要支援認定者数が急増していることが報道されているが、岩手県の増加率のトップは大船渡市28.4%、次いで陸前高田市27.3%、山田町20.6%である。「避難生活の長期化が一因とみられ、被災地の生活環境が依然厳しいことが浮き彫りになった」と評価されている。筆者の現地調査を踏まえると、仮設住宅の入居者とともに、それではないものの家族を失った高齢者の単身・夫婦世帯の厳しい生活環境もあげられる。また、岩手日報2014年3月8日付では岩手、宮城、福島の3県の沿岸部の医療施設で被災者を診察している医師70人（1施設につき1人の回答）へのアンケートから、約4割の医師が被災者に関して心的外傷後ストレス障害（PTSD）などの精神系疾患が増加傾向にあると回答していることが伝えられている。「震災から3年近くを経ても生活環境の改善が進まない実態が明らかになった」のである。

待機しているので、大槌、山田の両病院と違い、急患は受け入れている。したがって、訪問診療対象者や介護施設入所者の急変時の対応も可能である。事前登録制により、主に在宅患者、寝たきり患者の急変時に無条件に経過観察入院として受け入れる「ホットつばきシステム」は高田病院のオリジナルである。

河北新報2014年3月5日付によれば、高田病院の医師数は2014年1月現在、15.1人（常勤の人数に非常勤を常勤換算して加えた数字）で震災前の数を大きく上回り、常勤医師は12年度、13年度のいずれも9人程度である。研修医も集まっている。しかし、看護師数は病床数の大幅減もあって逆の状況であり、大槌、山田の両病院も同様である。これは内陸の病院への異動を主な要因とする。病床をもつと、夜勤が必須となるために、とくに夜勤が敬遠される場合があるが、そもそも県全体で県立病院を志望する看護師が減少している。

外来患者数は2012年度で1日平均232人、そのうち内科126人、整形外科53人、2013年度（10月まで）で1日平均190人、そのうち内科112人、整形外科29人である。2011年度は午後診療の影響もあって200人超（10年220人程度）であり、12年度はさらに増大したが、13年度は震災前のように内科や整形外科で午後診療がなくなり、整形外科の新患受付が週2日となったために、大幅減少となっている。リハビリテーション患者（理学・言語等の療法士対応など）は2012年度で月平均660人、13年度（10月まで）で761人と大幅増である。入院機能（41床）は2012年2月にスタートし、12年度で1日平均31人、13年度（10月まで）で30人であり、80歳超の高齢者ばかりとなっている。

病院経営に関しては決算ベースで、2011年度は大震災の影響で7.1億円の純損失（＝総収益－総費用）となったが、12年度は市人口の減少のなかでの患者数の確保、診療報酬改定等による患者1人一日当たり収益の増加などのために1.4億円の純利益（黒字）となっている。大槌病院は2011年度7.3億円の純損失、12年度2.0億円の純損失、山田病院は11年度4.3億円の純損失、12年度1.0億円の純損失である。外来患者数は大槌病院で2011年度2.2万人、12年度2.3万人、山田病院で11年度1.7万人、12年度2.4万人となり、高田病院（11年度4.2万人、12年度5.7万人）と同様に増加となったものの、入院機能の有無もあって12年度に大きな違いがみられる。[4]

震災後の特有の問題として、①仮設の限界である。例えば酸素吸入器を備え付けているベッドは半数強で、残りは酸素ボンベや在宅医療で使う酸素濃縮器で代用する。痰などの吸引器は持ち運び式5台を複数の病室で共有する。②紙ベースの事務・事業のために事務、診療など全体のスペースが手狭になっている。③震災前には実施していた手術の多くが実施できなくなっており、例えば白内障手術であれば大船渡病院にお願いしているが、半年待ちということもあると聞く。④予防注射を年間数千人単位で実施しており、介護施設にも出向い

4　経常損益でみると、2010年度、11年度、12年度の順で高田病院0.5億円、−1.7億円、1.3億円、大槌病院−0.8億円、−2.9億円、−2.0億円、山田病院−0.6億円、−0.5億円、−0.2億円である。

ている。本来であれば開業医の役割であるが、その体制が非常に脆弱であるために限られた供給体制のなかで実施している（2013年11月の高田病院の事務局長へのインタビュー）。

(2) 大槌病院

大槌病院の診療科は2013年11月現在、内科、外科、整形外科、皮膚科、眼科であるが、毎日（平日）の診療は内科（午前・午後）のみであり、現在の仮設診療所となってほとんど変化はない。外科は週2日（午前）、整形外科は週1.5日（午前ないし午後で、月に2週だけ2日）、皮膚科は週2日、眼科はほぼ週1日（月4日）である。整形外科はとくに仮設住宅入居者のニーズが高いにもかかわらず、高田病院と同様に十分な診療時間を確保できていない。職員数（実働）は2012年10月現在34人、13年10月現在33人で、現在の仮設診療所となってほとんど変化していない。医師数は2014年1月現在、5.9人で震災前に比してわずかに増えている。常勤医師は内科のみで、2013年6月から1人増となり、5人である。院長（1993年度～）は定年退職（65歳）の延長という特別措置により診療を継続している。研修医はゼロ（中長期）である。内科を含めてすべての診療科に応援医師が来ている。

外来患者数は2012年10月で1日平均92人、13年10月で同90人となっており、震災後に大幅に減少してから、ほとんど変化がない（10年同150人程度）。患者数について2013年は12年と同様に、死亡・行方不明や転出などの影響がみられるが、他方で、陸前高田市に比して開業医の再開が進み、そちらを利用していることも考えられる。時間外や休日については震災後1年くらいで診療を終了したようであるが、患者はもともと少なく、土曜日は開業医の診療があることによる[5]。ただし、筆者の町民インタビューでは大槌病院の診療体制を理由に釜石病院に行くというコメントが少なくなく、供給側と需要側の関係にとって示唆的である。

大槌病院は震災前から釜石保健医療圏の中核病院である釜石病院との機能分担を推進しており、また、開業医との連携も強く、震災後も限られた医療資源のなかで継続されている[6]。とは言うものの、震災後は大槌病院に病床がないために、釜石病院の「後方病院」として

---

5 大槌町と釜石市の休日当番医（日曜日・祝日）は釜石市、大槌町のいずれかの病院・診療所（民間）である。

6 開業医との連携について、大槌病院では震災前に当直医は主に岩手医科大学（前院長の出身大学）から応援をもらっていたが、医大の事情で早朝5時頃に大槌町を発ち、盛岡市の医大に戻って、カンファレンス、次いで午前診療があることから、当直医の不在となる3時間くらいを開業医が常勤医師とともに分担していた。また、病院医師の負担軽減のために病棟回診（木曜日午後）や予防接種なども担当していた。震災後もということであれば、開業医への特殊検査（MRI）の依頼があげられる。なお、医療と福祉の連携の点では、震災後、仮設住宅入居者の健康状態の悪化が危惧されることから、健康相談を目的として病院看護師が町社会福祉協議会（生活支援相談員）とともに仮設住宅を訪問している。2013年9月までは週3日（1日2時間程度）の実施であったが、それ以降は新病院開院の準備のために週1日に縮減されている。病院事務局長いわく、それを中長期的に継続することは病院の役割から望ましいとは言えないようである。

の機能は大きく低下している。他方、ニーズが高い健康診断を積極的に受け入れており、経営的な工夫も垣間見える。訪問診療は大槌病院では高田、山田の両病院と違い、震災後も行っていない。医師数から言えば、訪問診療の実施も可能であるようだが、新病院（本設）の開院を2016年4月に予定し、最重要課題であるために、事業の拡大は考えておらず、むしろ入院機能の維持あるいは分担と連携に重点をおきたいということである（2013年11月の大槌病院事務局長へのインタビュー）。

ただし、「釜石ファミリークリニック」（釜石市）が震災前から訪問診療（24時間体制）を積極的に担っており、震災後も釜石市に加えて大槌町の患者も対象にしている。訪問診療対象者は2013年度で約400人であり、震災前の約300人から急増しており、震災による対象者の死亡・行方不明等を考慮すれば、ニーズが著しく増大していることになる。常勤医師は5人で、内科と脳外科はほぼ毎日（平日）の外来診療であることから言えば、過労が危惧される。町内の開業医による訪問診療もあるが、その対象者の規模には格段の違いがある。

震災前後の共通した問題としては医師不足があげられているが、震災後の特有の問題として、

①そもそも建物が全壊し、入院機能を失い、町内に病床を有する医療施設がゼロになったことに加えて、町民の町外流出等のために、患者数の減少があげられている。

②震災前は午後に病棟診療があったために、外来患者には午前の来院に対する協力をお願いしていたが、患者が午前に集中する傾向は震災後も続いている。午後に院内が閑散となる点については、特殊診療等がないことも要因であり、これは経営にも関わるようである（2013年11月の大槌病院事務局長へのインタビュー）。だからと言って、午後の外来をストップして訪問診療を実施するとはならない。それをスタートするとやめられないし、他の医療機関との関係の再構築にも多大な労力を要するようである。

③筆者の継続的な仮設診療所の現地調査によれば事務、診療など全体のスペースを拡充し、労働環境（更衣室や休憩室の未整備等）も改善するために2012年7月に増築が行われ、建物が小さく、劣悪な労働環境であった状況からかなりの変化がみられる。しかし、質的な点で言えば、仮設のままであり、仕事の能率性が大きく向上したとは思えない。増築棟と言ってもコンテナ式に近い建屋で、「世界の医療団」（国際NGO）の寄贈であり、県の支出はあまりない。増築棟はCT（コンピュータ断層撮影）室、内視鏡室などに利用されているが、CTは一般社団法人日本画像医療システム工業会の無償貸与であり、山田病院も対象となった。

7　世界の医療団の説明によれば、「この支援活動は岩手県からの要請に基づき行われたもの」であり、「県の予算不足からX線CT装置の設置が遅れ、診断を要する患者が被災を免れた近隣の県立病院まで往復2時間をかけて通院している現在の同地区の状況が解消されます」ということである（http://www.mdm.or.jp/pdf/press04.pdf　2014年3月31日最終閲覧）。

(3)山田病院

　山田町内の診療所は2014年3月現在7か所（山田病院および歯科3を含む）であり、震災前の11か所（うち歯科5）に比して医療機能の大幅低下がみられる。震災前には病床をもっていた診療所が2か所あり、うち1か所には兄弟3人の医師がおり、介護老人保健施設も運営しており、陸前高田市や大槌町の医療環境とは異なる状況がみられた。この診療所は2014年3月現在、旧山田病院の建物を間借りして診療を行っているが、アメリカの国際NGOと財団の寄付を受けながら診療所（病床数ゼロ）と介護施設が一体となった新施設を、規模縮小して14年6月までに整備し、新たなスタートをきる予定である。震災後は町内の医療ベッドは大槌町と同様にゼロになっている。

　山田病院の診療科は2013年10月現在、毎日診療（平日）は内科と外科のみであり、午前と午後の診療である。ただし、外科については月・火・木曜日の午後は訪問診療となっている。その他、眼科は週2日、整形外科は週1日、小児科は月2日である。2012年に整形外科は毎日（午前・午後診療）、小児科は週1日であったので、いずれも縮小している。医師数は2014年1月現在、3.7人で震災前の2.6人に比して若干増えている。ただし、常勤医師は震災前に2人（内科医ゼロ）であり、震災後に内科医1人が赴任したものの、2014年2月にその1人が退職して、14年4月現在2人である[8]。また、この2人のうち2013年度就任の院長（内科医）は宮古病院の循環器科で週2日外来を担当し、その統括副院長を兼務している。訪問診療は外科医が担当しているが、正確に言えば、総合医である。外来患者数は1日平均100人程度である。震災後の大幅減少から持ち直し、震災前を少し上回る。震災前の山田病院の利用は町民の1/4程度（町内の開業医1/4、宮古病院1/4、その他1/4）であったが、それ以上に上昇している状況であろう。ただし、今後、常勤医の減による患者の減少が懸念される。

　平泉（2012）によれば、震災時に訪問診療を受けていた在宅療養患者88人の1年後転帰は震災死20人、震災後死亡28人、町外避難12人、施設入院・入所3人で、在宅療養の継続は25人という非常に厳しい状況となった。震災後の訪問診療・往診は増大し、2013年には急増し、年間4千件におよんでいる。これは震災前の4倍、2004年と比較すれば20倍である。震災による症状悪化や通院困難などが顕著にみられる。また、宮古病院における病床の実質稼働の抑制もあげられる。訪問診療担当医師は1人で、絶大な信頼、

---

[8] 山田町のホームページでは内科医師2名の募集にあたって、町の宣言文が次のとおり掲載されている（2014年4月20日最終閲覧）。「県立山田病院の内科診療の再開を強く望んでいます」。「医師をはじめ病院スタッフを大切にします」。「医師の負担を軽減することが必要だと認識しています」。「コンビニ受診を控えます」。「医師の候補が見つかったら、県医療局、県立山田病院に採用するように要望します」。連絡先は町健康福祉課地域医療推進室である。2014年4月現在、内科は週3日（午前・午後診療）程度の開設である。

評価を得ているものの、過重労働の域に達していることは明らかである。これに対して担当医師いわく、病床ゼロのなかで訪問診療に加えて、病状悪化時の救急搬送対応、夜間・休日等の往診対応、在宅看取りに必要な緩和ケアが医療現場では強く求められている。訪問診療の継続によって福祉・介護との連携を展開することができ、小規模病院の役割あるいは重要性は再評価されるべきであるということであった。

こうした地域医療の実態をみれば、訪問診療は非常に重要であるものの、病状急変・悪化時等の入院対応施設を必要とすることが示唆される。他方で、被災地の厳しい受診環境を考慮すれば、医師の善意に頼らざるを得ないとしても、同時に、地域の開業医・介護事業所ないしは住民の姿勢や役割も問われているのではないだろうか。

お詫びと訂正

以下の誤りがありましたので、お詫びして訂正申し上げます。

90頁本文下から3行目〜2行目

誤：年間4千件におよんでいる。これは震災前の4倍、2004年と比較すれば20倍である。

正：年間1.4千件におよんでいる。これは震災前の1.4倍、2004年と比較すれば7倍である。

- 達増知事は再選直後の2011年9月に「地域医療の機能を低下させることはしない」と強調し、同年10月に高田、大槌、山田の3病院の再建を明言したうえで、そのあり方は市町村や地域のまちづくりプランやニーズ、実情を踏まえて検討、協議するとした（岩手日報2011年10月14日付など）。県の医療局や保健福祉部の幹部も地域ごとの違いとともに、人口動態、患者の受診行動、民間医業機関の（再開）状況などを考慮する必要があることを述べている。

県の次期保健医療計画（2013〜17年度）の策定もあって、2012年度内に再建方針の方向性が決められることになった。したがって、2011年10月からであると、議会議決や予算編成などを考慮して1年3か月程度の時間的猶予が県民に与えられたことになる。県にとっても同じことであるが、地域住民との具体的な協議は全くなく、後述するように、高田、大槌など3病院の再建については2013年1月に突如、具体的な内容が公表されることになる。なお、「岩手県立病院等の経営計画《2014－2018》」の策定に向けた県当局の動きも早められることになり、大東病院の再建にも大きな影響を与えることになった。

なお、県議会9月定例会において、県は3県立病院について、「仮に被災前の同規模で再建する場合、用地取得の費用を除く建物と備品、医療機械の整備で総額約88億9200万円の費用が見込まれるとの試算を示した」。医療局幹部は「地域医

療再生基金の活用など国の手厚い財政支援を求め、可能な限り負担を抑えるよう方策を打ちたい」と答弁している（岩手日報2011年10月28日付）。
- 2011年10月に高田病院の仮設診療所に、入院用のベッドを設置する方針が明らかにされ、12年2月から病床数41でスタートした。

 県は気仙保健医療圏において急性期後の医療体制が他の圏域に比べて脆弱であることを主な理由とする。陸前高田市の人口規模は大槌、山田の両町に比して多く、患者数の増加程度も大きく、地域（地元）および病院からも強い要望があったことが県を動かすことになったと考えられる。これに対して大槌、山田の両病院の医師に対する筆者のインタビューにもとづくと、両病院は現在の医師数では入院受け入れに踏み切ることができなかった。大槌町では町長の死亡にみるように行政機能の一時停止・大幅低下も大きく影響したのではないだろうか。
- 2012年2月に一関市大東地域から知事、医療局長、県議会議長に大震災前の診療体制の回復を趣旨とする要望署名（約1.3万人）が提出される。県医療局は「地域との話し合いをもちながら進めていくが、医療資源には限りがある」というコメントに終始する。

 岩手日報2012年1月18日付では、大東地域（2005年の合併前は同名の単独町）の大原地区における協働のまちづくり組織である「大原振興会と連絡協議会は昨年6月、一関市長に大東病院の診療体制確立に関する要望書を提出。町内4団体連名で県と県医療局にも要望書を提出したが具体的な復旧の見通しは立っていない」と報じられている。こうしたなか、大東地域の行政区長会連絡協議会や老人クラブ連合会などの協力を得て、県立大東病院早期復旧対策委員会が2012年1月に創設され、大東町自治会等連絡協議会会長が代表に選出された。そして、それが2月に知事や医療局長などに要望署名を提出した。岩手日報2012年5月14日付では「県は『計画は白紙』とし意見交換会などを踏まえ方向性を固める方針」と記述されており、また、県医療局経営管理課長のコメントとして、「病院の規模や期待する機能など住民とざっくばらんに意見交換し、本年度前半を目安に基本的な再建の方向性を固めたい」と報じている。
- 2012年3月に策定された県医療の復興計画に高田、大槌、山田の3県立病院の再建が位置づけられ、地域医療再生臨時特例交付金のなかから75億円を充当する方針が示された。いずれの病院に関しても「病床整備について検討する必要がある」と記されている。

 国の補正予算等にもとづく地域医療再生交付金による財政措置は2009年度にスタートした全県レベルの地域医療再生基金事業の一環であり、医師招聘の対策、救急医療の確保、公立病院の再編など地域の医療課題（ソフト、ハード）の解決

を目的とする。岩手県では事業対象地域は沿岸に限らず県全体にわたる。この交付金はこれまで数回にわたって交付され、県の基金拡充が図られる一方で、災害復旧事業費補助の対象外となる施設（公立・民間診療所等、歯科診療所、調剤薬局）の復旧・整備支援にきめ細やかに充当されてきた。この財政措置に対応して岩手県は「岩手県地域医療再生計画」（2012年2月、13年8月など）、「岩手県医療の復興計画」（2012年3月、13年3月）を策定している。

地域医療再生交付金の交付条件の一つに、補正予算ごとに内容に若干の違いはあるものの、病床削減があげられている。県立3病院の再建に関わる補正予算は2011年度の第三次であったが、桒田（2012b）で指摘されているように、「病院の診療所化を含む医療機関の統合再編も視野に入れつつ、機能の集約や連携を積極的に進め、病床過剰地域については、基金を活用して2億円以上の施設整備を行う病院の全病床数から10％以上の病床削減に努めること」になっている。「岩手県地域医療再生計画」では沿岸の保健医療圏のうち釜石保健医療圏が病床過剰地域とされているが、その時点で大槌病院の病床削減の布石は敷かれていたと考えることができる。

「岩手県医療の復興計画」（2012年3月、13年3月）では概算で総事業費は高田病院25.8億円、大槌病院29.8億円、山田病院19.8億円と記されているが、「被災前の入院患者数実績に基づいて病床利用率が概ね85％となるよう整備病床数を仮定し、被災前と同じ診療科を前提として」計上されている。なお、「岩手県医療

9　2010年度補正予算に伴う交付金の交付に際しては、「50億円を超える基金交付額を申請する事業の整備対象医療機関で、施設整備費として2億円以上の基金が交付される医療機関については、当該2億円以上の基金が交付される医療機関全体で原則として10％以上の病床削減を行うこと」。さらに、80億円超で「病院の統合再編を行うこと」と条件付けされている（厚生労働省ホームページ）。この時期は「地域医療再生計画」にみるように、県立3病院の仮設診療施設整備が含まれるが、岩手医科大学付属病院の総合移転整備に伴う（仮称）統合医療センター（周産期・小児・高度救命救急）の整備がメインであり、これに関わる病床減などが行われた。なお、2012年度補正予算に際しては「既存の計画において病床削減を伴う施設整備事業を計画していて、その事業に対し、今回の新たな計画で事業を拡充する場合は、更なる病床削減は求めない。ただし、病床過剰地域において、今回2億円以上の基金を活用する新たな施設整備事業を計画する場合は、施設整備を行う病院の全病床数から10％以上の病床削減に努めることとする」（厚生労働省ホームページ　2014年3月31日最終閲覧）とされている。

10　県医療局ホームページのトップページに「被災した県立病院の再建方針について」という欄がある（2014年1月現在）。それをクリックすると、病床数の削減や整備場所などの他に整備の概算事業費が掲載されているが、土地分、建物分、合計のみである。大槌、山田の両病院の整備事業費はいずれも17.6億円であり、同じ扱いとなっている。それは高田病院の19.1億円とあわせてすべてが地域医療再生交付金の申請時（2012年度）の概算事業費であり、土地代（用地費）、建物整備費に加えて設計費、工事管理費などが含まれる一方で、医療機械、備品、消費増税分、資材費・人件費等の高騰に伴うコスト増などは含まれていない。県民にとって非常にわかりにくい情報である。

の復興計画」(同)では3病院の病床数について「今後さらに、圏域における医療連携等に関する検討を踏まえて決定することにしている」という記述もみられる。

- 病院の整備に関する住民と県の意見交換会が大東地域、陸前高田市、大槌町、山田町で開催され、県から病床数縮減が提示された。大東地域では2012年5月15日(火)、同8月6日(月)、同9月12日(水)の合計3回の開催であった。大槌町と山田町ではいずれも2013年1月19日(土)であった。大槌町では約80人、山田町では約150人が参加した。陸前高田市では2013年1月20日(日)に開催され、約50人が参加した。

大東地域のケースでは約200人の住民が参加した第1回に、県は「従来通りの復旧は難しい」との認識を示し、医師不足を主たる理由にあげた。医療局長いわく、赤字を理由に機能を見直すことはない。また、意見交換会の開催時期を含めた対応の遅れに対する指摘に、医療局長が陳謝した(岩手日報2012年5月16日付など)。そして、第2回で40床程度とし、平日の夜間や土・日曜日、祝日の救急対応をしない方針が提示され、10月初旬に実質的に決定となった。その後、地域医療再生基金事業によって増改築工事等が実施された。40床程度という規模は震災時の許可病床数(121)は言うまでもなく、実稼働病床数(81)でみても高田、山田、大槌の各病院に比して格段に厳しい。

大槌、山田の両町における意見交換会では高齢者医療(とくに慢性期)を主な役割とし、主たる理由の医師不足に加えて、被災前の入院患者数、被災後の人口減少などを勘案して、稼働病床数を震災前の一般病床60床から50床程度に削減する方針が明らかにされた。新病院は2016年度開院を見込む。ただし、病床規模や建設場所などは地域の意向を踏まえ、2012年度内に最終決定するとされた。陸前高田市の意見交換会では同様の理由で稼働病床数を50〜60床程度に削減し、2017年度の開院を見込む方針が提示された。高田病院も大槌、山田の両病院と同様に夜間・休日等の救急対応は行わない。

岩手日報2013年1月20日付は大槌町長のコメントとして、「町にきちんとした医療施設がないことが人口流出の一番の要因。町として計画通り進むよう最大限努力する」と報じている。また、山田町長は「病床数と夜間の救急医療体制の確保を強くお願いする」「病床は多いに越したことはないが一番の課題は医師の招聘である」と述べている。

- 「陸前高田市の県立高田病院を守り発展させる市民の会」(以下、高田病院を発展させる会と呼ぶ)は2月28日、「県医療局が2012年度内に固める県立高田病院の再建方針について、80床の病床を確保するよう求める請願を県議会に提出した」(河北新報2013年3月1日付)。

「請願では『震災前に80床に増床する準備が進められていた』と指摘し▽医師体制充実▽一般40床、回復期リハビリ40床の確保―を求めた」（同）。しかし、6月に取り下げるとともに、県医療局に要請書を提出し、要請という形をとった。

- 「**岩手県保健医療計画2013－2017**」が2013年3月に策定された。

「岩手県保健医療計画」では県立病院に限らない公的医療機関の役割の現状と課題に関して、総務省が2007年に策定した「公立病院改革ガイドライン」にしたがって、「本県の公立病院においても取り組み実績等を踏まえた計画の見直しや新たな計画の策定により、継続して改革に取り組んでいくことが求められます」「継続して公立病院改革の推進を図ります」と記述されている。

岩手県保健医療計画における「地域編（保健医療圏における取り組みの方向）」の宮古保健医療圏の欄では山田病院の再建の基本方針が明記されている。基本診療機能として「内科、外科、整形外科等の基本診療科を有すること」、入院機能として「一定規模の病床を有すること」「県立宮古病院や宮古第一病院の後方支援病院としての機能を有すること」「在宅の要援護者や介護施設入所者の症状悪化の受け皿機能を有すること」など、救急医療として「医療需要、医療従事者の確保、県立宮古病院との連携の視点から必要な機能を確保すること」があげられている。こうした特定の病院の具体的な記述は気仙、釜石の両保健医療圏の欄とは大きく異なる。

- **県医療局は2013年7月の高田病院を発展させる会との懇談会を経て、8月6日、高田病院の病床を当初の方針通り1病棟50～60床とすることを明らかにした。**

県医療局は病床数を「3月に決める予定だったが、市民団体から2病棟80床を求める請願が県議会に出され、先送りしていた」（河北新報2013年8月7日付）。新病院の「事業費は19億800万円」で、「17年度開院を目指す」ということである（同）。その場所はこれから本設となる市役所のそば（有力案のケース）で、市の保健福祉総合センター（計画ベース）と隣接することになり、大槌、山田の状況と大きく異なる。なお、事業費や開院時期については被災地における資材費や人件費の高騰（資材不足や技術者等の不足）を要因として復興事業費が高止まり、入札不調等も相次いでいるために、いずれも見直しを余儀なくされることが懸念される。

- 「**岩手県立病院等の経営計画《2014－2018》**」が2013年9月13日から同年10月15日までのパブリック・コメント期間を経て、2014年3月に正式策定となった。

現行の県立20病院6地域診療センターを維持し、病床数について高田病院は一般60床（2017年～）、大槌病院は同50床（16年～）、山田病院は同50床（同）と明記される。

高田、大槌、山田、大東の各病院が該当する「地域病院」の病床利用率の目

標値は2018年度まで75.0%で変わりなく、「基幹病院」等よりも低く設定されているが、「公立病院改革ガイドライン」がミニマムとする70%よりは高い。ただし、病床利用率（一般・療養）が3年間連続して70%未満となれば、「病床数を抜本的に見直すとともに、これに該当しないものの空き病床が多い病院についても、医師の配置や患者動向を見極めつつ、患者の療養環境の向上や新たな医療ニーズへの対応を考慮しながら、病棟休止も視野に入れて病床数を見直します」ということである。

なお、2012年度の県立病院等事業会計決算は純損益ベースで2005年度以来7年ぶりの黒字となり、大震災による特別損失など特別損益を除いた経常損益では3か年度連続の黒字である。[11]診療報酬の引き上げを背景とした患者1人一日当たりの収益の増加が主な要因である。他方、経営の損益や医師の労働量に影響する（稼働）病床利用率（一般・療養）は計画（2012年度分）の84.2%を大幅に下回る76.5%で、2013年度までの経営計画の下では一度も上回っておらず、毎年度大きな差がある。平均在院日数の短縮が主な要因である。

〈4〉県立病院の再建プロセスにおける問題

ここでは県の県立病院再建に関する方針や動向を踏まえて、高田、大槌、山田の各病院を中心に県立病院の再建プロセスにおける政策的な問題を明らかにする。

第一の問題は、病院再建とくに病床数に関して、病院所在地域の住民と県（医療局）の協議あるいは懇談が実質的になく、県の動向も住民からほとんどみえなかったことである。

岩手日報2013年1月21日付は病院の整備に係る意見交換会について陸前高田市長のコメントとして、「事前に情報がないと市民も何を言っていいか分からない。事前に県が基本的な考え方を示した上で意見交換した方がいい」と報じている。また、岩手日報2013年2月3日付では県医療局が「病床規模などの方針を初めて明らかにしたのは意見交換会の席上で、しかも住民からの質問に答える形。いかにも消極的だ」という記者コメントがある。

知事は再選後に地域医療の機能を低下させることはしない、高田、大槌など3病院を再建すると明言したが、地域住民のなかで震災前の診療体制に戻ると思い込み、病床削減に驚いた人は多かったというのが、筆者の地域住民へのヒアリングを踏まえた実感である。

意見交換会は実質的には決定事項の説明会であり、それと呼べるようなものではなく、大東地域を除いてわずか1回であった。病院再建にとって病床数が過剰か否かは重要な論

---

11 経常収支比率は2008年度97.0%、09年度97.9%、10年度100.1%、11年度101.0%、12年度見込み101.2%、医業収支比率は順に90.8%、92.9%、94.2%、94.6%、93.8%である。累積欠損金は2008年度の167.8億円から11年度の205.1億円まで増大したが、12年度見込みは194.0億円である。

点であったが、これに地域住民の関心が集中し、再建のすべてが規定されることになった。意見交換会を終えるにあたって、病床規模などは地域の意向を踏まえ、2012年度内に最終決定されることになったが、これは会を収める形式的な文句であって、既述のような山田町長の主張が届かなかったことは予想された結果であろう。[12]

2012年度第4回県立病院経営委員会（2013年2月13日開催）の会議録によれば、ある委員（県医師会常任理事）の「被災病院の再建後の病床数について、地域のニーズ等を踏まえて決定しているのか」という質問に対して、県医療局の経営管理課総括課長は「被災前の入院患者数、被災後の人口減少等を勘案して病床数を検討しており、被災前の病床数よりも少なくなっている」とコメントしているが、回答になっていない。

こうした問題を踏まえると、地域から何らかのアクションがあっても不思議でない。3病院のうち高田病院に関しては、震災前からの取り組みが評価され、リハビリ機能の充実を中心にして、2011年度に増床予定があったけれども正反対の結果となった。高田病院を発展させる会の請願それ自体については大方の理解を得ることができるのではないか。大東病院については県立大東病院早期復旧対策委員会いわく、災害復旧であるから震災前の体制を基本とすることが当然であり、また、改築を10年以上前から県にたびたび要望してきたが、何ら応答がなかったということである（2012年5月の代表へのインタビュー）。

「岩手県地域医療再生計画」と「岩手県医療の復興計画」には計画案の作成経過が記されており、岩手県復興に向けた医療分野専門家会議、医療審議会（部会を含む）、有識者会議、県内医療関係団体などに対する取り組み内容の説明や意見聴取があげられている。これらの構成員はほぼすべてが医療関係者（県医師会会長・副会長、県薬剤師会会長、岩手医大学長・教授など）であり、公募委員や住民団体（代表）はごくわずかである。また、何度も出てくる有識者会議は県内医療関係団体所属者と県医療行政関係者から構成されるが、「被災地域医療再生検討委員会」（委員長の県医療局次長、5名の県立病院長、5名の県医療局総括課長で構成）をはじめ他の組織とは異なり、それぞれの位置づけが紛らわしい。こうした意思決定プロセスを県民は知る由もない。

第二に、県が医療供給体制の見直し、とくに病床数の削減について医師不足を最大の理由にしたことが地域住民にとって消化不良に終わるとともに、さまざまな理由をあげたことが非常に大きな不安を広げることになっている。

12　高田病院の前院長（院長職は2012年度末まで）が病床数に言及している様子は新聞等では見かけないが、県医療局には要望していたと思われる。「陸前高田市　保健医療福祉未来図会議」は市民の生活（支援）に関わる市内外の関係者が集まり、復興に向けた中長期的な展望を議論し、地域全体にとって望ましい体制づくりを目的とする組織であるが、その会議録によれば前院長は2012年11月30日の分科会で、気仙保健医療圏の住田町（隣接自治体）にベッドがないために、それをカバーするためにも80床を必要とすると発言している。彼が80床を要望していたとすれば、彼のリーダーシップをもってしても県医療局を動かすことはできなかったということである。

県（医療局）いわく病床削減の最大の理由は医師不足であるが、同時にさまざまな理由があげられ、病床削減の批判に対する反論が二重に用意されており、さらに、中長期の改革も視野に入れられている。医師不足は震災前の県立病院等の大再編（県立6地域診療センターの無床化等）の際にあげられた三つの理由の一つであるが、その他の経営悪化、患者の受診モラルを大震災という特別な状況の下での再建にあたって大きく取り上げにくいのは明瞭である。このことから医師不足を不変の理由にしたいのであろう。

　しかし、高田、山田、大槌の3病院については震災前の大再編では病床減の対象外であり、今回、いずれの病院も2012年に常勤医師は減少しておらず、むしろ増加している。大槌、山田の両病院であれば、夜間や休日等の対応がないから常勤医師が集まると考えることができるが、それは応援の当直医を基本とし、別の問題とすることもできる。県は医師不足だけでは地域住民に対して十分な説得力をもたないことを認識しているがゆえに、人口減少、一般病床利用率、1日の平均患者数、各保健医療圏における位置づけ、地域の入院需要などをあげたと考えられる。

　「岩手県医療の復興計画」における高田、大槌、山田の3病院の再建に関する、「病床整備について検討する必要がある」というか所を含む文章をみると、それにつながる文言は異なる。高田は「同院が担うべき機能や県立大船渡病院との機能調整、療養が長期におよぶ患者の圏域における受入体制のあり方等も含め」、大槌は「糖尿病の専門的治療などの医療機能も担い、病床利用率は比較的高い状況にあったものの、県立釜石病院と比較的近接していることから、（中略）救急医療体制のあり方など県立釜石病院との機能調整も含めて」、山田は「山田町内の患者の町外医療機関への移動状況を詳細に把握し、県立宮古病院との機能調整も含めて」であるが、大槌病院は釜石病院との距離まで取り上げられている。三陸縦貫自動車道の整備後にまで踏み込めば、他の病院にも派生するかもしれない。

　こうしてさまざまな理由が列挙されると、今後はいつでも病床減に限らず、さまざまな形で機能縮小を行いますと言っているようなものである。ここまで踏み込めば、地域住民に大きな不安が広がることは容易に想定することができる。

　「岩手県医療の復興計画」における病院整備の概算事業費の算定方法（病床利用率が概ね85%となるように整備病床数を仮定する方法）は他にやり方がなかったのだろうか。そもそも2010年度の病床利用率は稼働病床数からみれば、大槌病院90%超、山田病院約70%、高田病院約80%であり、山田病院を除けば取り立てて問題にする水準ではない。山田病院は内科医ゼロのためにやむを得ない。しかし、大槌病院は病床利用率が「比較的高い状況」でも病床数削減のターゲットになった。県医療局が用いる病床利用率も県民向けには分母が大きくなる許可病床数が用いられることがあるが、その高低も含めて十分に

理解されていないのではないか。[13]

　また、許可病床数あるいは稼働病床数は2013年度までの経営計画にもとづく、病床利用率の観点からの縮減があるとしても、震災以降、宮古、大船渡、久慈の各病院の病床が大幅に縮減されていることは地域住民に知られているのであろうか。そもそも経営計画はそれを明示していない。さらに、県立病院経営委員会の資料では筆者が電話によって把握した各病院の病床数（表3-1）よりも低い数値となる縮減が示されている。仮に周知されているとすれば、各保健医療圏における短期間での病床の大幅減はかえって地域住民の不安をあおることになろう。

　<u>第三に、大東病院の再建方針はあまりにも厳しい。</u>大東病院は過去に何度も機能縮小の対象となり、実際、病床数は微減しているが、今回、かなり持ちこたえてきたなかで、病床数の大幅縮減や夜間等の受け入れなしに加えて、主力のリハビリテーション機能（回復期）も引き上げられた。県が策定した「岩手県公立病院改革推進指針」（2009年1月）では「日常的な医療を担う医療機関としての役割を果たすために期待される機能を十分に有していない」とまで指摘されたのであるから、今回の結果は県にとっては狙い通りなのかもしれない。

　県医療局の大東病院整備の方向性に関する資料をみると、「病床数については、被災前（平成22年度）の1日平均患者数は45.5人であり、このうち回復期リハビリ病床（千厩病院に集約）の入院患者が半数程度であることなどを考慮して、40床程度とします」という文章がある。今後、大東病院は回復期医療後も退院が困難な患者の治療を行う位置づけであるようだが、その文章はあまりに難解であるために、県民はほとんど理解できないと思われる。

　大東病院のケースは高田、大槌、山田の各病院へのいわば見せしめになったとすれば、高田のケースは他の県立病院への見せしめになると思われる。つまり、震災前からの経緯および震災後の常勤医師の大幅増などがあっても、病床数の縮減、夜間・休日の救急医療なしとなったからである。「岩手県立病院等の経営計画《2014-2018》」は前経営計画と同様に基本方向の一つに「医師不足解消」をあげる。県医療局全体の医師不足「解消」を前提とすれば、高田病院で数人増えても、全体あるいは中長期でみれば厳しいと一蹴されたのではないだろうか。それどころか、大東病院あるいは山田、大槌の両病院はいったん19床の有床診療所か無床にして医師招聘が進めば、病床を増やしていくとまで考えていたかもしれない。

　<u>第四に、地域（住民）の病院再建に関わる取り組みである。</u>それは大槌町では低調であり、陸前高田市、山田町では基本的に反対運動にとどまっている。こうした動きは、地域

13　『地方公営企業年鑑』（総務省）によれば、病床利用率（一般）は2007年度、08年度、09年度、10年度の順で高田病院34.2％、35.2％、39.2％、37.1％、大槌病院83.1％、74.8％、57.4％、43.8％、山田病院69.2％、62.5％、67.7％、65.2％であるが、許可病床数が分母になっている。

医療の復旧、復興が市町村や地域住民にとって優先政策の上位になっていることから言えば、無視できない問題であり、中長期でみても明るい展望を見出し難い。

　大槌町においては栗田（2012a、2012b）を参照すれば、町（当局）、議会、住民が何もしなかったわけではないが、定年退職を延長してでも勤務する院長が入院機能に対して消極的であることが大きな影響をもっていると考えられる。山田町では大きな動きとして町当局、町議会、住民組織の「山田病院と地域医療を守る会」の三者による県知事と県医療局に対する要望に加えて、町内外の組織（「守る会」を含む）の主催によるシンポジウム（2012年10月）があげられる。ただし、そこでは病床数のあり方に関する発言はみられなかったが、震災時の60床を暗黙の前提にしていたと思われる。

　陸前高田市においては、多くの地域で従来からみられるように、県（医療局）に対峙して震災前よりも手厚い医療機能・体制を求める反対運動が展開された。山田町におけるシンポもシンポジストに「守る会」の代表の他に町保健師や町社会福祉協議会のケアマネジャーがいたせいか、また、山田病院の常勤医師を配慮してか、全体的なトーンは低かったものの、形態の異なる反対運動であると考えられる。こうした県との「対決」は震災前の大再編時のように、将来に禍根を残すことになり、同じ轍を踏むだけではないだろうか。

　筆者は政治運動の性格が強い反対運動に対して一定の理解を示すが、その先が重要であり、それは「協調」を目的とする取り組みであると考える。

　高田病院の前院長は2013年1月の意見交換会に限らず、講演会などことあるごとに地域医療における住民の参加を提唱している。彼は「参加」の具体的な内容に言及していないが、実際の取り組みから考えると、病院と住民が一緒に健康づくりを考える場をセッティングし、参加するようなイメージかもしれない。また、朝日新聞2013年1月29日付では大槌病院の院長の「大学病院から潤沢な応援医師を得た時代とは違う。今働く医師を守り、住民のニーズに応えるためにも、みんなで助け合っていかなければならない状況なんです」というコメントがある。ここでの「みんな」には岩手の地域医療の特徴を踏まえれば、市町村当局も含まれるのではないだろうか。

　山田町は陸前高田市、大槌町の1案と違い、県に対して病院の整備場所を3案併記で推薦する形をとって2013年1月の意見交換会を迎えたが、12年の後半は7月に町長選挙があり、新たな町長の下で場所を考えることになっていた。しかし、とくに議員間で調整が困難をきわめた（12年11月30日の町議会全員協議会で3候補の決定）。そして、町の緊急

14　河北新報2014年3月5日付では大槌病院長のコメントとして、「新病院は50床を確保するが、医師が確保できるかが心配だ。救急患者は近隣病院に任せ、医師の負担を減らして地域唯一の病床を守りたい」、同2013年7月16日付では「入院ベッドをなくすことはできないだけに、常勤医3人だけでは難しい面も多い」「まずは基幹病院の医師確保に取り組むべきだ」と掲載されている。釜石病院の常勤医師を増やし、週何日か応援で来てもらうことが現実的であるという意味と考えられる。これまで常勤医師と当直医の確保に苦労してきたがゆえのコメントであろう。

雇用事業を委託するNPO法人「大雪りばぁねっと。」の問題への対応に追われることになった。副町長と教育長が空席となる事態も生じた。病院再建の多面的な検討までに至らず、町や議会の動きはあまり頼りになるものではなかったと考えられる。

なお、筆者の事務局長等へのヒアリングでは、高田、大槌、山田のいずれの病院においても、地域住民から新病院の整備を急いでほしい、仮設でも病棟がほしいといったような要望は病院には直接にほとんど届いていないということであった。病院は敷居が高くて直接言いにくいのか、病院の頑張りをみて言えないのか、諦めているのか、満足しているのか、適切な手順でないと思うのかなど、いろいろ考えられる。

〈5〉 地域医療・県立病院の政策課題

以上の4点の問題に対して、全国レベルというよりも地域独自の取り組みに重点をおいた、四つの政策課題を一体的なものとして提示しておく。

(1)意思決定システムの見直し

第一に、住民ニーズを幅広く反映するための意思決定システムの抜本的な見直しである。
桒田（2011c、2012aなど）を踏まえると、大震災後に限らず、大震災前でも県（医療局）は県立病院等のあり方をめぐる地域住民（県民）との対話の積み重ねおよび信頼関係の構築の点で重大な問題を抱えていた。そして、県は全国レベルであればまだしも、そうした独自に取り組みめることさえ長期にわたって疎かにしており、今やその意思決定システム（政策決定プロセス）は、岩手で長年続く県立病院中心の地域医療スタイルの放棄に導くような存在であると言っても過言でない。
今回の県立病院の再建は県議会の承認や審議会の承認が最終の、あるいは重要な決定の場であるので、後者における意思決定に医療関係者でない委員の意見がより反映される仕組みが必要である。この点を展開する前に、振り返っておくべきことがある。意見交換会のような地域住民が自由に参加し、意見を述べることができるような場にそもそも決定権はないが、かといって実施しなくてよいとはならないし、1回で足りるわけでもない。他方、行政サイドは説明会（質疑応答を含む）であっても、よほどの反論がない限り、地域住民の合意は形成されたとみなすことがある。それはいわゆるアリバイづくりになることもあり、脆弱な側面に注意を要する。
岩手県医療審議会（事務局は県保健福祉部）は2013年度で20人の委員と5人の専門委員からなるが、公募委員が2人いる点は他県と比較して積極的に評価されてよい。また、

その医療計画部会でも2人の非医療関係者がいる。しかし、岩手の地域医療の特徴、すなわち県立病院中心であり、かつ初期（一次）医療も担うことに鑑みれば、ある意味で当然と言える。むしろ、不十分ではないだろうか。兵庫県医療審議会は2011年度で委員30人のうち「医療を受ける立場の者」は10人、このうち県市長会、県町村会（所属者）を除けば8人、また、「学識経験者」は11人、このうち県議会（議員）2人を除けば4人は医療関係者ではない。それぞれ10人、6人で計算すればさらに増え、非医療関係者は1/2超となる。

岩手でも九つの保健医療圏に設置されている県立病院運営協議会（事務局は医療局・各病院）は市町村長と県議会議員を含めると4/5以上が非医療関係者である。また、各圏域の保健所運営協議会（事務局は保健所）も2/3程度が非医療関係者である。ただし、前者の協議会は年1回程度の開催である。後者の協議会もたいした違いはない。前者では県医療局長がすべてに出席する。宮古保健所運営協議会は年3、4回の開催で例外であるが、構成員が最多の約30人であり、4回開催して1度も発言していない人が多い。いずれの協議会も、多様な分野のリーダーが顔を合わせるので、それなりの意義はあるものの、大きな影響力をもっているわけではない。

以上のことから、岩手県医療審議会の構成メンバーの2/3以上を非医療関係者にし、中長期的には県立病院運営協議会や保健所運営協議会を充実・強化することを提起する。

(2)地域医療ビジョンの共有

第二に、地域医療のビジョンを県当局と地域住民（県民）等の間でしっかりと共有し、そのなかで医師の不足問題や勤務環境に向き合う。

地域医療ビジョンづくりの手がかりはすでにある。高田病院は震災前から、前院長のリーダーシップの下で大船渡病院の「後方病院」としての役割を追求し、高齢者（とくに入院患者）のADL（日常生活動作）の低下をできる限り抑制するという目標を共有してきた。リハビリ、嚥下・口腔ケア、褥瘡などいくつかの小委員会からなるトータルケア委員会を立ち上げ、在宅・（介護）施設でできるだけ自立して過ごせるような状態に改善することを目的にしてトータルケア回診が実施されている。また、入院患者の入院前の状況に関する情報確保や、退院時の介護状況の確認などのために、介護職との連携を重視し、地域連携パスや退院支援・調整にも取り組んできた。震災後の2012年夏にスタートした「はまらっせん農園プロジェクト」は生活不活発病や抑うつ状態の発症予防を目的としており、市内の仮設団地に農地（10か所分）を借りて、仮設住宅入居者による農作業が行われている。

高田病院がこれまで重点的に取り組んできたリハビリ、訪問診療、専門外来、保健や介護との連携、院外での事業などとともに、震災後の新たな仕掛けは「病院完結型」ではなく、「地域完結型（プライマリケア・在宅・終末期）」の地域医療の追求であり、震災後のコミュ

ニティの再編や家族構成の変化のなかで医療がどのような役割を果たせるかも強く意識されている。筆者は前院長の講演を何度も聞いているが、彼はすべての職種がそれぞれに応じた機能を十分に発揮するようになったと成果をあげる。各々がバラバラであるというわけでもない。院内で重視されている情報の共有は供給側だけでなく、需要側である利用者・患者の負担も軽減する。チーム医療であれば、そのなかで医師は必ずしも主役とは言えないのである。こうした事例は農村地域の中小規模の病院における医療のあり方にとって非常に示唆に富んでいる。

　他方で、「第4回岩手県復興に向けた医療分野専門家会議」(2011年9月30日)で配布された参考資料[15]がつまびらかにしているように、保健、医療、福祉の連携が気仙保健医療圏にくまなく広がることが課題となる。[16]

　保健医療圏に着目すれば、釜石保健医療圏では釜石医師会が音頭をとり、釜石・大槌地域在宅医療連携体制検討会が2007年9月に組織された。この組織は多職種かつ大人数からなり、通院困難者に対する在宅医療推進に向けて、医療機関相互の連携に加え、居宅介護支援を担う介護支援専門員や歯科医療機関、薬局等と医療機関との具体的な連携の推進を目的としている。[17]この検討会は震災から1年半を経て再開されたが、他方で、2012年7月に釜石市在宅医療連携拠点事業推進協議会が設置され、また、釜石市健康推進課地域医療連携推進室が実施主体となり在宅医療連携拠点「チームかまいし」が設置され、研修会を中心とする活動が行われている。今後、それらの活動の充実、強化が

15　「気仙・釜石・宮古保健医療圏の現状と課題について」と題した参考資料のなかから、気仙保健医療圏について引用しておく。「医療と介護の連携、医療・保健・福祉関係者の連携、民間事業者、NPO法人、住民参加によるサービスの提供などを推進するための『地域ケア体制』の構築を目指し、在宅の高齢者等の医療ニーズに対応した訪問看護、訪問リハビリテーションなどのサービス提供や、24時間体制で往診や訪問看護を行う『在宅療養支援診療所』の設置拡大などによる在宅医療体制の整備推進を図ることとしていたが、患者の退院手続き等において、病院と市町、一部介護事業者との連携はあるものの、福祉関係者間の連携が進んでおらず、在宅療養支援診療所の設置も進んでいない」。「被災以前から医療関係者と福祉関係者の情報共有等の連携があまり進んでいなかったことから、今後の圏域の医療再生を図るための検討の場において、今後の連携（病病、病診、病福祉）のあり方に加え、『地域包括ケアネットワーク形成支援システム』の運用事例等の情報共有やシステム運用に向けた課題解決のための検討を進めていく必要がある」。

16　河北新報2014年3月5日付では女川町当局が仮設住宅の集会所など8拠点で「こころとからだとくらしの相談センター」事業を展開していることが報道されている。「2011年11月から保健師やケアマネジャーらを専門員として常駐させ、健康相談や体操、お茶会を開いている。13年度は既に8300件の活動があった。『町民の健康は、もともと地域のつながりで保たれていた。それが震災で崩れた』と町健康福祉課の佐藤毅課長。『町民の孤立を防ぎ、ニーズにきめ細かく応える地域包括ケアとして定着させたい』と意気込む」。こうした活動は事業主体に幅があるとはいえ、岩手沿岸でも実施され、保健所エリアでみて年間7、8千件におよぶ所がある。保健と医療、介護の連携の推進がさまざまな形で問われていることが示唆される。

17　「岩手県地域医療再生計画　釜石保健医療圏」(2010年1月、岩手県保健福祉部) p.12。

期待される。他方で、大槌町の関係課や医療機関等への働きかけは非常に不足しており、それらの参加・参画に大きな課題を残している。

「岩手県地域医療再生計画」(2013年8月)によれば、在宅医療の現状は「本県において平成22年10月から23年3月の半年間で訪問診療を受けた患者数（人口千対）は10.9人、往診を受けた患者数（人口10万対）は243.1人であり、それぞれ同時期の全国（訪問診療22.6人、往診612.5人）を下回っている」。これに対して、在宅医療の課題は「地域全体の医療資源の不足などの理由により、在宅医療の積極的な実施が困難な地域もあることから、地域の実情に合わせ、地域の医療資源を有効活用した取り組みを推進していく必要がある」。医療資源の不足とは、関連職種の担い手の確保・育成、相互理解や情報共有の場づくり、必要な機器の整備、夜間・急変時や24時間対応への負担を軽減する体制づくり、需要側と供給側のそれぞれの総合窓口の設置、自宅や介護施設等での看取り体制の確保などにみられ、地道な努力が求められる。

(3)医師の不足・勤務環境対策

第三に、医師不足および医師の勤務環境に対する県の対策を充実、強化する。

現実として、県立病院の医師の過労があげられ、勤務環境の改善が一層求められる。大槌病院長は震災前から医師の精神的、肉体的な負担に神経をとがらせ、「過労→退職→医師不足」という悪循環の回避が病院の持続性にとってすべてであると言わんとしてきた。「すべて」かどうかは議論の余地があるとしても、過労は事実である。山田病院は常勤医師に高い使命感があるとしても、大震災前も含めて彼らの犠牲のうえに成り立っていることは、誰も否定できないのではないか。岩手日報2014年3月8日付は岩手、宮城、福島の3県の沿岸部の医療施設で被災者を診察している医師70人へのアンケートから、半数の医師が勤務状況は震災前より厳しいと答えていることを報じている。もともと過酷な状況であるので、一層深刻になっている。

震災前については岩手県立病院医師連合会（県立病院の全勤務医で構成）のホームページにおける会長の挨拶文（2012年8月10日）をみれば、「2010年に実施した岩手県立病院を辞職した医師に対するアンケート調査では、辞職の原因として過重労働が一番多く、労働環境の改善があればもっと続けられたと答えた医師が多く」いたということである。2009年7月10日のNHK・クローズアップ東北におけるNHKの県立病院を辞め開業した医師に対するアンケートでも、辞めた理由の第一は断トツで勤務の過酷さであり、思い描く診療のあり方ないし理想とのギャップ（実現できずにやる気の喪失）などが浮かび上がった。

県の独自の取り組みから言えば、医療クラーク（県医療局臨時職員）の拡充があげられる。診療報酬制度にしたがえば、医師事務作業補助者と呼ばれる。2013年度第2回県立病院

経営委員会（2013年8月28日開催）・会議録によれば、ある委員（県立久慈病院長）は「医師の業務負担軽減で大きいものは、医療クラークの整備である」「久慈病院では、すべての外来に配置され、診察時間は半分に減った。カルテ入力や診察予約、検査予約をすべて対応してくれる。医師の指示の下、診断書やサマリー、学会資料の作成も行ってくれる。導入後、医師から不満が出なくなった」と述べる。医療クラークは医師の業務負担を軽減するために配置され、県立病院では2008年度から配置をスタートし、13年度には定数266人（実働は少し下回る水準）まで拡充されている。無駄な事務作業を減らすことは当然であるが、その制度はきわめて有効である。

次に、医師不足の対策である。岩手では県北や沿岸などにおいて今後、人口が減少する一方で、75歳以上人口は増加し、医療（とくに後期高齢者医療）と介護の需要は増大する。県立病院・地域診療センター等の常勤医師数は2008年度末474人、12年度末485人、後期研修医は①08年度末57人、②09年度末63人、③10年度末57人、④11年度末47人、⑤12年度末61人、初期研修医は①98人、②101人、③111人、④108人、⑤102人である。県医療局は常勤医師の減少傾向に歯止めがかかったと分析しているが、ピークとなった2001年度末545人を大幅に下回ることを大きな問題にしている。

2013年度卒業の医学生の初期臨床研修先を決める13年度の組み合わせ（マッチング）で東北の各病院への内定者数が青森を除く5県で前年度を上回り、岩手では大きく落ち込んだ2012年度の59人を大幅に超える68人である（河北新報2013年11月17日付）。ただし、募集定員に対する充足率は全国平均を下回る。それでも研修後に県内の病院に勤務するケースが大半であるために期待はできる。そして、今後、岩手医科大学における2008年度からの医学部定員増（地域枠）の影響がおよぶと考えられる。つまり、初年度の地域枠を

18　岩手日報2011年5月29日付は「常勤医の増加について、退職者の減少や後期研修医から常勤医として定着する医師が前年の10人から15人に増えたことなどを挙げる。また、即戦力となる県外医師の招聘も効果が上がり、2010年度は15人で前年を5人上回った」という県医療局のコメントを伝える。
19　「岩手県では、県外から受け入れた医師数が13年度は9人と、震災後の11年度24人、12年度25人を下回った」（河北新報2014年3月5日付）。これは大震災前（2006～10年度の年度平均8.4人）に戻ったような水準である。2013年度の9人のうち震災応援は2人で、高田病院と大槌病院に着任したが、震災応援は11年度17人、12年度12人であったので、激減していることになる（岩手日報2014年2月6日付）。岩手日報2013年2月3日付では「県によると、12年12月1日時点の沿岸7県立病院の常勤医は140人。応援医師の招聘などで震災発生前から12人増えたが、ピークの00年度と比べれば約30人少ない」と記されている。
20　岩手医大入学定員は2007年度80人、08年度90人（①推薦30人のうち②地域枠特別推薦10人）、09年度110人（①35人、②15人）、10年度125人（①35人、②15人）、13年度130人（①35人、②15人）である。一般枠は2008年度60人、09年度75人、10年度85人（うち地域の医師確保のための県内枠10人）、13年度88人（同13人）である。定員合計のうち2010年度には歯科医師編入5人、13年度には同7人が含まれる。

利用した医師が病院に配置されるのは2016年度以降になり、順次配置が進められていく。

　県は岩手県市長会や同町村会、岩手医大、県医師会などの参画のもと、2004年12月に地域医療対策協議会を設置し、「岩手県医師確保対策アクションプラン」（05年3月）を策定していたが、国の「新医師確保総合対策」（06年）に対応し、07年度あたりから医師確保・養成対策や勤務環境改善策を強化するなかで、岩手医大医学部の定員増にあわせて奨学金制度を手厚くしている。もともと市町村医師養成修学資金（募集枠・拡充前10人）と県医療局医師奨学資金（同）があったが、2008年度からそれらの募集枠を拡充し、また、同年度に新たに岩手県医師修学資金が設けられ、毎年度合計55人の貸付枠となっている。[21][22]

　2012年度第4回県立病院経営委員会（2013年2月13日開催）・会議録によれば、県医療局医療推進課総括課長いわく「国立大学の場合、奨学金の額がそれほど多額でないため、返還してしまって他県に勤務するケースも考えられるが、本県は私立大学であり、奨学金が多額となることから、そのようなケースはあまり多くないと考える」ということである。そうであれば「奨学金養成医師の医療機関への配置にあたっては、医師の専門医資格取得志向の強い現状のなかで、資格取得には一定期間、各専門学会の認定研修施設となっている中核病院に勤務する必要がある一方、配置対象先の約8割を占める中小規模の医療機関は認定施設になっていないほか、幅広い症状や疾病に対応できる総合医的な医師が求められるというミスマッチの解消が課題」（「岩手県保健医療計画2013-2017」）となる。

(4)住民参加の推進

　第四に、地域医療とくに公立病院における住民参加、ボランティアの推進であり、全県的な取り組みのモデルを目指す。それは地域独自でできることであり、医師の勤務環境の改善に資するし、研修医を惹きつける要素にもなろう。県の取り組みはきわめて不十分であり、市町村とはその推進のための条件が異なるとすれば、市町村との連携を強化する。そして、地域が一体となった取り組みを徹底すべきである。

21　市町村医師養成修学資金は市町村と岩手県国民健康保険団体連合会によって所管されているが、募集枠は年間15人に拡充されている。また、県医療局独自で持っている医師奨学資金制度は年間25人（拡充後）の枠があり、そのうち13人（2013年度に拡充）は岩手医大医学部新入学生募集枠である。

22　岩手県における三つの「医師養成奨学金制度」について医学生1人当たり1,400万円～3,100万円程度の奨学金（6年間）を貸し付け、地域医療に6～9年従事すれば返還が免除される。2009～13年度で42人～51人が借りている。岩手県医師修学資金の募集枠（年間15人）は埋まるが、その他は埋まらない。県医師修学資金は岩手医大・地域枠特別推薦入学者を対象とし、募集枠は2009年度に10人から15人に拡充されている。

第13回地域医療対策協議会（2012年2月開催）の配布資料のなかに「岩手県医師確保対策アクションプランの推進について」という資料があるが、それをみると「医療機関の適正受診等に関する意識啓発を行うため、平成20年11月に設立された『県民みんなで支える岩手の地域医療推進会議』と一体となり、広報活動やシンポジウムの開催、保健医療圏単位での地域講座の実施など県民総参加型の運動を展開してきたところであるが、被災地の状況を踏まえ、メッセージの在り方も検討しながら、引き続き運動を展開する」とある。
　「県民みんなで支える岩手の地域医療推進会議」（会長は知事、事務局は県）は震災前の県立病院等の大再編を機に、地域・県民との関係の見直しを目的に立ち上げられ、県商工会議所連合会、岩手大学、県医師会、県社会福祉協議会、岩手日報社、県市長会など90の構成団体からなる会議である。その構成団体には共通の取り組みに加えて、産業界、学校・教育機関、行政などそれぞれの分野における取り組みも期待されている。県のホームページでは「医療提供者だけでなく県民一人ひとりも『医療の担い手』であるという認識のもと」「かかりつけ医の普及や適正受診に関する啓発、生活習慣病に関する知識の啓発などに取り組んできました」とある。[23]
　2011年3月決定の「県民みんなで支える岩手の地域医療推進運動方針」（12年5月一部改正）では「『平成22年度医療と健康に関する県民意識調査結果』をみると、医師不足や地域の医療を県民みんなで支えるといった考え方に対する県民の認識はあまり高まっておらず、地域医療に対する県民意識の高まりは途上にあると考えられます」と記述されている。「大きな病院と診療所（開業医）との役割分担」に対する県民の認知度（「知っている」）は2008年47.5％、10年50.1％、12年52.0％と微増にとどまるからである。年代別では40〜50歳代と60歳以上に比して20〜30歳代の「知っている」は格段に低く、2012年で38.2％である。
　「岩手県保健医療計画2013-2017」は第5章を「医療連携体制構築のための県民の参画」とし、県民の参画について一つの章が設けられ、これまでになく重視され、「県民総参加型」による保健医療体制づくりが謳われている。そこには次の記述がみられる。「医療機関の役割分担が必ずしも明確でないなかで、地域の中核的な病院に患者が集中し、中核病院では本来求められる機能を十分に発揮できず、病院勤務医に過度の負担がかかるといった問題も生じています」。「地域の医療提供体制についての情報を得ながら、症状や医療機関の役割分担に応じた適切な受診が促進されるよう県民、関係者が一体となった取り組みを進めます」。「自分の都合により診療時間外に受診したりすることなどを控え、症状

23　「県民みんなで支える岩手の地域医療推進会議」とともに、「地域医療に関する懇談会」（各保健医療圏）が2009年の県立5地域診療センターの無床化を機に設置されている。そこでも健康づくり・疾病予防、適切な受診行動などに関して議論され、啓発・広報も行われているが、構成メンバーや地域住民との関わりは保健医療圏ごとに異なり、ほとんど開催していない懇談会もある。

や医療機関の役割分担に応じた適切な受診を心がけることが重要です」。
　「岩手県保健医療計画2013－2017」では「県民運動の取り組みへの評価の一例として、地元医師会の協力や住民による勤務医を支える活動が、病院勤務医の肉体的・精神的な負担の軽減や活力につながっているとの声も現場から聞かれています」とし、「まず地域の医療の現状について理解すること」に言及されている。そして、「朝顔のたね──千厩病院を守り隊」の取り組みがコラムで紹介されている。国の2009年度補正予算に対応する県の「地域医療再生計画」（10年1月）では釜石病院をモデルに地域住民活動拠点の整備の一環として、「県立釜石病院サポーターズ」やボランティアなどを念頭においたうえで病院内に事務室、ホール等を整備することになっていた（実施期間2011年度）。この目標として、「適切な受診の促進、医療従事者との信頼の構築等に寄与する地域住民の自主的活動を支援する」「圏域内外の市町とも連携し、活動団体と医療機関・行政等との交流・連携機会を拡充する」ことがあげられていた。
　「朝顔のたね──千厩病院を守り隊」や「県立釜石病院サポーターズ」などのような、いわば「草の根からの運動」は地域医療や公立病院における住民参加やボランティア等を考えるヒントになり、また、それらの活動（成果）は地域・住民間で可視化でき、大きなインパクトをもつのではないだろうか。そして、それは地域医療や公立病院の持続性にとっても不可欠な要素となるのではないだろうか。
　県に関しては保健医療圏ごとの取り組みを含めても、これまでシンポが数多く実施されてきたわけではないし、普及・啓発ポスター・リーフレット、各種メディアによる広報などの手法にも限界がある。「県民みんなで支える岩手の地域医療推進会議」の構成団体の活動にしても、団体間の取り組みの格差は大きく、必ずしも裾野の広がりは十分でない。県の活動方針については、河北新報2009年6月14日付が市や市民団体の懸念を踏まえて、行政主導や業者への丸投げになりそうと早々に警鐘を鳴らしていたにもかかわらず、ほとんど発展していない。住民組織の活動が行政寄りになり過ぎるのは問題であるものの、そのスタートアップに対する財政支援をはじめ、県ができることについてこれまで以上に知恵を絞るべきである。

第4章 岩手における漁業協同組合の先進事例

はじめに

　宮城県と岩手県の漁業再建の基本方針は漁業協同組合（以下、漁協と略称する）の位置づけで大きく異なる。それは、前者の「宮城県震災復興計画～宮城・東北・日本の絆　再生からさらなる発展へ～」（2011年10月策定）と、後者の「岩手県東日本大震災津波復興計画　復興基本計画」（同8月策定）をみれば明瞭である。岩手県復興計画には「地域に根ざした水産業を再生するため、両輪である漁業と流通・加工業について、漁業協同組合を核とした漁業、養殖業の構築と産地魚市場を核とした流通・加工体制の構築を一体的に進める」と記されており、漁協の存在が非常に重視されている。

　本章では岩手における漁協の先進的な取り組みから漁業再建のあり方を検討する。具体的には、重茂漁協および田老町漁協のケースを取り上げる。

　次章で詳述するとおり、岩手沿岸の漁業形態の特徴として小型漁船を利用する沿岸漁業や養殖業があげられるが、それらの担い手の大半は小規模経営体であり、漁協の組合員となっている。地区によっては全世帯数の8、9割が組合員世帯である。岩手沿岸における漁協は表4－1のとおりであるが、漁協は漁場を適正に維持管理し、漁港の秩序の維持に努めながら、適切な施設の配置と計画的な養殖生産などを担っており、自治的組織と民主的組織の性格を備えている。漁協は経営面では漁業権の管理とともに、経済事業も実施しており、漁協によっては定置漁業や加工事業を自営して地域経済の中核となっており、また、水産資源管理に重点をおき、優れた成果を収めている。

表4－1　岩手沿岸の漁業協同組合

市町村名	漁協名
洋野町	種市、玉川浜、戸類家、種市南、小子内浜
久慈市	久慈市
野田村	野田村
普代村	普代村
田野畑村	田野畑村
岩泉町	小本浜
宮古市	田老町、宮古、重茂
山田町	三陸やまだ、船越湾
大槌町	大槌町（→新おおつち漁協）
釜石市	釜石東部、釜石湾、唐丹町
大船渡市	吉浜、越喜来、綾里、大船渡市
陸前高田市	広田湾

※2011年末現在（24漁協）　〔出所〕筆者作成。

〈1〉 重茂漁協の状況

　宮古市の重茂漁協は市役所（市中心部）から車で30分以上（約20km）を要し、国道45号線を南下し、本州最東端の重茂半島の県道を進んだ場所にある。漁協組合員は2000年度626人（①正組合員566人、②准組合員60人）、10年度574人（①524人、②50人）、12年度553人（①505人、②48人）である（一世帯2人までの複数組合員制）。大震災により17人の組合員が死亡した。漁協職員は2010年度末23人、12年度末21人である。

　重茂漁協はとくに養殖ワカメ漁、養殖・天然コンブ漁、アワビ漁で県内一の生産量を誇り、水産資源管理、生産から加工・販売までの一貫した取り組みで以前から全国的に有名である。[1] 黒字経営が続いており、好漁場をもつ定置の存在が大きい。年間の水揚額が1,000万円を超える漁業者が多く、後継者も順調に育っている。ワカメ漁やコンブ漁は家族が1人でも多くいて、役割分担できることが望ましい。1980年にスタートした合成洗剤の追放運動のように、自らの生活を通して海を守る実践もさまざまな点でみられる。

　大震災により、漁船で被害を免れたのは沖に避難した14隻（大震災前の漁協所属船814隻）だけで、ほぼ壊滅状態となった。アワビの養殖施設、コンブの種苗場、サケのふ化場なども同様であった。漁協の損害は約230億円である。[2] 漁船や漁具などを震災前の水準に戻すには約25億円以上かかるようである（施設を除く）。これに対して漁協事務所は高台にあったために、被害はそれほど大きくなかった。また、定置網船は20隻のうち11隻が残り、田老町、宮古の両漁協と同様に沿岸南部に比して残存率は高い方である。

　国の漁業支援方針が固まるより先に、伊藤組合長のリーダーシップにより、修理すれば使える漁船も含め残った漁船を漁協所有として集約化した。そして、調達してきた中古船とあわせて組合員に一定期間貸し付ける「共同運営方式」により、個人負担を軽減し、震災直後の5月中旬にワカメ漁（小型漁船1隻につき数人で相乗り）をスタートし、いち早く漁業を再開したことで一躍有名になった。この方式は臨時措置とされているが、水揚げの均等配分とセットになっており、県内の多くの漁協が踏襲した。

　国の補正予算の共同利用漁船等復旧支援事業（県の補助上乗せあり）による共同利用漁船の全国初の引渡しは重茂、吉浜両漁協となったが、2011年7月21日であった。この

1　一般的にみられる共同漁業権（第1種）の設定にもとづき、漁期が11月から翌年2月までといったように制限されたり、解禁日（口開け日）や採捕基準の殻長が決められているアワビ漁と異なり、重茂漁協は2008年、通年出荷を目指し区画漁業権（第3種）を設定した。アワビでは県内初で、全国でも例が少ない。これにより区画内では漁期や採捕時の殻長制限などがなくなった。なお、2010年度は約15万個の稚貝を育てたが、自前の種苗生産施設で育成し、放流するのである。

2　日本生活協同組合連合会ホームページから数値を引用（重茂漁協の定置加工販売課長と購買課長を兼任する後川良二氏へのインタビュー記事）。

時点で重茂漁協の漁船は約200隻まで増えていたので、その迅速な対応は特筆に値する。全壊したワカメのボイル工場、ワカメ塩蔵加工処理施設、保管冷蔵庫に関しては2012年2月までに、機能面でグレードアップしたうえで完成し、延床面積が約2倍になった施設もある。また、2012年中に1人1隻の水準まで漁船を増やすことを目標にしていたが、実現に至った。そして、2013年春の時点で養殖施設は震災前の水準の8割まで復旧しており、加工施設も同じような状況である。

これに対して、重茂地区では漁港（県管理1・市管理7）の再建（とくに岸壁の嵩上げや防波堤の整備）、堤防や臨港道路の復旧が遅れて、漁業に大きな支障を来す状況が続いている。また、国道45号線につながる重茂半島の海辺を通る県道は応急復旧の水準にとどまっており、車両の往来に困難を抱えている。

漁協の経営状況は表4-2のとおりである。事業取扱高ベースで総額は2009年度、10年度、11年度、12年度の順で47.4億円、44.6億円、22.0億円、31.2億円となっている。事業利益は1.0億円、2.5億円、0.9億円、0.8億円、当期剰余金は0.3億円、-5.8億円、1.4億円、0.6億円である。

大震災後の経営では特異な状況が多々みられ、大震災前のような安定性が求められるが、それが決して遠くない点に底力を見出すことができる。2011年度の定置の収支が大ダメージを受けていないのは、近年にない夏漁の好実績や秋サケの大不漁を反映した浜値の高騰による。2010年度には大震災により県内24漁協のうち最も多い7.9億円の特別損失が計上され、11年度には震災復旧に関わる事業外収益が15.2億円（うち受入補助金11.1億円）におよんでいる。2012年度には特別利益に31.4億円（固定資産取得補助金）、特別損失に32.7億円（固定資産圧縮損）が計上されている。

復旧にあたって「総事業費で130億円を超える多額の設備投資を行っており、（中略）自己資金分の約15億円は信漁連の漁協経営緊急再建支援資金の借入れで賄うことになり」

表4-2 重茂漁協の経営状況

(単位：億円)

	2009年度	2010年度	2011年度	2012年度
事業取扱高総額	47.4	44.6	22.0	31.2
うち購買	4.0	4.2	3.6	3.5
販売	22.2	20.2	6.1	14.0
加工	11.7	9.2	3.1	5.1
自営（定置・サケ捕獲・ふ化）	7.9	9.3	8.8	7.5
事業利益	1.0	2.5	0.9	0.8
当期剰余金	0.3	-5.8	1.4	0.6
定置漁業収支	1.2	1.8	2.0	1.3

〔出所〕重茂漁協「業務報告書」（各年度版）より筆者作成。

「年間の償還額は、1億円にも及ぶ」ようである。また、漁船（船外機船）や養殖施設の共同利用に際して、漁協が所有者となり、利用料の徴収と引き換えに組合員に貸し与える方法を選択した。しかし、漁協は大量の資産を抱えることになり、固定資産税の負担がこれまでにない規模になるようである。他方、2013年5月の漁協幹部へのヒアリングによれば、特別損失の全額を処分しても、10億円程度の純資産額が残るという。

〈2〉 田老町漁協の状況

　宮古市の田老町漁協は市役所（市中心部）から国道45号線を車で20分以上（約15㎞）北上した場所にあり、国内最大級の「スーパー堤防」のすぐそばに立地している。大津波により漁協は2階まで浸水したが、内部を改修して利用されている。漁協組合員は2000年度672人（①正組合員546人、②准組合員126人）、10年度657人（①478人、②179人）、11年度611人（①448人、②163人）である。ただし、2004年度に従来の世帯単位組合員制度（2人まで）は新制度（3人まで）に変更されている。大震災により47人の組合員、その家族を含めると85人、役職員2人が死亡した。漁協職員（臨時雇用を含まない）は2010年度末20人、11年度末18人であり、震災前より縮小した組織で膨大な復旧・復興業務が処理されている。

　田老町漁協も水産資源管理（アワビ、サケ・マス）、生産から加工、販売まで手がけ、野田村、普代村、田野畑村の各漁協と同様に、魚市場を運営する。「真崎ワカメ」はブランドとして全国的に高い評価を得ており、また、2001年から商品化に取り組み、重茂漁協とともに商標登録した「春いちばん」（早採りワカメ）も有名である。2004年から「真崎ワカメ」と「活あわび」のトレーサビリティシステムが導入されている。1993年から女性部が中心となり、年に1回、地域の山にコナラを中心とする広葉樹の苗木を植樹する活動を行っており、山と川と海の関係を大切にしている。

　大震災による漁協・組合員の施設と生産物の被害総額は75億円に上った。960隻余りの漁船のうち70隻程度しか残らず、養殖施設、加工場・機械などはほぼ全壊であった。田老地区内の六つの漁港も壊滅した。それでも「2012年春から養殖ワカメ、コンブの収穫を

3　重茂漁業協同組合「平成25年度事業計画書」p.1.
4　濱田（2013、p.190）では「沿岸構造改善事業などで整備した共同利用施設が津波により被災し、全損扱いとなったそれを、復旧支援事業を使って補修し利用できるようにしたが、漁港用地の嵩上げ再整備により、それらの施設を再度スクラップする場合、補助金の未償却部分を国庫へ返還しなくてはならないという。今後の固定資産税（被災した代替資産の固定資産税は半免になるが、共同利用漁船には該当しない）負担と補助金返還の問題については被害が大きかった漁協ほど深刻な問題として顕在化している」と述べられている。

再開する方針を固めた。同漁協が養殖施設を整備して、ワカメの種苗も無償提供。組合員で編成する養殖班が共同経営し、『真崎ワカメ』ブランド復活を目指す」ということであった[5]。

河北新報2011年4月7日付によれば、「田老漁協も今月から、養殖漁業者を回って新たな生産方式を提案している。案によると、3、4人ずつで『養殖班』を作り、共同経営を実施。班ごとに収穫したワカメを自家加工（ボイル）して漁協に出荷。毎月の給料を漁協が支払う仕組みで、重茂漁協とほぼ同様の漁船の共同利用や養殖施設整備を目指している」。

田老町をはじめ市内の漁協に対する宮古市の震災直後の支援に言及しておく必要がある。宮古市は経済波及効果の大きい養殖業を早期復興させるために、国の第2次補正予算を待たずに、養殖施設の復旧経費のうち8／9を単独で補助する方針を固め、2011年6月の市議会定例会に事業費約9億円を盛り込んだ一般会計補正予算案を提案し、それは議決された。補助対象者は重茂、田老町、宮古の3漁協であり、1／9の自己負担が生じるものの、市内の養殖施設の約6割にあたる1,800台超の整備が見込まれる。これで来年収穫分の養殖施設を整備できなければ、2年連続して収穫ゼロになるのが回避されることになった。

田老町漁協の話に戻すと、ワカメの養殖施設624台は大震災により全滅したが、2011年10月までに439台を復旧した。2012年春の収穫量は例年の約6割にとどまったが、さまざまな支援による小さくない成果でもあり、仮設の加工場も中小企業基盤整備機構の支援を受けてある程度再整備され、着実に前進していた。

震災前から、ワカメやコンブについては実質的に、全組合員に漁協への全量出荷を義務づけ、漁協でそれを加工し、生活協同組合（生協）やイトーヨーカドーなどに販売してきたが、すでにこの手法も上手く回るようになっている。形式的には県漁連への出荷および加工業者への出荷という経路（共販システム）をたどりながら、漁協が高値で買い取るので、重いリスクを抱えることになるが、ブランドの形成および組合員のセーフティネットの点では非常に有効である。なお、田老町漁協では漁協が加工の主力であるが、重茂漁協では最終的に漁協に出荷されるものの、自家加工が多く、主に共販入札販売として扱われる。

2013年4月に田老町漁協は、知的財産の優れた活用を顕彰する13年度「知財功労賞」（経済産業省・特許庁）に選ばれた。2008年の「真崎ワカメ」の地域団体商標登録により、ブランド推進に対する組合員の意識が向上し、安定した所得確保につなげ、さらに、復旧・復興のシンボル的な存在となったことが評価されたことによる。2013年に入って、漁船については漁師1人につき1隻はすでに行き渡り、さらに、漁業スタイルに応じた複数隻の取得もおおよそ実現している。漁業生産施設は2013年度末までに、水産業共同利用施設復旧支

5　岩手日報2011年4月6日付。

表4-3 田老町漁協の経営状況 （単位：億円）

	2008年度	2009年度	2010年度	2011年度
事業取扱高総額	37.5	33.8	29.5	12.6
うち購買	3.5	3.1	2.6	2.4
販売	15.7	13.8	12.2	5.5
加工	10.2	9.6	7.8	0.3
自営	6.4	5.6	5.4	4.2
事業利益	1.8	1.2	0.8	-0.2
当期剰余金	0.2	0.9	-6.6	1.2

〔出所〕田老町漁協「業務報告書」（各年度版）より筆者作成。

援事業やさけます種苗生産施設復興支援事業などにより大震災前の施設水準まで回復することになっている。

　漁協の経営状況は表4-3のとおりである。事業取扱高ベースで総額は2008年度、09年度、10年度、11年度の順で37.5億円、33.8億円、29.5億円、12.6億円である。事業利益は1.8億円、1.2億円、0.8億円、-0.2億円、当期剰余金は0.2億円、0.9億円、-6.6億円、1.2億円である。経済事業（収益額）では定置が、漁業種別水揚げ（額）では定置網、養殖ワカメ、アワビが主力となっている。

　2009年度時点で4期連続の黒字決算を達成していたが、大震災によって状況が一変した。2010年度には震災による特別損失が7.4億円計上され、また、11年度には事業収益の13.0億円に対して、事業外収益が8.3億円（うち受入補助金4.8億円、雑収益3.5億円）である。実質的な借入金は6億円に達しており、2013年5月の漁協幹部へのヒアリングによれば、毎年の経営黒字は必須であり、主に加工と定置で達成するしかないということである。ただし、定置網漁業の主要魚種である秋サケが2010・11・12年度に大不漁になっただけに、11年産のサケの稚魚が地域にどの程度の影響をおよぼすのかという「2015年問題」が強く懸念されている。

〈3〉 比較としての大槌町漁協

　ここでは重茂、田老町の両漁協との比較として大槌町漁協を取り上げるが、所々で大槌町の漁業・水産業の状況にも言及しておく。大槌町漁協（大震災前の組合員850人）は戦後、合併を繰り返し、ピーク時に組合員1,300人超に達し、県内でも上位の規模となったが、

1990・2000年代に急速に減少した。また、大槌市場の水揚金額は県内市場のなかで最も落ち込みが激しく、1985年の36億円に対して過去の10年は6億円程度で、水揚量の減少の程度も県内一である。水産加工業者も2003年には30社であったが、現在20社で激減している。

大震災により、中心市街地近くの安渡地区に立地していた漁協事務所は全壊し、現在(2011年12月執筆時点)、国道45号線を山田町方面に北上した吉里吉里地区に仮事務所がある。大槌町漁協地方卸売市場(魚市場)や町内の水産加工会社(全20社)も全壊した。組合員所有の漁船650隻のうち20隻程度だけが残った。河北新報2011年4月1日付は「県によると、大槌町漁協の組合員726人が所有するワカメやホタテの養殖施設計910基はほぼ全滅したとみられる」と報じている。

岩手日報2011年8月6日付は吉里吉里漁港の厳しい状況を伝えている。「大槌町漁協の組合員360人が漁業を営んでいたが、津波で組合員約10人が亡くなるなど甚大な被害を受けた。海面養殖やサケのはえ縄漁などが盛ん。近年漁船数や生産量は減少傾向だったが、生産額は品質向上の努力が功を奏し維持していた」。「特に同漁港は養殖のほか種糸生産にも力を入れ、ワカメ養殖漁業者のほぼ全員が取り組んでいた。しかし津波で養殖施設が流され、約300隻の漁船も沖に避難させた2隻と奇跡的に助かった3隻の計5隻しか残らなかった」。「伝統のワカメ養殖と種糸づくりを絶やさぬために─。大槌町の吉里吉里漁港では、7月末にワカメの種付け作業を行い、今季の養殖の準備が間に合った。県内有数のワカメ種糸供給基地だった同漁港。30人いた養殖漁業者は震災後8人にまで激減したが、残ったメンバーは数少ない船やこれまで培った技術を生かし、養殖業復興への道を歩んでいる」。

大槌漁港では2011年9月中旬に、ワカメを養殖する共同利用施設の設置準備がようやく始まった。また、1年もののマガキも少しは出荷できる目途がついた。これに対して、漁協の定置網漁場は11月初旬現在で復旧していない。秋のサンマの水揚げは大槌と山田の両漁港では行われなかった。冷蔵・加工施設など水産関連施設の受け入れ態勢がほとんど整備されていないからであった。また、河北新報2012年1月16日付は河北新報社による全24

---

6 筆者が入手した「大槌町水産基本計画」(2004年3月)の「第4章施策の方向」・「第5節漁業就業者育成対策」・「(2)新規就業者の受け入れ」では「既存の漁業後継者とは別に、漁業外からの新規漁業参入者を含め、意欲的な人材を確保するとともに、その育成を図るため、組合員資格と各種規制の再検討を進め、漁業技術及び指導体制の整備を推進する」と記されているが、町が06年にまとめた水産基本計画進捗状況では、「現在のところ漁業権、養殖スペース等の関係から漁業への新規参入及び人材確保は行っていない現状にある」「組合員資格及び各種規制等について漁協として検討、協議されていない現状にある」と記述されている。

7 岩手日報2012年1月15日付では「同漁協は、定置網のサケ漁やワカメ、ホタテなどの養殖が主力だが、近年は漁獲量の減少や魚価低迷で、ピーク時に20億円近かった年間売上高は10億円を割っていた」と伝えられている。

漁協アンケート（年末・年始に実施）にもとづき、漁協別漁船数（震災前→現在）を掲載しているが、大槌町は700〜800→約60（復旧率7.8％）であり、復旧率は最低となっている。[8]

　漁協が必死で踏ん張るなか、水産の世界では大震災を契機に新たな動きがみられる。「岩手県大槌町では津波で工場を流された水産加工業者や鮮魚店が一口募金を集める取り組み『立ち上がれ！ど真ん中・おおつち』が8月4日に始まった。水産加工の協業化や販路拡大、新商品開発を行う。今後資金が集まれば一般社団法人化することも検討する」（日本経済新聞2011年8月13日付）。そして、日本経済新聞2012年2月6日付や「立ち上がれ！ど真ん中・おおつち」（この組織は4社で構成され、後に「ど真ん中・おおつち協同組合」となる）のホームページによれば、大槌町における水揚げの再開が他の地域に比して遅れをとっているなか、一口一万円で12年1月中旬までに約8千万円が寄せられ、資金の一部でサケの仮加工場を建設した。また、早い段階で資金を提供してくれた500人には呼びかけの際に約束した新巻きなどを送ったようである。

　2011年12月の漁協の幹部へのヒアリングによれば大震災以降、とにかく事務量が増大し、忙殺され、赤字続きのために職員増どころではなく、頑張ろうとする漁師のバックアップで精一杯という点が印象に残った。漁船の漁協所有による共同運営方式も、漁協の所有とすれば固定資産として管理しなければならなくなり、つまり、事務取扱いの対象となり、それだけ事務が増える。組合員が途中で廃業するとなれば、船を引き取るリスクも負うことになる。高齢・死亡による廃業もあるので、漁船数を震災前に戻すことはあり得ない。誰しもそうした意味で「復旧」を認識していないと思う。そして、事務増大に伴う事務費を工面できず、職員の給料さえ何ともならなくなりそうで、組合がもたない、という悲痛なコメントも聞けた。

　わずかながら漁業の復旧が進むなか、漁協が2012年1月中旬に現在の組合での経営再建を断念し、新たな組合を設立する方針を決めたことを県内外の主な新聞が一斉に取り上げ、大きな衝撃が走った。漁協は大震災前から主に過度な設備投資のために債務超過の状態（10億円程度の負債もあり）で、大震災によりそれが2009年度末約5.6億円から約11億円まで膨れ上がった。国や県などの財政的支援（補助金、融資等）を受けて復興に取り組むには抜本的な経営改善が必要と判断したことによる。2012年2月17日の新組合の設立総会を経て、同年3月1日に「新おおつち漁協」が正式にスタートした。事業規模は大幅に縮小することになる。組合員数は2012年5月15日現在249人である。職員は22人

8　河北新報2012年1月20日付は漁船復旧補助事業による漁船取得で漁協間格差が出ていることを取り上げ、「綾里（大船渡市）、田老町（宮古市）、船越湾（山田町）の3漁協が100隻以上確保している一方、10〜20隻しか入手できていない漁協もある。県の補助交付決定が最終的に昨年12月末までずれ込んだ結果、決定通知がないまま立て替え払いを迫られ、資金力の差が出たのも一因とされる」と伝えている。「10〜20隻しか入手できていない漁協」には大槌町漁協が含まれると思われる。

から14人まで縮減されている。組合長をはじめ役員は6月の総会で改めて選任され、刷新されるようである。国の2011年度第3次補正予算を活用した震災復興事業の事業主体となり、復興事業を進めていく。

〈4〉漁業再建の展望

　重茂、田老の両地区は市中心部から離れ、経済的、地理的な点で言えば条件不利地域であり、さらに、地形の関係で大きな漁港を整備することができず、漁船漁業は発達しなかったが、漁場環境には恵まれている。出稼ぎに行かざるを得なかった時期を経て、ワカメやコンブの養殖、アワビやウニの増養殖、サケのふ化・放流にたどりついたのはしごく当然の成り行きであったかもしれないが、漁協の役割が非常に大きいことによる。

　大震災からの漁業再建において、重茂、田老町の両漁協は次の2点で優れている。第一に、壊滅的な被害のなかで協同組合精神に立ち戻り、漁協職員と組合員が一丸となって早期に再建に動き出したことであり、震災前からの民主的組織としての優れた組織力が非常時に発揮された点を積極的に評価することができる。

　第二に、2011年度に大半の漁協が黒字であったとはいえ、主に義援金などの特別収入や保険、共済など事業外収益によるのに対して、とりわけ重茂漁協は定置収入を柱に事業利益も出し、経営面において優れている。田老町漁協の「真崎ワカメ」と併せて、地域の水産業の再建、さらに、地域の経済活性化にも大きなインパクトを与えた。

　このように両漁協は先進的な事例であるものの、漁業再建において何ら問題がないわけではない。水揚量および水揚金額は全体として大震災前の水準にはほど遠く、さらに、加工においては取扱量や売上高が大幅に縮減しており、従業員は自宅の流失等による転居や

9　京都大学財政学研究会主催2011年冬シンポジウム「震災復興と地域再生」（2011年12月10日、京都大学）において、廣田純一氏（岩手大学教授）は「コミュニティーの現状と課題」と題して特別講演を行ったが、そこで「漁業の支援は主に漁協を通して行われますが、そこにも少し問題があるようです。国や県の様々な支援制度を理解し、自分たちに合った制度を選択して、末端の組合員までわかりやすく伝えるとともに、組合員の意向集約を図り、国や県、市町村に言うべきことを言うといったことが、必ずしもすべての漁協でこなせているわけではないということです。やる気のある漁業者ほど、大きなストレスを抱えているという実態も聞いています」と述べている。これに対してJF全漁連（2011）では、「被災地の漁協の多くが固定債務を抱えていたところであるが、震災後は、産地市場をはじめ各種事業が十分に機能していない状況下で、通常の漁協収入の途絶を余儀なくされ、経営はさらに困難なものとなっている。このため各漁協は、職員の給与を含む通常の運営費も正常な形では捻出することができず、地域によっては、職員の解雇や転職が始まっている。漁協職員の就業環境は、給与の引き下げ、人員整理、被災漁業者から求められる過大な業務など、極めて厳しいものがある」と記述されている。これは大槌にも当てはまるであろう。

雇用条件の良い他業種への転職で減少したことが痛手である。しかし、未曾有の被害をもたらした今回の大震災をみれば、むしろこれまでの再建の方が注目されるべきであり、さまざまな課題を克服すべく、漁協の可能性を見出すことができる。

　大震災時には、厳しい漁業・漁協の経営環境を背景に沿岸7漁協が、欠損解消のため事業の総点検が必要な「要改善漁協」（水産庁の選出）として再建途上だったが、大震災により経営悪化しているから、単純に合併せよというのではなく、先進的な取り組みに学ぶこと、それを公共セクターが支援し、とくに販売の点で民間セクターと連携していくことこそが最優先されるべきであろう。そして、先進事例の持続可能性にとっては内陸あるいは都市の住民が漁業・漁協の意義や役割などに対する理解を深めることが不可欠ではないだろうか。漁協の再編や漁協の意義、役割に関する議論は次章で展開していく。

第5章 岩手漁業の再建と漁業協同組合

はじめに

　岩手、宮城、福島の沿岸地域のうち大半の市町村において水産業は基幹産業である。そのインフラは東日本大震災により壊滅状態となり、被害状況は各県のホームページや新聞などで伝えられている。漁港や水産施設が津波に飲み込まれ、漁船が流されていく様子を映像で目にした人も多いであろう。地域の復旧、復興にとって水産業の体制整備は最も重要な課題であるが、とくに漁業をめぐって、宮城県と岩手県の方針に大きな違いがある。

　宮城県は「水産業復興特区」構想および漁港再編（統廃合あるいは機能集約）を進めているが、県内でそれらに対する評価は分かれ、とくに前者は県内外で政策論争の様相がみられる。他方、岩手県の方針は被災前の状態に戻す点で、それとは対照的に位置づけられる。しかし、宮城県のように漁業の主体に着目した場合、漁業者、漁業協同組合（以下、漁協と略称する）、市町村などさまざまな利害関係があるにもかかわらず、岩手でもそのあり方は十分に議論されてきたのだろうか。

　本章の目的は、岩手県における水産業とりわけ漁業の再建（復興）に関して、漁業者、漁協、企業（民間）、国・県・市町村等の主体間関係から、岩手沿岸における動向および問題を明らかにし、基本課題を提起することである[1]。

---

[1] 岩手の水産業とくに漁業および岩手沿岸における各漁協の復旧（再建）の状況（2012年2月まで）、復旧に伴う諸問題は栗田（2012）「岩手水産業の復旧における主体間関係と諸問題―漁業協同組合を中心に―」で整理されているので、そちらを参照していただきたい。

〈1〉 宮城県と岩手県の水産業の復興方針
―論点整理にあたって

(1)宮城県の水産業に関する復興方針

　岩手県の方針との違いを鮮明にするために、宮城県の水産業に関する復興方針を整理しておく。最初に、宮城県が2011年4月に策定した「宮城県震災復興基本方針（素案）」である。
　水産業に関する基本理念をみれば、「被災地の単なる『復旧』にとどまらず、これからの県民生活のあり方を見据えて、県の農林水産業・商工業・製造業のあり方や、公共施設・防災施設の整備・配置など、さまざまな面から抜本的に『再構築』することにより、最適な基盤づくりを図ります」と記されている。
　水産業の復興の方向性は、以下の時期区分にしたがって述べられている（部分引用）。
　復旧期：「主要漁港の応急整備や、漁場回復のためのがれき撤去や水産物の安全性を担保する調査、優先的に再開させる沿岸漁業拠点の復旧を最優先で実施します」「水産業集積拠点の再構築、漁港の集約再編及び強い経営体づくりを目指します」[2]。
　再生期：「拠点全体の本格操業を進めるほか、集約再編する漁港の整備とまちづくりを本

表5-1　漁業権の一覧

区　分		対象漁業種類など	免許の優先順位（第1順位）
定置漁業権		大型定置網、北海道のサケ定置漁業など	漁協等
区画漁業権	第1種	カキ、ノリ、真珠養殖、小割り式魚類養殖など	漁業者または漁業従事者
	第2種	網仕切り式魚類養殖、築堤式クルマエビ養殖など	
	第3種	地まき式貝類養殖など	
特定区画漁業権（1963年創設）		（区画漁業権のうち特定のもの）ひび建養殖業、藻類養殖業、真珠養殖業を除く垂下式養殖業、小割り式養殖業、地まき式貝類養殖業	漁協
共同漁業権	第1種	アワビ、アサリなどの採貝、コンブやワカメなどの採藻漁業	適格性が認められるのは漁協のみ
	第2種	小型定置網や固定式の刺し網などによる漁業	
	第3種	地びき網、無動力船による船びき網漁業など	
	第4種	三重県等の寄魚漁業などの特殊な漁業	
	第5種	河川・湖沼等の内水面や封鎖性海面における漁業	

〔出所〕筆者作成。

2　日本経済新聞2011年5月11日付における村井知事へのインタビューでは、知事は漁港の集約による規模拡大と運営の効率化について、「県内に約140ヵ所ある漁港を3分の1から5分の1程度に集約することを検討している」と応答している。

格化させます。また、家族経営など零細な経営体の共同組織化や漁業会社など新しい経営方式の導入を進め、経営の安定化・効率化を目指します」。

発展期：「集約再編に伴い高度化・効率化が進んだ漁港において水揚げを本格化させるとともに、新たな経営組織において規模拡大や6次産業化などにより収益性の向上を図り、競争力と魅力ある水産業を目指します」「水産都市・漁港地域全体の活性化を推進します」。

これに対して、2011年5月10日の政府（国）の「第4回復興構想会議」において、事態は大きく変わることになる。そのメンバーである宮城県の村井知事が、(1)水産業の国営化、(2)「水産業復興特区」創設を提案し、後者に関して「養殖業等の沿岸漁業への民間参入・民間資本導入の促進」のために水産業復興特区を創設するとし、関連法令として、①区画漁業権の免許の適格性（漁業法第14条）、②区画漁業権の免許の優先順位（同17条）、③定置漁業権の免許の優先順位（同16条）、④各種土地利用規制などが列挙された[3]。なお、漁業権の一覧は表5-1のとおりである。

河北新報2011年5月14日付によれば、5月13日に「県漁協の木村稔会長ら役員15人が県庁を訪れ、村井知事に文書で撤回を迫った。木村会長は『民間企業は経営が悪くなるとすぐに撤退する。子々孫々まで浜で生活したいのが漁師の気持ち。特区反対は組合員の総意だ』と述べた。村井知事は『特区の主役は漁業者。仕事を奪うつもりはない。漁業者が納得しない形ではやらない』と理解を求めた。民間参入を促す理由として、①養殖施設の復旧には巨額資金が必要で漁業者の自己負担が大きい、②後継者不足に歯止めがかからない、③国際競争を勝ち抜くために経営効率化が必要—などと説明した」[4]。

次に、宮城県が2011年6月に策定した「宮城県震災復興計画（第1次案）」である。

3　河北新報2011年5月10日付では「県は、養殖や定置網などの沿岸漁業は個人経営が多く、養殖施設などの自力再生には限界があると判断。早期復興には民間資本の導入が不可欠として漁業権の開放に踏み込むことを決めた」「参入企業は、県漁協を通さずに市場へ出荷できるほか、生産から加工、販売まで一体的に取り組める。豊富な資金力を使い、津波や水害に強い施設整備も可能と見込む。カキ、ホタテなど三陸沿岸の養殖漁業は現在、県漁協が特定区画漁業権を独占的に持つ。2007年、県内31漁協が合併して県漁協が発足し、小規模の2漁協を除くと、実質的に1県1漁協となったためだ。養殖業者は県漁協の各支所を通じ、漁業権行使料を支払って操業する。民間企業が参入する際も同様で、県漁協の規則に従い、行使料も支払わなければならず、自由に操業できない参入の障壁とされてきた。民間参入の前段階として、県は震災後に整備した漁船や養殖施設の減価償却費、人件費などを一定期間、国庫で補助する『震災復興水産業再生・再構築支援事業』を創設し、水産業を一時国有化することも提案する。村井知事は取材に対し、『100年後も日本を代表する養殖漁業であるためには、ハイリスク、ハイリターンの個人経営では続かない。22世紀型漁業のモデルを宮城から提案したい』と語った」と記されている。

4　村井（2012a, p.82）では企業の漁業（養殖業）参入には、「①地元漁業者が少ない投資で事業再開できる（資金確保）、②若い人を採用しやすくする（後継者不足対策）、③新しい技術等を開発しやすくなる（近代化）、④失業等のリスクが軽減される（雇用保険の適用）」というメリットがあげられている。

水産業の復興に関する問題意識として、水産業の壊滅的被害、漁業者の高齢化があげられ、こうした状況下で、「これまでの水産業の『原形復旧』は極めて困難です。(中略)『原形復旧』にとどまらず法制度や経営形態、漁港のあり方等を見直し、新しい水産業の創造と水産都市の再構築を推進します」と記されている。

具体的な取り組みとして、次の点があげられている。
・水産業集積地域、漁業拠点の集約再編：「水産業集積拠点を再構築し、漁港を3分の1程度に集約再編しつつ、拠点となる地域の機能を優先的に復旧します」。
・新しい経営形態の導入：「沿岸漁業・養殖業の振興に向けて、施設の共同利用、協業化等の促進や民間資本の活用など新たな経営組織の導入を推進します」。

次に、2011年7月に策定された「宮城県震災復興計画（第2次案）」である。分野別の復興の方向性のうち、水産業をみると、「気仙沼・志津川・女川・石巻・塩釜の主要な五つの漁港を水産業集積拠点として位置付け（中略）。水産業集積拠点となる漁港を除く県内漁港は、沿岸漁船漁業及び養殖業を行う上で重要な漁港を沿岸漁業拠点として整備するとともに、沿岸市町のまちづくり計画に合わせて集落の復興計画の策定支援や漁業権の変更・更新などに取り組みます」。

「沿岸漁業・養殖業等の第一次産業の経営体質強化を図るため、漁業生産組合や漁業会社など漁業経営の共同化、協業化、法人化を促すとともに、地元漁業者と技術・ノウハウや資本を有する民間企業との連携を積極的に進め、自立した産業としての礎となる新たな経営形態の導入支援に取り組みます」「減少傾向にあった漁業就業者数の増加を図ります」と記されている[5]。

最後に、宮城県が2011年10月に策定した「宮城県震災復興計画～宮城・東北・日本の絆　再生からさらなる発展へ～」であり、これがいわゆる「確定版」（県議会承認）となっている。基本理念は「復旧」にとどまらない抜本的な「再構築」、壊滅的な被害からの復興モデルの構築であり、素案から首尾一貫している。

復興のポイントにおける具体的な取り組みは、「『水産業集積拠点漁港』を再構築するとともに、漁港の3分の1程度を『沿岸拠点漁港』として選定し、当該漁港に機能を集約再編しつつ、優先的に復旧します。また、拠点漁港以外については、安全に利用できるよう必要な施設の復旧を行います」と記されている。

5　河北新報2011年6月22日付では「県漁協は撤回を求める漁業者1万3949人の署名を提出し、提訴も辞さない構えを見せた。知事は終了後、『特区にこだわらない』と譲歩する考えを明らかにした」と報じられ、また、村井知事は「『話し合いを続けて着地点を見いだしたい。漁業権の順位を同列にすることが目的でなく、漁業者と企業を組ませることが狙いだ』と強調した。その上で、『企業が参入しやすいスキームを県漁協が示せば、特区を使わないこともあり得る』と譲歩する考えを表明。県漁協の組合員として参入した場合、企業が負担する販売手数料などを例に挙げ、『漁協側がいかに参入障壁をなくせるかだ』と条件を提示した」ことにも言及されている。

検討すべき課題として、次の点があげられている。
・漁船、養殖施設、加工施設等の基盤を国が一定期間、直接助成するスキームの創設。
・国の「東日本大震災からの復興の基本方針」(2011年7月)に基づく民間資本導入の促進に資する水産業復興特区の次期漁業権切替までの検討および漁業者との協議・調整。

以上のように、「確定版」に至るまでの数次にわたる復興計画の案を整理すると、水産業の復興に関して、第一に、大震災による壊滅的被害、漁業者の減少・高齢化という問題意識の下で、「水産業を抜本的に再構築」する。とりわけ漁業で言えば、主として次の2点、つまり、主体および漁港のあり方をさすと言える。

　①「水産業復興特区」構想があげられる。県知事の発言も踏まえると、定置漁業権には途中から言及しなくなり、少なくとも漁協に優先的に与えられている特定区画漁業権（養殖業を営む権利）については、民間企業の参入を容易にするために、県知事が免許を与える順位を定めた漁業法に特例措置を設け、公平に開放する。
　②水産業集積拠点の再構築および漁港の集約再編である。しかし、「集約再編」については統廃合か機能の見直しかが特定しにくい表現であり、意図的に用いられてきたように考えられる。なお、暮らし（生活）との関わりで言えば、例えば、三陸地域に関して「基本的には高台移転・職住分離や防御施設を併用すること」とし、石巻・松島地域は「基本的には高台移転・職住分離により行い、高台の確保が困難な地域では、土地利用の転換や海岸堤防に加え」とし、「高台移転」と「職住分離」が明記されている。

第二に、①と②のいずれも「確定版」に至るまでにトーンダウンした。漁業権の民間開放（「水産業復興特区」）は宮城県漁協が徹底的に反対しているために、2013年度の漁業権の切り替えまでの検討課題となり、これと併せて漁業者との協議・調整に重点がおかれている[6]。漁港の「集約再編」については当初、統廃合が意図されていたが、機能の集約再編にシフトし、「拠点漁港」以外についても、「安全に利用できるよう必要な施設の復旧」

6　日本経済新聞2011年9月10日付における村井知事へのインタビューでは、知事は「漁業への民間企業の参入を促す水産業復興特区は必要か」という質問に対して、「導入しなければいけない。宮城県は海面漁業の就業者数が年3％ずつ減っていた。高齢者の割合も高い。さらに、震災後は宮城県漁業協同組合の調査で、漁業をやめる意向の人が3割だった。10年後の宮城の漁業の姿が今、来てしまった。特区による民間資本の導入や漁港の集約化を今進める必要がある」「ある浜では半分以上の漁業者が廃業の意思を持っている。特区で民間投資を促して会社を作り、若い人が入ってきたり、災害時に失業保険が出たりするような環境を整えたい。漁業者が立ち直る後押しをしたい」とし、また、特区の導入時期を2013年としたことについて、「2年間何もしないわけではない。まず民間会社を作り、当面は漁協の組合員として事業を進めてもらう。養殖施設の復旧や魚介類の種付けの準備など、生産開始まで2年かかる。それまでに企業には周り（の漁業者や漁協など）になじんでもらう。特区に賛成している漁業者が相当いることも分かっている」と応答している。

が行われることになった[7]。

　河北新報2011年6月29日付では村井知事が28日の定例記者会見で、「『特区を使わず企業が参入しやすい形が取れれば、それが最も望ましい』と述べ、特区が創設されても適用申請しない可能性に言及した」「『特区は水産業活性化のごく一部。民間参入がすべてだと考えているように誤解されているが、明確に否定する』と強調。『漁協、企業、漁業者が納得する形があれば、あえて特区を活用する必要はない』と語った」と報じられ、トーンダウンした発言がみられた。

(2)岩手沿岸の経済および水産業の概況

　岩手における水産業とくに漁業の再建（復旧・復興）をめぐる論点整理をするにあたって、岩手県の水産業に関する復興方針を整理するが、その前に岩手沿岸の経済、さらに、水産業の状況を概観しておく。

　岩手沿岸における就業状況は表5－2のとおりである。2000年から10年までの推移をみれば、就業者数は合併した宮古市と大船渡市を除くと、ほとんどが大幅減少している。とくに第2次産業での落ち込みが激しく、就業者の比重でも大きく低下している。これに対して、第1次産業の比重はそれほど下がっておらず、田野畑村や岩泉町では逆に上昇している。また、市町村によって就業者数のうち漁業は上位になり、「水産物」の取扱いの点から、製造業、卸売・小売業、宿泊・飲食業などとの関わりを含めると、「水産業」就業者は最大規模になる。漁業就業者のうち70歳以上の比重は24％、39歳以下の比重は11％である（2008年）[8]。

　岩手沿岸における産業別市町村内生産額は表5－3のとおりである。大半の市町村の水産業生産額が農業生産額を上回っており、釜石市、山田町、大船渡市、普代村については10倍以上の開きがある。

7　日本経済新聞2011年12月9日付は「宮城県は8日、東日本大震災の津波で被災した県内全142漁港のうち、60港に加工・流通施設などの漁港機能を集約する方針を示した。甚大な被害を受けた水産業の復興は急務で、宮城県の村井嘉浩知事は『限られた財源の集中的な投資が必要だ』と説明した。同日、宮城県漁業協同組合に60港への集約の意向を伝えたという。集約するのは加工・流通施設など漁港としての機能の部分で、残りの82港も修繕を施し、船が停泊できるなど港として最小限の機能は残す。60港のうち気仙沼、石巻、塩釜、女川、志津川の5港を最優先に復旧する『水産業集積拠点漁港』とする。55港は『沿岸拠点漁港』に位置付け、2013年度までに復旧する。残りの82港は15年度までに復旧する予定。従来は漁港数を3割程度に集約する方針だったが、集約対象になる漁港の管理者である市町や漁協との調整の結果、約4割にあたる60港となった」と報じている。河北新報2011年12月9日付には再編方針にもとづく142港の分類の一覧が表示されている。

8　「農林水産省の漁業センサス（08年）によると、本県の漁業従事者は9948人。男性従事者のうち、60歳以上の割合は1993年29.7％、98年39.6％、2003年44.8％と上昇を続け、08年は50.0％に達し、高齢化が急速に進んでいる」（岩手日報2011年3月31日付）。

岩手県で大船渡や宮古のような水産都市ともなれば、漁港に加えて、沖合漁業、湾内の養殖に欠かせない大量の漁船（船舶係留）が装備され、湾内には魚市場、製氷施設、冷蔵・冷凍庫、水産加工工場、小規模造船所、鉄工所、船用機器販売、船舶無線、倉庫業、製箱業、軽・重油販売、物流業などが集積し、いわゆる「産業コンプレックス（複合体）」が形成され、一つ欠けても機能障害が生じる。また、あまり目が向かない点として、例えば加工場にとっては、そこで魚を洗う際に生じる汚水を処理する下水インフラの整備を必要とすることがあげられる。

岩手沿岸が位置する三陸沿岸はリアス式と呼ばれる複雑に入り組んだ海岸線を特徴とし、入り江は波が比較的静かで水深が深いために、港として最適な地形になっている。また、岩手北部では湾の少ない隆起海岸が広く形成されている。三陸沖は黒潮（暖流）と親潮（寒流）がぶつかり合う好漁場で「世界三大漁場」の一つともいわれる[9]。

漁業生産額（2009年）は宮城県の790億円（全国の約6%を占め、4位）に劣るものの、岩手県は399億円で、全国で11位である。岩手の海面漁業魚種別生産額は表5-4のとおりである。第1位がサケ、第2位が養殖ワカメ、第3位がアワビで、全国順位でも第2位、第1位、第1位でトップクラスである。これらもさまざまな加工品や宿泊施設への卸しなどとの関わりに鑑みると、地域経済において大きな役割を果たしていることが容易に推測することができよう。

岩手の漁港は県管理31、市町村管理80の合計111漁港である。そのうちとくに地元漁業者が利用する小規模な第1種漁港が多く、83漁港ある。近隣の漁業者も利用する第2種は23漁港、全国の漁業者が利用する第3種は4漁港である。

漁業形態の特徴として、小型漁船を利用する沿岸漁業や養殖業を生業とする小規模経営体が主体であり、漁協の組合員となっている点があげられる[10]。地区によっては全世帯数の8、9割が組合員世帯である。漁協の事業は指導事業、信用事業、購買事業、販売事業、共済事業などであり、組合員を多岐にわたってサポートしている。他方で、経営組織別に経営体（2008年5,313）をみると、宮城県（総数4,006）に比して、個人経営体が5,204（宮城3,860）で多く、会社は19（同120）で圧倒的に少なく、共同経営は55（同18）で多い。

漁協が漁場を維持管理し、また、適切な施設の配置と計画的な養殖生産を実施し、そ

9　釜沢（1959、pp.182-184）では「むすび」において「以上岩手の漁協が歩んで来た歴史を、ふりかえって見た時、『三陸の漁場にめぐまれた漁民』と自らは誇っているが、決して豊かな生活を送ってきた漁民＝組合員ではなかった。明治以来組合設立当初からの『漁民のための漁協』という看板は、多くの働く漁民＝組合員のための機関となることはほとんどなかったようである」と述べられ、最後の一文を「漁協が真に漁民＝組合員のための漁協となるために漁協の歩みをつづけられなければならない。ここに岩手の漁協の発展が約束されることであろう」とする。

10　登録漁船数（海面）を規模別でみると、総数は14,846隻、そのうち船外機付船は11,779隻（79.3%）、動力漁船は2,989隻（20.1%）である（2008年）。動力漁船では3トン未満が63.0%、50トン以上が1.7%を占める。

れを核として漁業が形成されている。所管漁協が漁業者を指導することにより、生産活動が適切に行われ、良質な水産物の提供に向けて、一貫した生産管理を推進している。沿岸地域の集落（コミュニティ）の多くは、漁協あるいは漁港を核とした水産業を通じて形成さ

表5-2　岩手沿岸の市町村の就業状況（2000年→2010年）

	就業者総数	第1次産業	農業	漁業	第2次産業	建設業	製造業
洋野町	7,732	1,657(21.4)	1,198	373	2,340(30.3)	1,328	1,009
種市町	6,363	1,194(18.8)	704	430	2,382(37.4)	1,406	974
大野村	3,044	841(27.6)	791	3	1,183(38.9)	827	355
久慈市	17,225	1,468(8.5)	836	541	5,952(34.6)	2,792	3,138
	16,282	1,596(9.8)	1,026	350	4,524(27.8)	2,118	2,399
山形村	1,716	653(38.1)	548	0	477(27.8)	332	143
野田村	2,351	455(19.4)	256	177	872(37.1)	506	355
	2,056	364(17.7)	197	143	615(29.9)	327	283
普代村	1,737	438(25.2)	107	316	577(33.2)	279	298
	1,398	305(21.8)	89	197	404(28.9)	188	216
田野畑村	2,079	501(24.1)	272	207	690(33.2)	360	321
	1,776	467(26.3)	253	165	489(27.5)	251	229
岩泉町	6,066	1,492(24.6)	1,006	155	1,559(25.7)	877	644
	4,917	1,286(26.2)	991	109	1,067(21.7)	468	594
宮古市	25,428	2,262(8.9)	777	1,368	7,139(28.1)	2,677	4,381
	25,669	2,548(9.9)	1,115	1,182	6,486(25.3)	2,157	4,290
田老町	2,307	588(25.5)	224	343	666(28.9)	278	378
新里村	1,736	292(16.8)	207	6	697(40.1)	205	481
川井村	1,681	456(27.1)	323	0	511(30.4)	231	276
山田町	10,102	2,071(20.5)	388	1,569	3,290(32.6)	1,317	1,957
	8,327	1,545(18.6)	319	1,125	2,373(28.5)	826	1,544
大槌町	7,935	777(9.8)	256	494	3,215(40.5)	1,139	2,019
	6,677	519(7.8)	160	326	2,368(35.5)	760	1,584
釜石市	21,422	1,705(8.0)	459	1,169	7,236(33.8)	2,566	4,626
	16,900	1,191(7.0)	256	884	4,986(29.5)	1,463	3,504
大船渡市	18,474	1,314(7.1)	530	741	6,626(35.9)	2,520	3,984
	18,663	1,982(10.6)	570	1,314	5,449(29.2)	1,854	3,528
三陸町	4,172	1,279(30.7)	299	950	1,140(27.3)	541	594
陸前高田市	12,650	2,191(17.3)	1,186	938	4,550(36.0)	1,815	2,705
	10,633	1,602(15.1)	776	738	3,013(28.3)	1,034	1,962

※1．上段：2000年国調、下段：2010年国調である。
　2．2000年については運輸・通信業、卸・小売業と飲食店、(広義)サービス業の数値を、2010年時点の区分である運輸・郵便業、卸売・小売業、(狭義)サービス業として記している。
　3．久慈市、宮古市、大船渡市の2000年の数値は合併前、2010年の数値は合併後、旧町村の数値は2000年である。

第5章　岩手漁業の再建と漁業協同組合　　127

れている。岩手沿岸における漁協の一覧は表4-1（109頁）のとおりであるが、宮城県がおおよそ1県1漁協であることから言えば、大きく異なる。また、漁協によっては定置漁業や加工事業を自営して漁村経済の中核となっている。また、水産資源管理に重点をおき、優

〔単位：人（%）〕

第3次産業	運輸・郵便業	卸売・小売業	宿泊・飲食サービス業	教育・学習支援業	医療・福祉	（狭義）サービス業	公務
3,731 (48.3)	317	957	258	243	805	265	274
2,787 (43.8)	272	893	—	—	—	1,304	218
1,020 (33.5)	80	383	—	—	—	407	125
9,801 (56.9)	924	3,156	758	896	2,034	4,586	756
10,135 (62.2)	773	2,447	—	—	—	773	897
586 (34.1)	47	158	—	—	—	279	99
1,024 (43.6)	80	353	88	52	185	466	90
1,073 (52.2)	83	299	—	—	—	92	105
722 (41.6)	86	213	58	21	135	331	83
687 (49.1)	60	131	—	—	—	61	92
888 (42.7)	91	193	136	48	182	469	131
815 (45.9)	60	129	—	—	—	60	103
3,015 (49.7)	324	884	217	230	434	1,347	395
2,543 (51.7)	224	547	—	—	—	202	293
16,026 (63.0)	1,513	5,681	1,409	1,266	3,474	6,916	1,091
16,534 (64.4)	1,226	4,125	—	—	—	1,212	1,121
1,053 (45.6)	102	284	—	—	—	522	122
747 (43.0)	91	240	—	—	—	313	86
713 (42.4)	69	211	—	—	—	314	109
4,739 (46.9)	410	1,639	287	221	915	1,989	525
4,406 (52.9)	335	1,202	—	—	—	345	464
3,943 (49.7)	442	1,420	324	181	712	1,611	304
3,782 (56.6)	358	1,050	—	—	—	311	257
12,477 (58.2)	1,200	4,190	841	688	1,990	5,464	928
10,712 (63.4)	783	2,604	—	—	—	950	910
10,527 (57.0)	1,081	3,762	887	890	2,065	4,511	669
11,214 (60.1)	858	2,989	—	—	—	869	725
1,753 (42.0)	146	564	—	—	—	854	148
5,909 (46.7)	570	2,103	470	479	1,232	2,702	344
5,972 (56.2)	430	1,603	—	—	—	512	339

〔出所〕国勢調査、岩手県ホームページ（「いわての統計情報」サイト）などより筆者作成。

表5-3　岩手沿岸の市町村の産業別市町村内生産額　　　　　　　　　　　　　　　（単位：百万円）

	純生産額(合計)	農業	水産業	製造業	建設業	卸売・小売業	サービス業
洋野町	26,358	1,578	648	877	3,442	2,605	3,822
久慈市	74,814	1,097	774	9,030	5,789	8,819	15,132
野田村	7,449	236	247	159	1,112	901	1,198
普代村	6,602	56	628	492	1,915	667	608
田野畑村	7,215	216	410	441	1,634	287	1,191
岩泉町	22,472	461	331	1,706	3,707	2,172	3,427
宮古市	118,684	463	4,294	11,089	14,967	14,566	22,830
山田町	29,277	118	1,660	3,806	2,509	3,571	4,451
大槌町	22,878	56	506	3,857	1,507	2,959	4,741
釜石市	99,594	116	4,173	22,566	8,771	10,591	18,187
大船渡市	91,304	251	3,528	13,967	6,679	13,517	17,472
陸前高田市	40,170	356	1,653	5,480	5,114	4,238	7,561

※2010年の数値である。　　　　　　　　　　　　　〔出所〕「岩手県の市町村民所得」より筆者作成。

れた成果を収めている。宮城に比してさまざまな条件不利があるために、漁協機能の必要性、可能性が高まったと考えられる。

(3)岩手県の水産業に関する復興方針

ここでは岩手の水産業の被害状況を概観したうえで、岩手県の水産業に関する復興方針を整理しておく（表5-5参照）。水産・漁港関係の被害額（合計）は3,587億円（うち水産関係806億円）で、農業関係の589億円、林業関係の250億円を、あるいは岩手県海面漁業・養殖業の生産額（2007～09年の年間平均430億円）を大きく上回る。その内訳では漁港関係（防波堤や岸壁の倒壊ほか）が77.5％を占め、111漁港のうち108港が被災した。その他には13市場のすべてが壊滅的被害を受けた。漁協も広田湾、三陸やまだなど14の事務所が全壊・流失となった。また、大量のがれきが海に流れた。全国的にはあまり知られていないが、沿岸南部は2010年2月28日のチリ大地震津波による被害も受けており、復旧が完了しないなかでの被災であった。

ただし、岩手日報2011年11月25日付によれば、「県は24日、東日本大震災による水産・漁港関係の被害額が5649億3900万円に上ると明らかにした。調査率は100％。漁港関係被害が4527億円と全体の8割を占める」と報じられている。具体的な被害は次のとおりである。「荷さばき所の流失など水産施設被害は1893か所で365億円。漁船は約9割の1万3271隻が被災し被害額338億円だった。定置網など漁具の被害額は155億円。ホタテガイの種

表5-4　岩手県の海面漁業魚種別生産額

順位	魚種	生産額	全国順位
①	サケ	7,039	②
②	養殖ワカメ	4,697	①
③	アワビ	3,314	①
④	スルメイカ	3,051	⑤
⑤	養殖カキ	2,628	④
⑥	メバチ	2,471	⑩
⑦	サンマ	1,932	③
⑧	養殖ホタテ	1,829	④
⑨	養殖コンブ	1,498	②
⑩	ウニ	1,360	②

※生産額の単位は百万円。2009年農林水産省統計。
〔出所〕河北新報2012年1月19日付の表を転載。

表5-5 岩手県の水産・漁港関係の被害状況

(単位:百万円)

区分	被害の概要	被害額	被害市町村数
水産施設等	漁協事務所:24漁協中14漁協で事務所機能がほぼ損壊	21,852	3市1町3村
	種苗生産施設:アワビ・ウニ・ヒラメ・サケなどの施設が滅失・大破		
	共同利用施設:荷捌き施設、倉庫など補助事業施設の損壊、水産施設等の流失等		
漁　船	漁船の流失、損壊等【9,673隻】	23,355	4市1町3村
漁　具	定置網、刺し網、カゴ等の流失【136ケ統(か所)】	11,143	3市1町3村
養殖施設	ワカメ、コンブ、ホタテ、カキ等の養殖施設の流失【26,514台】	13,200	(沿岸部全域)
水産物	養殖物、カキ・ホタテ種苗などの流失【調査中】	11,000	(沿岸部全域)
漁港関係	防波堤の倒壊等【108か所】	278,179	5市4町3村
合　計		358,729	

※1. 2011年7月25日現在　2. 被害額等には、一部に概数を含む(岩手県農林水産部調べ)。
〔出所〕岩手県「岩手県東日本大震災津波復興計画復興基本計画(参考資料)」(2011年8月)より筆者作成。

苗や殻付きカキなど水産物被害は131億円。ワカメやホタテガイなど養殖施設は2万5841台が被災し、130億円の被害となった」。要するに、調査を徹底した結果、被害額は1.5倍超に増えたということである。

　これに対して漁業者の多くは漁船を中心とする漁業設備(体制)に加えて自宅(家屋)も失っており、個々の漁業復旧には「暮らし」も含めて多額の資金を要する。漁船が残ったとしても、資材、道具が流されていれば操業を再開できない。それらが揃っていても、漁港の岸壁が破壊されていれば、水揚げができない。地盤沈下していれば、水産業関連施設の整備も容易でない。加工場や冷蔵・冷凍庫がなければ、鮮魚のみの取引となり、厳しい状況を余儀なくされる。何よりも防波堤・防潮堤が整備されない限り、漁村は大津波に対して無防備なのである。何世代、何十年にわたって築いてきた水産業基盤の崩壊に対して、その復旧、復興を個人的責任にすれば、地域産業の消滅を意味する。かくして、支援策のあり方が問われる。

　岩手県は2011年8月に「岩手県東日本大震災津波復興計画　復興基本計画」(以下、岩手県復興計画と略称する)を策定した。それは宮城県の動向と違い、6月の「案」からほとんど変更されずに、県議会の承認を受けた。

　岩手県復興計画における水産業の復興の基本的な考え方は次のとおりである。すなわち、「地域に根ざした水産業を再生するため、両輪である漁業と流通・加工業について、漁業協同組合を核とした漁業、養殖業の構築と産地魚市場を核とした流通・加工体制の構築を一体的に進める。また、地域の防災対策や地域づくり、水産業再生の方向性を踏まえた漁港・漁場・漁村生活環境基盤や海岸保全施設の復旧・整備を推進する」

　これにもとづく三つの取り組み項目のうち、「漁業協同組合を核とした漁業、養殖業の構築」をみると、「漁業協同組合による漁船・養殖施設等生産手段の一括購入・共同利用システ

ムの構築や、つくり育てる漁業の基盤となるサケ・アワビ等の種苗生産施設の整備、共同利用システムの活用や協業体の育成などを通じた担い手の確保・育成を支援」と記されている。

このうち緊急的な取り組みとして、次の点があげられている。
- 漁業協同組合による漁船・養殖施設等生産手段の一括購入・共同利用システムの構築を支援。
- 秋サケ等定置網漁業やワカメ養殖等の再開に向けて、漁船の一括購入や養殖施設等共同利用施設の早期復旧を支援。
- サケ・アワビ等の放流再開に向けて、今季使用可能なサケふ化場の応急的な復旧やアワビ等種苗生産施設の復旧を推進。
- 漁業者による漁港・漁場の調査、災害廃棄物（がれき）の撤去等を通じた生活支援。
- 生産者等の二重債務の解消に向けた関係機関等と連携した支援。

これに対して、短期的な取り組みとして、次の点があげられている。
- 漁業協同組合による漁船、共同利用施設の復旧・整備を支援。
- サケふ化場、アワビ等種苗生産施設の復旧・整備を支援。
- 共同利用システムの活用や協業体の育成などを通じた担い手の確保・育成を支援。

そして、中期的な取り組みとして、次の点があげられている。
- 漁業協同組合等が連携した効率的なサケ・アワビ等の種苗生産体制の構築。

以上のように整理すると、水産業とくに漁業の復興に漁協が不可欠とされていることは明らかである。宮城県と比較すると、岩手県は早々に大震災で被災した全漁港（108港）の岸壁や防波堤を復旧する方針を打ち出している[11]。また、職住関係についても、岩手県復興計画に「特に、水産業は漁港・集落が一体となって形成され、生産活動を行ってきたことから、効率的な生産が図られるよう居住地と業務地の配置について配慮する」と記されている。

なお、河北新報社による県内24漁協アンケートでは、漁業への民間参入の賛否が問われ、反対79.2％、どちらかと言えば反対8.3％、どちらかと言えば賛成4.2％（大槌町漁協「後継者不足や高齢化が進んでおり、将来的には民間参入も必要」）で、ほぼすべてが反対している（河北新報2012年1月16日付）。

---

11 岩手日報2011年7月12日付は以下のことを報じている。「県議会は11日、総務、環境福祉、商工文教、農林水産、県土整備の5常任委員会を開いた。農林水産委員会では、県が東日本大震災で被災した全漁港の岸壁や防波堤を復旧する方針を示した」。「加工施設や市場などを含む漁港の機能集約は今後検討する」。「県内では既に漁港機能の拠点化を決めた漁協もある中、機能を集約化するのか、それとも多くの費用と時間をかけて全漁港の機能を回復させるのか」。「全漁港の岸壁などを復旧する理由として、県管理の31漁港は公共施設として災害復旧が原則と説明。中小規模の市町村管理80漁港についても、本県沿岸の集落形成上、住民生活にとって重要な施設であることを強調した。しかし、漁港を復旧しても集落機能の回復が期待できない地域もあり、実際に復旧するかは市町村や漁協の方針を待って判断」。

また、岩手日報社による24漁協アンケートでは、「全漁協が被災した108漁港すべての復旧を望んでいる」ということであり（岩手日報2011年8月7日付）、そして、「県も全漁港の岸壁や防波堤などを復旧する方針。一方、県は甚大な被害を受けた魚市場や加工施設などを含めた『漁港機能』の再建については今後検討する。漁協間でも機能の集約化については意見が分かれており、震災で担い手不足に拍車が掛かる中、復旧の焦点になりそうだ」と報じられている（同）。

〈2〉 大震災前後の政府（国）レベルにおける漁業権に関する主張

(1)大震災後

　漁業の再建に関して宮城県知事の積極的な発言や活動が大きく影響し、政府（国）レベルでもとくに漁業権の民間開放が取りあげられている。しかし、それは内容に違いがあっても大震災前から提起されており、このことを踏まえると、大震災後の政府がとりうるスタンスがみえてくるし、漁業の再建あるいは漁業権の民間開放をめぐる論点の設定にとっても重要な素材を提供してくれるであろう。
　最初に、東日本大震災復興構想会議「復興への提言～悲惨のなかの希望～」（2011年6月25日）である。そこでは次のように提言されている。「漁業の再生には、漁業者が主体的に民間企業と連携し、民間の資金と知恵を活用することも有効である。地域の理解を基礎としつつ、国と地方公共団体が連携して、地元のニーズや民間企業の意向を把握し、地元漁業者が主体的に民間企業とさまざまな形で連携できるよう、仲介・マッチングを進めるべきである。…『特区』手法の活用により実現すべきである。具体的には、地元漁業者が主体となった法人が漁協に劣後しないで漁業権を取得できる仕組みとする。ただし、民間企業が単独で免許を求める場合にはそのようにせず地元漁業者の生業の保全に留意した仕組みとする。その際、関係者間の協議・調整を行う第三者機関を設置するなど、所要の対応を行うべきである」。
　この文章をみると、漁業権の民間開放に関して、一応、地元漁業者の主体性および生業の保全にまで踏み込んで記述しておいたということであれば、復興構想会議はそれに対してかなり積極的であることが読み取れよう。逆に、軽視されないように明示してまで、地元漁業者の主体性および生業の保全などに言及しているとすれば、宮城県ほど積極的でないことになろう。第三者機関の設置にまで踏み込んでいることに着目すれば、後者のスタンスが妥当ではないだろうか。地域の論点共有や主体性は漁業さらに水産業にも大きな影響をおよぼす

ので、それらの重視は水産業の復旧、復興にとって重要な示唆を与えていると言えよう。

これに対して、水産庁の「水産復興マスタープラン」(2011年6月策定)では沿岸漁業・地域について、「必要な地域では地元漁業者が主体となった法人が漁協に劣後しないで漁業権を取得できる仕組み等の具体化、地元特産魚種を活かした6次産業化を視野に入れた流通加工体制の復興を推進」「現行の漁業法においても、株式会社を含め、外部の民間資本が漁業権の免許を受けることはすでに認められているところ、地域の理解を基礎としつつ、国と地方公共団体が連携して地元のニーズや民間企業の意向を把握し、(中略)民間企業とのさまざまな形での連携に向けた仲介・マッチングを推進」と記され、水産庁にこそ「攻め」の姿勢が明確にみられる[12]。

次に、東日本大震災復興対策本部の「東日本大震災からの復興の基本方針」(2011年7月29日)である。そこでは「漁港については、拠点漁港の流通機能等の高度化、漁港間での機能集約と役割分担の取り組みを図りつつ、地域一体として必要な機能を早期に確保する」「地域の理解を基礎としつつ、漁業者が主体的に技術・ノウハウや資本を有する企業と連携できるよう仲介・マッチングを進めるとともに、必要な地域では、地元漁業者が主体の法人が漁協に劣後しないで漁業権を取得できる特区制度を創設する」と述べられ、「水産復興マスタープラン」と同様に、攻めの姿勢が明らかである。

特区制度については、2011年12月に「東日本大震災復興特別区域法」が制定され、その具体化に向けた第一歩が踏み出された。

なお、政府(国)レベルに対して、経済界、例えば経済同友会の「新しい東北、新しい日本創生のための五つの視点—東日本大震災復興計画に関する第1次提言—」(2011年6月8日)では農業・水産業に関して、「大規模化や法人化を通じて、強い産業として再生する視点が重要である」、水産業復興特区の活用について、「国、自治体、漁業協同組合、民間企業が共同出資するなど協力して法人を設立し、そこに漁業権を現物出資する。あるいは、各漁業組合を再編し、漁業権は証券化し、過去の実績に応じて証券交付するなど、共同経営化を推進する」と記されている。さらに、漁港の拠点化にも言及されており、全体として根拠が具体的に説明されずに、幅広くかつ根本的な改革が提言されている。

---

[12] 宮城県の「水産業復興特区」に対して批判的なスタンスをとる濱田(2012)では「水産復興マスタープラン」について、「経済的貢献度の低い漁村集落には漁港の復旧を諦めさせ、復興に向けての縦割行政の弊害については何ら指摘せず、更に海の自治を壊しかねないような内容が平然と盛り込まれているのである。この問題の根底には次のようなことが横たわっていると考えられる。まず、『地域』をどう捉えるかといった認識が不足していること、そして、産業政策という視点からのアプローチが優先されていること、である。そのため、経済的利害に囚われた提言になってしまったのであろう」と鋭く指摘されている。

(2)大震災前

　大震災後に対して大震災前に漁業権の民間開放はより積極的に主張されており、エスカレートしていた。そして、こうしたなかでの大震災であった。

　最初に、農林水産省の「水産基本政策大綱」（1999年12月公表）では「漁業権制度について、資源管理の強化、漁業経営の効率化、地方分権、漁協の広域合併の進展への対応等の要請を考慮しつつ」「①共同漁業権に係る資源管理の取り組みの強化、②養殖業に係る特定区画漁業権の対象漁業の法定制の見直し及び漁協自営の制限の緩和、③定置漁業権及び区画漁業権の免許の優先順位等の見直し及び漁業権の存続期間の延長、④漁協の広域合併の進展に対応した漁業権管理の仕組みの見直し」と記され、漁業権の民間開放に加えて、「漁業協同組合合併促進法」（1998年3月）にもとづいて漁協の広域合併にも重点がおかれており、この点も主体のあり方にとって注意を払う必要がある。

　実際、震災前までの11年間をみても、漁協合併は至る所で進み、いくつかの県で「1県1漁協（県一漁協への合併）」構想が掲げられ、宮城のように、それに限りなく近くなった事例もある。大半の事例で合併の主たる理由として経営悪化があげられているが、水産庁の「合併促進法期限後の新たな漁協対策について」（2008年2月）は漁協の問題点（合併の阻害要因）として、「①多額の欠損金を抱えている漁協については、合併に参加することが困難な状況となっており、②また、主として漁業権管理を行い経済事業をほとんど実施していない小規模漁協や、都市近郊で多様な事業を実施し、経営状況の良好な漁協については、経営状況の悪い漁協との合併に消極的である等の事情にある」と整理している。同文書によれば、2005年度現在であるが、漁協の都道府県別欠損金で岩手は35.0億円（16漁協）、1漁協平均2.2億円で、全国で6位となっており、批判の対象であると言えよう。

　次に、規制改革会議の「規制改革推進のための第2次答申」（2007年12月25日）では「漁業就業者の大幅減少・高齢化→後継者不足→部落消滅」という問題の図式にもとづき、「新規参入が不可欠である。新規参入の促進が水産業の活性化の最も有効な策であると言っても過言ではない。しかしながら、漁業権の免許に優先順位があり、（中略）意欲のある者の参入を阻害している状況にある」「誰でも、企業であればその規模に関係なく、一定のルールの下で対等に参入できる環境を早急に整備する必要がある」ことが強調されている。

　規制改革会議の「規制改革推進のための第3次答申―規制の集中改革プログラム―」（2008年12月22日）では部落消滅の問題意識に対して、「国家の境界線に位置し、安全保障にも重要な離島などの漁村」と位置づけたうえで、「資源回復と併せて新規参入が不可欠である。（中略）最も有効な策である」とし、「しかしながら、沿岸漁業においては、漁業権により参入の制限や条件を設けていることから、意欲のある者の参入を阻害し」と指摘し、漁業権の民間開放が主張されている。

規制改革会議の「規制改革の課題―機会の均等化と成長による豊かさの実現のために―」(2009年12月4日) では定置漁業権および区画漁業権について、「優先順位を撤廃し、資格要件の見直しとともに、一般の個人・法人が一定ルールの下で適切に参入可能な法体系を整備すべきである。また、漁業権の免許期間を延長し、投資による経営の安定化を図るべきである」「特定区画漁業権については、管理主体を基本的に漁協に限定せず第三者機関も行えることとし」と記され、漁業権の民間開放では首尾一貫している。

〈3〉漁業権の民間開放の賛成論と反対論

本節では宮城県や岩手県の方針、政府レベル等における主張に加えて、それら以外にも対象を広げながら、漁業権の民間開放の賛成論と反対論を整理してみる。

(1)賛成論

宮城県の方針、村井知事の発言は漁業権の民間開放賛成論（推進論）であるが、その特徴は震災前のさまざまな提言を踏まえたうえで、高い実現可能性を追求した提言の組み立てを行っている点にみられる。大震災による水産業の壊滅的被害からの復興、大震災前からの問題である漁業者の減少・高齢化などを考えれば、水産業の抜本的な再構築が必要であり、その一つの手段として、とくに特定区画漁業権の民間開放があげられる。その推進の根拠は漁業経営の体質強化・効率化、技術・ノウハウや資本（資金力）の強化などの点にあり、結果として新たなモデル（復興モデルの構築）となる。

水産業の壊滅的被害により、復興にあたって原形復旧は困難であり、また、経営基盤が脆弱な個人による漁業の継続は厳しく、迅速かつ容易に企業の資金力・技術力を呼び込むには、従来の参入手順が障害になる（煩雑な手続きと諸コストの発生の削減など）。特区の枠組みで漁業権を民間開放すれば、漁協を経由せずに、知事がそれを直接新規の漁民会社に与えることができ、その漁民会社は漁協加入の必要がなく、組合員資格を得るための審査も受ける必要がない。組合員出資金や漁業権行使料など漁協への支払いも負わない。漁業権取得後も漁協の管理運営に関わる必要はなく、漁場管理コストの負担も一切ないようにする。

加瀬（2011）では村井知事の考え方として次の点が推測されている。「①被災地漁業は経営悪化、後継者不足、高齢化等の望ましくない状態にあり、したがってそれを従来の内容に復旧するだけでは、再び劣悪産業を作り出すだけである。②それゆえ復興策では、資本・技術を備えた企業の導入を図り、従来の漁業者の相当部分を効率的な企業経営におき換えることによって漁業の産業的な再生が実現する。③企業経営を呼び込むためには、

当該企業が安心して投資できる仕組みを整備しなければならないから、現行の漁業法の規程を特区方式で停止して、知事が企業に漁業権を免許できるようにするとともに、いったん免許した漁業権は長く保証するようにする」。

河北新報2011年5月29日付において、民間企業の参入で期待される効果は何かという問いに対して、村井知事は「今までにない販路の開拓と情報収集だ。漁業者、魚市場とうまくタイアップできれば双方に利益をもたらす。漁業者の中には安定した収入を得て、福利厚生や退職金もあるなかで、漁師生活を送りたい人が絶対いる」とし、幅広い効果を強調している。以上のように、宮城県の方針および村井知事の考えを整理することができる。

次に、賛成論で指摘されている漁協の問題にアプローチしてみる。例えば、脆弱な経営基盤があげられる。勝川（2011）によれば[13]、漁協の経営について本業の事業利益は大赤字であるが、そのマイナスを事業外利益で補って黒字を出している[14]。そして、同書では「水産物の販売が利益にならなくても経常利益が出るのだから、魚価の低下に対して無関心にみえるのも納得できます」「事業外利益について調べてみたのですが、組合の情報開示は、ほとんどないに等しいことがわかりました。それもそのはず、漁業協同組合には公的機関の監査が入っていません」「身内が身内を監査している状態なのです」と批判されている[15]。

さらに、「組合に投入された公的資金がどのように使われたかを納税者は確認する手段はないので、実際にどうなっているかは調べようがありません」「日本の魚の値段が上がらず、獲っても獲っても漁業者の生活がよくならない（どころか、過当競争に陥って自分の首を絞めている）のは、どうやら組合の『他人の財布』感覚と、販売戦略のなさに原因がありそうです」と指摘されている。こうして一部で誤解があるものの、多くの批判的なコメントがみられる。

(2)反対論

反対（批判）サイドの代表である宮城県漁協の主張を最初にあげておく。河北新報

13　勝川（2011）p.39、pp.111－113。
14　『水産白書』（平成22年版、p.61）では漁協経営について、「事業規模が縮小する中で、事業管理費の削減が進まないことから、67.8％の沿海漁協で事業利益が赤字となっており、沿海漁協全体では20億円（2007事業年度）の赤字となっています。また、繰越欠損金が375億円（同）も累積しているなど、漁協経営は極めて厳しい状況にあります」と記されている。なお、参考までに1組合平均（2008事業年度）で組合員数は345人（うち正組合員数194人）、職員数は13人、出資金は2.0億円（うち正組合員1人当たり103万円）、信用事業・貯金残高は55.2億円、同・貸付金残高は9.8億円、購買事業（供給高）は2.6億円、販売事業（取扱高）は13.1億円である（『水産白書』平成23年版、p.65）。
15　小松（2011、p.68）は「『事業外利益』などの収入源は、農林中金などの配当金、政府補助金、海砂利採取補償金、および公共事業や電力・空港事業などによる補償金収入とみられるが、漁業権に関連した補償金などの実態は不明である」と述べている。

2011年5月29日付における木村稔宮城県漁協会長へのインタビューをみると、特区構想になぜ反対なのかという質問に対して、「われわれ漁民は何百年もの間、海で働き、海の恵みで生きてきた。家も船も養殖施設も漁具もすべてを失い、途方に暮れてはいるが、簡単に海を企業に明け渡すつもりはない」「現行法でも企業の参入は不可能ではない。20年ほど前、大手水産会社の資本を導入し、銀ザケ養殖を手がける漁業者が増えた。販売価格が下落したとたんに企業は手を引き、破産や廃業する漁業者が相次いだ。利益優先の企業が参入すれば、浜が荒れていくだけだ」と応答している。

県漁協の調査で組合員の3割が「廃業を予定している」と答えたことに関わって、担い手が不足する恐れはないのかとの質問に対して、木村会長は「廃業予定者は高齢者や半農半漁の兼業がほとんどだ。やる気のある漁業者は、歯を食いしばって再生への道を探している。企業任せの特区構想は、必死に立ち上がろうとする漁業者のやる気をそぐだけだ」「若い漁業者はもっと広い養殖漁場を確保し、水揚げを増やしたいと望んでいる。漁場は今でも足りないぐらいだ。復興特区は規制緩和を打ち出した（2007年2月の）『水産業改革高木委員会』を下敷きにしているようだが、改革すべきは量販店主導の流通体系だ。漁業者が安売り競争に巻き込まれないような仕組みこそ、県や国は考えるべきなのだ」と鋭く指摘している[16]。

具体的な漁業再開の道筋が見えてこないため、組合員は焦りを募らせている点について、「今は雲の上の話をしている場合ではない。協業化やグループ化の具体的な話を進めるべきだ。漁場のがれき撤去さえ遅れているではないか。（特区構想の議論は）やるべきことをやってからにしてほしい」と主張している。

村井知事が漁業者側との協議がないまま構想を発表したことについては、「こそこそと物事を進めるのは、県のトップがやるべきことではない。知事は『きちんと説明する』と言っていたが、現時点でも明確な説明はない。支所ごとに反対署名を集めており、知事に近く会ってあらためて撤回を要求する」と指摘している。

全国漁業協同組合連合会も県漁連と同様のスタンスをとり、「浜の秩序を崩壊させる」「参

---

16 JF全漁連（2008）の馬場治論文では「漁業者の高齢化や後継者不足は、今日、離島に限らず漁業地域の存続にも関わる深刻な問題であることは確かである。しかし、そのような状況の解消のために（企業的な漁業経営体の：筆者注）新規参入が有効な手法となるというのは論理の飛躍であるだけでなく、漁業の現実を全く見ていないという規制改革会議の姿勢を露呈している。漁業地域の存続のためには水産業の活性化を図る必要があることは当然であるが、そのことが新規参入の促進によって実現されうるという状況は想定困難である。現在でも漁業への新規参入のための各種の努力が漁業者団体、行政などの手によって行われているが、漁業技術の習得や漁場探索に係る経験の蓄積などの必要性から経営的に自立しうるまでの期間がかかるなど、主として漁業の技術特性から必ずしも期待されたような効果を産んではいない。ここでは、漁業権や既存漁業者が新規参入の障壁になっているのではなく、むしろ多くの漁業地域は新規参入希望者を受け入れるべく、技術習得のための技術指導体制の整備や受け入れのための住宅整備などの努力を続けているのである。それでも、新規参入者の定着は思ったように進んでいないのが実情である」と述べられている。

入した民間企業が不採算で撤退した場合、地域が荒廃する」「企業との連携は推進していきたいが、地域の意向を踏まえない強引な企業の参入には反対する」と主張している。

　県漁協以外にも対象を広げて、漁業権の民間開放の批判論を整理すると、例えば、現行法制度の下でも民間参入は可能であり、これまでも民間企業は漁協の管理下で漁業権を得て、多くの海域で養殖漁業や定置網漁業に参入してきた。したがって、なぜ漁業法の枠を超えてまで特区を設ける必要があるのかということになる。

　また、県が民間企業と漁業者の間に入って、仲介したり、話し合いの場を設けたりして、円滑な漁業が展開できるように努力するのであれば、まず現行法制度の枠組みで議論するように努力できないのかということになる。

　次に、漁業権の民間開放に際して、民間企業の参入後の活動ルールを厳格化するのであれば、わざわざ民間企業の参入を促進する意味はないし、それでも参入したい民間企業が現れるのか、という疑問が提起される。

　一つの漁場に二つの管理主体が存在することや、漁業者がサラリーマン化することについては以下の主張がみられる。「漁場紛争の火種となることは言うまでもなく、漁協を中心に漁民たちが作り上げてきた自治の歴史的経過とその役割を踏みにじる」「問題はこの構想が、養殖経営の近代化促進とひきかえに、これまで漁業権の分配・管理の権限をもっていた漁協から、その権限を取り上げることになり、漁民による自治の否定にもつながるという点にある」「漁民らは、漁業や養殖業を営む『権利』を得ているだけでなく、秩序形成のための活動に『参加』する『責任』も果たさなくてはならないのである」（濱田武士「『海の自治』崩壊させる水産復興特区構想」河北新報2011年11月30日付）[17]。

　以上のように整理すると、特区の目的として、民間資本・資金を漁業に呼び込むことと、漁業権の開放とは同一視できない、ということになろう。

　こうした点を踏まえて、水産業とくに漁業はいわば「マイナスからのスタート」であることから、当面、国、県、市町村、漁協等が一丸となって、地域のニーズがある限り原形復旧に専念することが望ましい。全く新しい復興モデルの展開は漁業者の不安を煽り、さらに、漁業者間の分断を引き起こし、復旧スピードをかえって遅らせることになる（被災者・地域視点の欠如）。

　東日本大震災復興構想会議における宮城県知事の提案は、当事者である宮城県漁協に対して一言の相談もなしに行われた（手続きの問題）。「特区」という用語が内容の不鮮明なまま一人歩きし、漁協として組合員に説明責任をもてない。

　なお、特区の導入背景として、3割が廃業予定という点が重大視されているが、震災直

17　河北新報（2011年5月29日付）によれば、「県漁協の木村会長は『漁師が給料取りになる考えは受け入れられない』と断言。『漁師には競争心がある。その中で、互いに調和を取りながら生きている』と風土の違いを指摘する。利益追求が優先する民間企業への不信感も根強い。県漁協は『企業は経営が傾くとすぐ撤退し、残るのは地域の荒廃だけだ。われわれは数多く経験している』と言う。」

後の4月の調査であれば、多くの漁業者が希望を失った状態であり、復旧が進めば、その比重も低下することが考えられる。また、県漁協会長のコメントのように、廃業予定の漁業者の大半は高齢、兼業であり、今後の減少を見通せば、意欲のある者に対して養殖施設を傾斜配分するようなシステムが検討されてよいであろう。

　反対論は漁業再開に向けて、当面は地域が一丸となって復旧を目指すことが望ましいものの、漁民の協業化あるいは企業化を進めつつ、民間企業からの出資や技術供与を促進すること自体は強く否定していない。

　また、漁業者の大多数が漁業再開を断念しているような漁村集落に対して、民間（企業）参入を促して、再開・維持・発展を目指すための行政施策は当然のこととして考えられる。すなわち、漁業権管理と経済的事業の側面は同一次元でないのである。

　こうした点を考慮して、漁民それぞれの経営に向き合い、いわゆる足元の地域の意向、主体性を最大限に尊重したうえで、中央政府（国）が中心となって漁業・漁協のインフラ条件および経済的条件を大規模に整備し、あるいは中央政府の財政的支援を充実し、その代わりに、地域が漁業さらに水産業の復旧、復興、そして、持続可能な漁業の責務をしっかり担うということになろう。

〈4〉 宮城県「水産業復興特区」構想の教訓と岩手漁業の再建に向けた漁協論議

(1)宮城県「水産業復興特区」構想の基本問題

　宮城県の「水産業復興特区」構想はトーンダウンしたものの、漁業改革に大きなインパクトを与え、宮城に限らず全国の耳目を集めるまでに至り、現在（2012年6月の執筆時点）も同様の状況がみられる。しかし、事態を冷静に見ると、村井知事にみるような推進論の切り口は「もとの状態にする」という意味での（原形）復旧ではいけない、あるいは復旧は困難であるということから出発する点に特徴がみられるが、なぜそうなのか、また、そうだとしてもなぜいわば「宮城県流」の漁業、さらに水産業の復興が必要なのか、という根本的な点が地域で共有できていないのではないだろうか[18]。

　勝川（2011）は「水産業復興特区構想」をめぐる対立について、「国民の大多数は蚊帳の外です。ほとんどの人には、いったい何が争点すら理解できていないでしょう」と指摘

18　勝川（2011、p.30）では「筆者は、漁業を行うためのインフラだけを元に戻しても、水産業が復興するとは思っていません。その理由は以下の四点です。(1) 被災前の状態に戻すために十分な予算がない、(2)被災前の状態に戻しても、日本漁業には未来がない、(3)加工・冷蔵が復活しなければ、魚の値段はつかない、(4)一度失ったシェアは、前と同じ価格・品質では取り返せない」と述べられている。

する。また、「マスメディアで特区構想の内容について踏み込んで紹介している記事は見かけません」「知事も、特区構想の意義についての説明が不十分であり、なぜ企業参入が必要なのかが部外者にはわかりません」とまで述べている[19]。

いずれも的を射ており、大震災を機に多くの記者が沿岸に通いだし、特区構想をいわばネタになるように取り上げながら、漁業さらに水産業について勉強しているのが実情である。また、知事についても特区構想のトーンダウンや漁協へのアプローチをみれば、現行法制度の検討、県民への説明責任の甘さを垣間見ることができる。

他方で、勝川の「国民」という捉え方は不十分である。それは重要であるものの、大震災からの復旧、復興の点で言えば、沿岸市町村におけるいわば海側と山側の住民間、さらに、県内の沿岸と内陸の住民間といったような捉え方ももちながら、水産業復興特区の意義と内容、漁業さらに水産業の現状と問題などを共有することが最優先されるべきである。

勝川（2011）が指摘するように[20]、「漁業が衰退してきた構造的な問題点を明らかにしたうえで、必要な改良を加えた形で漁業を再生しなくてはならないのです。インフラ整備にとどまらず、産業の形態を変え、さらには、人間の教育まで考えていかねばなりません」。

同書は「『これまでどうだったか』ではなく、『これから、どうすべきか』を議論する必要がある」(p.135)と述べるが、両方が必要であり、地域ぐるみの共育（共に学び、互いに教え合う）が結果的に、宮城県が問題意識にあげる漁業者の増加や若返りにつながるのではないだろうか。漁業者の増加や若返りありきではないのである。

勝川（2011）のように、大震災からの漁業再生について、「(1) 被災地支援型の資源管理（キャッチシェア制度）、(2)経営統合による協業化・企業化、(3)加工流通業者を巻き込んだマーケティング」を掲げる前に、沿岸市町村・県間、漁業者・漁協間、水産関係業者間（漁業者、加工業者、流通業者、消費者等）、世代間や男女間など多角的に議論できる体制を構築することが最優先である。そして、さまざまな立場から指摘され、おおよその合意になっているように、水産資源の持続性と漁業経営の安定を実現するための漁業改革を地域全体で議論する。同時に、地域の雇用の確保、食糧の安定供給、漁村コミュニティの存続、水産業の多面的機能なども議論し、双方向的に展開していく。

岩手では県の方針を前提に出発すると、復旧を実現し、次のステップにつなげる条件づくり、換言すれば、水産業（インフラ）の体制が崩れ去り、新たな利害関係が生じ、その再整備、再構築が不確定になるなかで、復旧のプロセス、例えば（広狭の）地域の自己改革能力の育成・発揮が非常に重要になり、それが強く問われることになる。

岩手県が以上のような一連の議論をコーディネートし、その状況を全面的に情報公開する責任をもつべきであろう。宮城県がとくに漁協との議論のプロセスに大きな問題を抱え、知

19　勝川（2011）p.155。
20　勝川（2011）p.134。

事や農林水産部長が詫びたことから言えば、議論の舞台づくりは漁業さらに水産業の復旧、復興の方向づけをするにあたって最重要であるといえよう[21]。

　農林水産省の「漁業の担い手の確保・育成に関する意識・意向調査結果」（2009年）では「今後、漁業や漁村を活性化させるために推進すべき取り組み（複数回答）」について、漁業者の83％が「特産物の創出、ブランド化等による販路開拓・漁業振興」、77％が「漁業と観光業との連携（朝市、直売所、宿泊施設等）」と回答している[22]。

　これに対して、農林水産省の「食料・農業・農村及び水産資源の持続的利用に関する意識・意向調査」（2011年5月公表）では漁業者の6次産業化に対する意識について、「取り組みたいとは思うが、加工・販売まで自ら行うのは難しい」が45％、「手取りの向上や魚のブランド化にもつながるので、積極的に取り組んでいきたい」が19％となっている[23]。

　漁業者にとって他産業との連携・協力、他産業からの支援を実現する人的ネットワークがなかったり、手順がわからず、何から手をつけたらいいのかわからないなどの障壁があったりすることが多いので、そのようなアンケート結果は「議論の舞台づくり」のインセンティブになるのではないだろうか。そして、その先には岩手さらに東北といういわば「大震災を強く共有できる範囲」で大半が構成される水産業における産業連関が待っているのではないだろうか。関係者が一丸となって、経営体の規模を問わず、残されたソフト、ハードの資源を最大限に活用し、「暮らし」も含めて地域の維持、発展を見据えて、細部にわたり、かつ緊張関係のある産業連関を再構築していくことが望ましい。

　宮城県の特区構想は少なくない点で重大な問題を抱えるが、漁業の主体に焦点を当て、そのあり方を根本的に問い直そうとした点に重要なメッセージを見出すことができる。他方、岩手では漁協を「核」とするのであれば、何よりも漁協の基本から地域ぐるみで議論する必要がある。そうしなければ岩手県復興計画を実施する意義も大きく低下する。漁協の性格や機能から出発することが望ましい。

　漁協の経営についても遅かれ早かれ議論しなければならないであろう。小松（2011、p.68）は漁協の経営構造・赤字を批判し、「そもそも漁協には不透明な部分が多い」と指摘したうえで、「東日本大震災でその補助金、または補償金で漁協に供与される金額は多額に上る。したがって、これらをいくら受け取り、どのように使ったかを説明する義務と責任がある」と強調する。

　漁協に不透明な部分が多いがゆえに、漁協の全般的な研究や経営に関する分析はあまり行われていない。そもそも個別になると、ホームページさえない漁協があり、あっても経営

21　日本経済新聞2011年9月7日付は「宮城県と宮城県漁業協同組合は6日、漁業の復興策などについて意見交換する連絡会議の第1回会合を県庁で開いた。（中略）これまで漁協側との協議の場がなかったことなどを受け、県農林水産部の千葉宇京部長は『情報交換が十分でなかったことを率直に反省しておわびしたい』と話した」と伝えている。
22　『水産白書』（平成22年版）p.29。
23　『水産白書』（平成23年版）p.82。

状況に関する情報は大半の漁協で公開されていないし、その他についても乏しく、組合員以外の第三者がみると、その実態を把握するのは非常に困難であるといわざるを得ない。漁業あるいは水産業の厳しい国内情勢に鑑みれば、赤字であるからといって、単純に経営（能）力や技術力がない、効率性や生産性で劣るとは言えないものの、情報公開が進んでいない限り、そのように批判されるのも致し方がない側面はある。

　漁協は漁業者（漁民）によって組織される協同組合で、1948年に制定された「水産業協同組合法」にもとづき、漁業・漁民の民主化を目的として49年に設立されたが、現場に行けば、以前から組合員間に限らず、漁村内でも漁協という組織、さらにその役員会（理事会）の閉鎖的な体質に対する強い不満はしばしば聞かれる。したがって、例えば、事実でないかもしれないが、漁協が組合長や役員（理事）の私利私欲のためにある、組合員に対する情報提供が乏しいといった話もある。

　宮城県の特区構想について、小松（2011）は、「地元漁協にとっては、新たな企業の参入は自分たちの利益を脅かす存在になりかねないと考えるわけだから、新規参入は現実的に厳しいと言わざるをえない。したがって、客観的なデータと情勢を踏まえた許可権限者である知事が、直接の許可について、英断を下すことが重要だ」[24]と指摘しているが、岩手にとって漁協はこれまで以上に重要な存在に位置づけられていることから言えば、事情に違いはあれ、漁協の内部に踏み込んだ情報（データ）公開なくして、復旧、復興はあり得ない点では同じである。

　漁業（という「仕事」の場である漁場）は地域産業において重要な位置を占めるほど、漁港と漁村（「暮らし」の場）との一体関係を形成する。漁港は漁協活動さらに漁村集落の中核を占める。漁協は日常的に自らの管理下で漁業（漁場）および漁港の秩序（漁場・漁港利用の適正化と紛争防止）の維持に努める。さらに、地域住民が漁村の集落の維持・保全に取り組んでおり、漁業者（漁家）が多いほど、それが「暮らし」にも大きな責任をもつことになる。こうして漁業の存在は漁民の自治、漁協の自治を中心に多面的に捉えなければならない。したがって、漁業を通した雇用の確保、充実を念頭におけば、漁協は資源の適正管理や経営能力の向上に努めながら、多面的な役割を果たさなければならないことになる。漁協あっての漁業（漁場）、漁港、漁村（あるいは定住地、定住者、定職者［漁業者］）でなく、これらあっての漁協であり、それぞれを総合的に捉える必要がある。

(2)「岩手県復興計画」策定プロセスにおける漁協に関する議論

　岩手県復興計画において漁業さらに水産業の復興にとって漁協は核に位置づけられているが、その策定プロセスで漁協は、どのように扱われて結果として核になったのであろうか。

24　小松（2011）p.101

岩手県復興計画の策定において、水産業に関しては他の多くの分野と同様に、岩手県東日本大震災津波復興委員会（以下、県復興委員会と略称する）と総合企画専門委員会が決定的な役割を果たしたので、これらにおける漁協に関する議論に着目することは非常に重要であろう。しかし、それぞれの議事録（委員会での配布資料等を含む）をみると、前者では2011年4月11日の第1回から、後者では同年4月30日の第1回から同年8月の岩手県復興計画の策定・公表までに、漁協の基本的な性格や機能など原点に立ち返って議論するようなことはほぼ全くみられなかった。

　漁協の問題や課題は全く議論されていないし、また、漁協の成果もほとんど議論されていない。「ほとんど議論されていない」というのは、例えば、県漁連会長の大井誠治氏が県復興委員会のメンバーであり、大半の委員がそれぞれ専門分野の復興のあり方を述べる機会に、彼も一度だけ水産業について説明するなかで、「漁協を核とした地域の復興について」という項目で漁協が果たしてきた多面的役割に関して、宮城県の方針を批判しながら言及したことによる（第3回委員会）。

　2011年4月11日に策定された、岩手県の「東日本大震災津波からの復興に向けた基本方針」は「基本方針」であって、具体的な内容を示していないが、その「緊急的に取り組む内容」という大項目における「県の取り組み事項」として「水産業等の復興に向けた基本機能の早期復旧」のうち「漁業協同組合機能の早期回復支援」、また、「国への要望事項」として「水産業等」のうち「漁業協同組合を核とした漁業、養殖業の円滑な再開」、さらに、「復興ビジョンと復興計画の策定」という大項目における「復興に向けて取り組む内容」として「水産業等」のうち「漁業協同組合機能の回復」が掲げられていた。すでに漁協が核に位置づけられ、それが前提になっていたのである。

　同日の4月11日には北海道東北地方知事会が「東日本大震災に係る要望書」を国に手渡し、さまざまな要望を行った。そこには「漁業協同組合を核とした漁業、養殖業の円滑な再開」の項目が入れられていた[25]。

　他方で、同日の第1回県復興委員会での配布資料「復興に向けた論点について」は、今後に向けたいわゆる「たたき台」であったと思われるが、そこでは「水産業等」という中項目で「世界に誇る岩手の水産業等をどのように復興していくか」としたうえで、5項目（1項目あたり1～2行の箇条書き）の一つに「危機に直面している漁協体制・機能の早期復旧と生産基盤を失った漁業者への支援のあり方」があり、漁協について「核」とは示され

25　「漁業協同組合を核とした漁業、養殖業の円滑な再開」の内容は「生産者の指導母体となる漁協機能を早期に回復するため、漁協事務所、共同利用施設を整備するほか、漁船、漁具等の個人施設についても地域漁業の重要な生産手段として漁業協同組合が一括再整備し、組合員に無償で貸し出し共同利用に供するシステムを構築するなど、漁業協同組合を核とした漁船漁業、養殖業の円滑な再開を図ること」である。

ていなかった。したがって、第1回に加えて第2回目以降にもそのあり方を議論する余地が
あったにもかかわらず、結果的に議論されなかったのである。

　それどころか、4月26日の第2回県復興委員会では配布資料「第1回委員会における意
見等を踏まえた『復興に向けた論点』」における「『復興の方向』の柱立てに向けて検討
すべき事項」として、水産の項目にすでに「漁業協同組合を核とした漁業、養殖業の構築」
が示されていた。「東日本大震災津波からの復興に向けた基本方針」にとどまらず、実質
的な検討スタートの段階に際しても、「核」という文言が入れ込まれていたのである[26]。

　これに対して、4月30日の第1回総合企画専門委員会において齋藤徳美委員長が総括
的な発言として、「親委員会には漁連の会長さんも入っておられて、漁業の復興という時に
は、さっき水産の方からかなりにおわせている集約化ということ。それははっきり言ったら、漁
協単位で事業をやってもらうか、あるいは株式会社にするのかと。それは、ぜひ漁協あるい
は地域の方々も協議して、なるほどこの道ならばと考えていただく、ということではないかと思
います。一方そのためには、県として見れば、そういうなりわいは決して無くさない、進める
のだと。国にもそういう要望を出す。そのかわり、今の形ですぐ移行できない状況も考えてく
れ。集約化ということは、さっき言った仲間同士が集まって一つの組織をつくってと、そういう
ふうな形も具体的にないと進めていけないことかなと思っています。復興委員会に漁連の会
長さんが入っておられるというのは、そういう人たちの声も含め、逆に言えば、復興委員会
のそういう声も地元に持ち帰って、どうしたらいいのか、ということをまとめていただくという役
割があるのだと思います」と、重要な問題提起を行ったが、何ら成果はみられなかった。

　5月13日の第3回県復興委員会で配布された資料「第1回総合企画専門委員会の検討
状況（報告）」で齋藤委員長の総括が要約されているが、そこでは事務局が「漁業関係
については、県として『なりわい』をなくさないために国に要望し、漁協単位、仲間同士で
事業を行う等の集約化を検討していくことが必要。県は、知恵を絞り、各委員から知恵を出
していただき、地元と具体的に議論しながら解決策を出していくこと」（「漁協単位」から「必
要」までは太字表示）と整理しており、両者のニュアンスの違いが生じていたのである。そ
して、この頃には、岩手県復興計画（案）に記載される「漁業協同組合を核とした漁業、
養殖業の構築」のための具体策が議論され始めていた。

　以上のように整理すると、岩手県復興計画策定のプロセスで漁協の性格や機能、さらに
成果や問題、課題などに関する議論が欠如していたことがわかろう。宮城県の特区構想で
漁協の存在そのものが問われていた点に着目すれば、岩手県に重要な示唆を与えていたに

26　「漁業協同組合を核とした漁業、養殖業の構築」は以下の4点、すなわち①事務所の復旧と漁
　　協機能の早期回復、②倉庫、作業場等の共同利用施設の整備、③漁船、漁具、養殖施設等の生
　　産手段を漁協が一括整備し、組合員が共同利用するシステム等の構築と、担い手の確保・育成、④
　　つくり育てる漁業の基盤となるサケやアワビ等の効率的な種苗生産体制の構築から構成された。

もかかわらず、その点に敏感にならなかった、あるいはその点を整理しようとしなかった両委員会および岩手県の議論の進め方には重大な問題があったと言えよう。

これに対して、漁業あるいは水産業の復旧、復興のスピード、県漁連や各漁協の復旧（再建）業務への配慮などに鑑みれば、議論のタイミングとして望ましくないという批判がありうるが、むしろ漁協の存在を知らない県民の方が圧倒的に多いとすれば、突然「漁協を核とした」というインパクトの大きい項目が登場し、さらに、それに多額の公費が注がれる状況をみると、何らかの疑問をもつことは十分に考えられる。

(3)漁協研究の成果と岩手の漁協経営

ここでは漁協の全般的な研究や経営に関する分析があまりないなかで、最初に、漁協経営に関する実務家で、多くの統計・資料や内部情報をもつ山本辰義（2011年現在、漁協経営センター代表）の著書（1996、2002、2005）にしたがって、漁協研究の成果を整理し、前節までとは異なる角度から大震災前に漁協が直面していた共通の問題や課題などを把握する。漁協に関する議論を展開していくうえで、重要な素材を提供してくれるであろう。

山本（1996）では合併が進まない状況をみて、多くの零細漁協（例えば、職員数が10人未満、販売取扱高10億円未満など）が組織構造や経営基盤・状況が非常に脆弱であり、あるいは悪化しているために、合併を進め、漁業者の営漁と生活を守るための体制を確立することがひときわ強調されている。ただ、地域性に配慮しながら、1市町村・1郡・1湾1漁協あたりを目指し、連合会（県漁連）の補完・調整・代行機能を重視、強化する。岩手については、「すでに一定規模に達した漁協が多く、特に（合併：筆者注）協議会を設ける必要がないとみられる」とする。新世紀に入って合併が岩手を含め全国規模で急速に進んだことから言えば、今後、急いで合併しなくてもよいことになる。合併論議を契機にせず、むしろ定期的に組合員間で経営方針（ビジョン）を共有、あるいは再考し、また、経営状況を共有、改善する。同時に、財務（経営）状況が合併の是非のすべてでないことも確認されるべきである[27]。

27　山本（1996、pp.207-208）は「いま行政と漁協系統が一体的に進めている資源管理型漁業へ移行するためには漁協以外の漁業権管理団体を考え難い。漁場管理は漁業者の自主管理を基礎にしなければならないからである」「漁協による漁業権の所有と管理が民主的・合理的に行われているところほど素晴らしい漁協・漁村となっている。例えば北海道の湧別、野付、歯舞漁協、青森県尻野漁協、岩手県の各漁協、愛媛県遊子漁協、鹿児島県東町漁協などである。これに反して漁協による漁場管理の乱れているところに優良漁協・漁村の例はない。漁業権を漁協から切り離せというのは漁村の実態を知らぬ者の言い種にすぎない。結論をいえば漁協から漁業権を切り離すことには反対せざるを得ない」「活性化の問題は漁協の漁業権所有と次元を異にする問題である。漁業者の基本的権利を一時の思いつきでいじりまわすのは禁物である」と鋭く指摘している。

山本（2002、2005）でも著者の主張はとりわけ漁協としての機能（総合事業）を果たすための最小規模の基準提示で首尾一貫している。彼は「県一漁協」（＝自立漁協）のような「広域漁協論」に対して異を唱えており、それが目的化している議論や実例を批判し、それよりも組合員の期待に応える経済機能の強化策こそが重要であり、漁村共同体の特徴を生かし、組合員の参加を促進しながら、信頼を基軸に事業を展開すべきであると主張する[28]。また、合併しても、問題が結局先送りされたり、経営に対する責任感が希薄になったりしても意味がない。執行体制の一新や業務の徹底的な見直しあるいは事業の再構築などが必要である点に言及されている。

　次に、岩手の沿海地区（沿岸地区）の漁協の経営状況を限られた資料の範囲で整理しておく（「岩手県水産業の指標（平成22年度）」他）。2000年（38漁協）、05年（27漁協）、09年（24漁協）の順で、1漁協当たりの組合員数は478人、597人、602人で、そのうち正組合員数は349人、434人、446人、准組合員数は129人、163人、157人である。全漁協の組合員数は2000年18,176人、09年14,452人と減少しているが、1漁協当たりでみると、合併のために増加し、中堅規模といったところである。

　主な経済事業の状況について、1組合平均でみると、2000年、05年、09年の順で販売事業は6.4億円、8.4億円、8.9億円、漁業自営（定置）は2.2億円、2.4億円、2.8億円、購買事業は2.1億円、2.4億円、2.3億円、冷凍・冷蔵事業は1.3億円、1.4億円、2.0億円で、良好である（信用事業は2003年度途中で信漁連に譲渡されている）。（正）組合員1人当たりでみると、生産水準は高まっていると言えよう。

　経営状況（財務状況）は表5-6、表5-7のとおりである。損益状況は総利益率、利益率、当期純利益率を中心にみれば、決して悪くないし、1990年代も同様の傾向である。ただ、他県でも同じ傾向であるとは言え、事業外収益の大きさは特異であり、2000年度は異常であったと言わざるを得ない。

　これに対して、財務状況をみると、当期未処分剰余金のマイナス、つまり損失金の規模が目立つ。それは1990年代に入って増大し、2004年に－36.0億円となり、09年に－13.5億

28　山本（2002、pp.89－90）では水協法施行50周年記念第6回全国漁協大会（1998年11月）の資料「組合員意識調査」が取り上げられ、「漁業を良くするために必要なこと」として、①価格の安定向上43.4％、②資源の維持増大36.2％、③経営の合理化7.7％の順となり、「漁協への満足度」については、①多少不満である44.3％、②満足している34.3％、③不満である9.0％となり、「不満（①と③の合計）」が53.3％におよんだことが示されている。そして、同書では「組合員・漁民と漁協経営者は、何よりも『資源の維持』と『魚価の向上』を願っている。また、漁協の事業に対して不満があるのは常に『販売事業』がトップであり、二位の『信用事業』への不満の2倍以上の数字が出ている。それは、第一回の全国漁協大会以来一貫してあらわれている特徴である」と言及されている。これらに関わって、長年にわたり、それらの点で成果を収めている先進事例があるにもかかわらず、それが一般化しなかったり、広域的に実践されていないのが現状であると指摘されている。

表5-6 岩手沿海地区漁協の経営状況（損益）　　　　　　　　　　　　　　　（金額単位：万円）

	2000年度	2005年度	2009年度
事業収益	4,503,088	4,191,840	4,155,310
事業直接費	3,972,825	3,775,781	3,748,559
事業総利益 （総利益率：%）	530,263 (11.8)	416,059 (9.9)	406,751 (9.8)
事業管理費	509,832	395,842	375,064
事業利益 （利益率：%）	20,431 (0.5)	20,217 (0.5)	31,687 (0.8)
経常利益	22,164	13,257	25,930
事業外収益	355,611	163,191	90,129
事業外費用	353,878	170,151	95,886
特別利益	6,673	9,978	12,614
特別損失	6,438	4,012	14,277
税引前当期利益	22,398	19,223	24,267
法人税・住民税	15,947	9,135	24,969
当期剰余金（当期純利益率：%）	6,452(0.1)	10,089(0.2)	△702(0)

〔出所〕岩手県農林水産部ホームページ「岩手県水産業の指標（平成22年度）」より筆者作成。

円まで縮減している。事業未払金が20億円前後で高止まりしていることも目につくが、時系列でみて近年、財務改善が進んでいる。

　多くの漁協から、経営（財務）改善にとって定置網漁（自営）で稼ぐことができれば何とかなると聞いた。その黒字分で赤字分をカバーするようである。ただ、これは大震災前にも岩手スタイルのようなニュアンスで強調されていたが、組合員間では組合員の方をしっかり向いておらず、組合（職員）・組織ありきという声もある[29]。いわゆる漁協のサケ漁（半）独占および収入吸い上げは小さくない問題となっており、朝日新聞2011年9月2日付でも取り上げられている。これに対して、いくつかの漁協から中長期的な課題として水産資源管理の水準の向上や販売システムの改善、需要の開拓、養殖における漁場有効利用・品質向上が聞かれたが、多くの漁業者に対するヒアリングのなかで誰一人として、それらについて批判はなかった。

　なお、旧山田湾漁協（組合員約350人）は2007年に、サケの定置や養殖カキの水揚げの不振が決定打となった経営悪化（負債総額約27億円）を主な理由として民事再生手

29　筆者が2009年8月の大槌町社会・経済調査の際に入手した、大槌漁協「第38年度業務報告書」（08年度）では「まだまだ組合の経営収支が自営定置等の事業収益に大きく依存していることから、本年度のような場合、サケの不漁が大きく影響を及ぼし、サケに関連する自営定置部門、増養殖部門、魚市場部門等の事業収益が減少し、本年度決算は、事業収益が7億5千160万円で前年比9千660万円の減、事業利益は625万円と前年度事業利益1億1千880万円を大幅に下回ることとなり、平成20年度決算において15,097千円の損失金を計上することになりました」と記されている。

表5-7 岩手沿海地区漁協の経営状況（財務） (金額単位：万円)

		2000年度	2005年度	2009年度
流動資産	受取手形	9,087	6,319	4,551
	事業未収金	373,219	324,580	307,723
	貸倒引当金	△72,664	△92,455	△44,770
	棚卸資産	199,554	151,486	166,167
	その他	1,262,099	727,137	707,575
	小計	1,771,295	1,117,066	1,141,246
固定資産	減価償却資産	1,515,105	1,361,734	1,111,625
	無形固定資産	3,266	5,507	4,668
	外部出資	379,421	452,139	422,857
	その他	82,100	244,701	59,012
	小計	1,979,892	2,064,081	1,598,162
繰 延 資 産		68,715	72,042	35,093
資 産 合 計		6,914,893	3,253,189	2,774,501
流動負債	支払手形	5,231	2,365	1,648
	事業未払金	165,220	194,819	198,502
	短期借入金	140,452	305,598	115,998
	その他	451,386	239,318	157,161
	小計	762,288	742,100	473,308
固定負債	証書借入金	1,228,846	953,964	446,242
	その他	451,594	359,606	408,548
	小計	1,680,440	1,313,570	854,790
負 債 合 計		5,492,922	2,055,670	1,328,098
資本	出資金	848,186	833,444	803,412
	特別準備金	215	290	290
	諸積立金	855,882	683,340	784,787
	当期未処分剰余金	△282,312	△319,554	△135,399
	小計	1,421,971	1,197,520	1,453,090
負債・資本合計		6,914,893	3,253,189	2,781,188

※1．流動資産のうち「その他」には共済事業資産を含む。
　2．流動負債のうち「その他」には共済事業負債を含む。
〔出所〕表5-6に同じ。

続きを決めたという意味で経営破綻した経験があるが、既述のとおり、今回の大震災時には沿岸七つの漁協が、欠損解消のため事業の総点検が必要な「要改善漁協」（水産庁の選出）として再建途上だった。

　岩手における漁協の大震災直前の経営は県全体でみれば、他の都道府県に比して良くもなく、悪くもなくといったところである。数値ありきではないにしても、経営状況はいずれ地域ぐるみで議論されるべきテーマであろう。

〈5〉 岩手における漁業再建の基本課題

　JF全漁連（2011）では国の2011年度第2次補正予算（以降）における事業措置（財政措置）を見据えて、JF全漁連の具体的な復興策として、「共同経営方式の導入など、漁業操業・経営・運営体制の在り方」「生産から加工・流通・消費に至る一体的体制施設整備」「漁協の基盤強化・機能維持支援」「効率的かつ安全な漁村整備・まちづくりの在り方」「当面の収入確保策（漁業者）」の5本柱が掲げられている。これらは次の点が明示されているために、意義あるものと考えられる。すなわち、「漁協は、その行う事業によって組合員のために直接の奉仕をすることを第一義とし、営利を組合事業の目的としてはならない。漁協と農協等の他の協同組合組織との大きな違いは、漁業権の保有である。現行漁業制度は、民主的な調整機構の運用による水面の総合的高度利用を実現するために漁協に漁業権を免許し、漁場秩序を維持する公的役割を委ねている」。これは大震災および宮城県の特区構想を機に漁協の原点に立って再出発するあらわれである。

　また、大震災後の厳しい漁協経営に言及したうえで、被災漁協に対する支援策（国に対する支援等の要請を含む）として、①漁協事業が「一応の復旧を遂げるまで」の漁協機能維持のための措置、②漁協施設の再建と機能の回復、③漁協の復興事務経費の補てん措置、④漁協所有形態による漁業用資材の取得と漁協自営事業の支援、⑤被災漁民のためのJFマリンバンク機能の強化があげられている。これらの大半に対して、すでに過去にない規模の公費（国費）が投入されているので、岩手県内の漁協においても、少なくとも関連する収支を中心に漁協経営状況を国民および地域住民に説明する責任と義務がある。これに対して岩手県復興計画にみるように、とくに漁業の復旧、復興にあたって漁協を「核」とすれば、岩手県は漁協に対する支援の透明化を図りながら、漁協、さらに漁業の主体全般に関する地域ぐるみの徹底した議論を積極的にコーディネートするべきである。

　山本（1996）では漁協運動の課題として、第一に、漁村の自立（自律）と漁業経営の安定（営漁指導事業の充実・強化）をあげ、資源管理型漁業、地域営漁計画、個別営漁計画を強調する。これらは互いに関連し、どれか一つでよいというものではない。いずれも協同の実質化の点で当を得ているし、それらに対する県漁連の補完・調整機能や、漁村のインフラ整備に対する市町村、県の役割も重要であろう。

　第二に、漁協の経営基盤強化（合併、事業統合）である。この点はすでに言及したとおりである。多角的な事業連携・協同は岩手県復興計画を含め至る所で指摘されており、今後、それに向けた議論の土台づくりが要請される。その対象は漁協間や加工業、流通業、観光業などに限らず、農協（JA）や森林組合であってもよいであろう。

　第三に、人材確保・養成（漁村のリーダー、漁協の経営者育成）である。発展し安定している漁村や漁協を見ると、結局は「人（人材）」であると言う。優れたリーダーがいる

にこしたことはないが、組合員間で学習、議論を徹底して行い、会議・事業等のあらゆる面で「自治・参加」を求める。協同組合が民主主義の学校と言われる所以である。

　岩手県内では慣例として一世帯一組合員となっている漁協が約4割となっており、若い担い手や女性が漁協経営に直接参画しにくいという無視できない問題がある。岩手県の言葉を借りれば、「とる漁業」から「つくり育てる漁業」への構造転換推進やさまざまな水産業の主体との連携などにおける漁協の多角的活動の可能性を重視すれば、若い担い手や女性が十二分に能力を発揮できる条件づくりは不可欠であり、一世帯複数（正）組合員の拡大はその一つにあげられる。

　岩手日報2012年4月12日付は「県漁連（大井誠治会長）などは本年度、県内24漁協の組織再編を含めた中長期的な『復興ビジョン』を策定する。漁協合併も視野に組織力強化の方向性を検討」「復旧・復興事業や組合員数の減少動向などを見ながら合併の必要性を協議。各自治体の意向や地域事情を踏まえ、必要がある地区については復興ビジョンに盛り込む方針だ」と報じ、「東日本大震災後は24漁協を核に復旧・復興施策を進めてきたが、震災で財務状況が厳しい漁協もあり、合併推進は避けて通れない状況だ」と問題提起している。

　これに対して、「県漁連は04年、組織強化計画を策定。県内1漁協体制の前段として11拠点漁協体制への再編を目指したが、漁協間の財務格差などから難航。10年度以降は新しい合併計画の策定を目指していたが、震災により議論は棚上げになっていた」（岩手日報2012年4月12日付）ということなので、今後の動向が注目されるが、宮城と違い、岩手にとっては大震災という機会だからこそ、復旧を進めながら原点に立ち返った議論を地域ぐるみ、県全体で行うべきである。漁協さらに地域の自律性、主体性を活かす、あるいは高める点ではそうすることは決して手遅れでないし、遠回りでもない。

第Ⅱ部 東日本大震災からの復興における岩手の自治体行財政

第6章 市町村の震災対応財政
―― 2011・12年度を中心に

はじめに

東日本大震災は第二次世界大戦後の災害のなかで最大の被害をもたらした。被災地の復興は多岐かつ長期におよび、地域間・個人間で進捗に違いを生むために、それを担う国・地方自治体（都道府県・市町村）、民間企業、非営利・協同組織などの強力かつ継続的な連携を不可欠とする。同時に、復旧、復興には過去にない膨大な費用を要し、国・地方自治体の財政もその例外ではない。むしろ、震災対応のための財政は、被害が大きいほど重要性を高めることになる。それがゆえに、震災対応財政のあり方をめぐって、その定期的な振り返りは欠かせない。

地方財政分野における災害財政研究は宮入（2006、2013aなど）にみるように、災害の政治経済学として地方分権・住民自治および被災地・被災者の視点から、国の災害対策・復興政策に対する批判を中心に展開し、国と地方自治体の財政課題を提起してきた。しかし、先行研究では国・自治体関係の側面に比して、地方財政に欠かせない自治体財政運営（マネジメント）の側面は、復旧・復興が多岐かつ長期におよぶほど強く問われるにもかかわらず、十分に分析されていない。したがって、震災対応財政を振り返る場合、両方の側面に焦点を当てることが考えられる。

本章の目的は地方自治体の大震災対応財政の2年間、つまり、2011年度および12年度の実態と課題を明らかにすることである。なお、地方自治体と言っても市町村（基礎自治体）と都道府県（広域自治体）があるが、ここでは災害対策の主体の基本である市町村を主な対象とする。

---

1 本書では「震災対応財政」という用語を多用するが、震災からの救助・救援、復旧、復興などに関する地方自治体の活動に伴う財政をさす。ただし、被災自治体の予算や決算では「震災対応分」および「通常分」（歳入・歳出等の総額から震災対応分を差し引いた分）が用いられるものの、それらの違いは個々の自治体で細部についてはっきりしていないし、自治体間でも異なる。自治体職員の給与等である人件費において両者の線引きは不明瞭である。今回の財政分析に際しては、全市町村から両者を区別した予算・決算等のデータを入手できなかったが、入手しても分析に不十分さを残すことに言及しておく。なお、公表データの範囲では区別していない市町村がある。

〈1〉 東日本大震災に関する復興財政の動向とその論点

(1)先行研究

　災害財政分析の代表的な先行研究として、宮入（2006など）、武田（2009など）、池上（2013）などをあげることができる。とくに宮入興一は国内外のさまざまな大災害を対象にし、総論、各論のいずれにおいても優れた研究を蓄積している。それらの特徴として次の5点があげられる。

　第一に、平時の国と地方の財政関係にもとづき、国の補助事業が中心であるために、被災自治体の復興のための努力が国への陳情と国庫財源への依存体質を深め、各省庁による縦割りの行財政管理の強化をもたらす。東日本大震災では復興庁が新設されているが、各省庁との調整機関にとどまり、かえって集権的性格を強めることにならないかが問われる。

　第二に、災害対策・復興政策における原形復旧に対する国庫負担の限界を明らかにした。東日本大震災では同じような災害による被害を防止、軽減する目的をもつ改良復旧が積極的に認められ、原形復旧を否定するケースが多々みられる。地域経済・社会との関連性が重要になる。

　第三に、国土保全・公共施設復旧優先主義がみられる。被災者に自助回復が強要されるもとでは個人の災害保障や生活・生業再建より公共施設（とくに産業基盤）の災害復旧や治山治水、道路などの従来型の公共土木事業に偏っている。

　第四に、個人・法人の資産形成に資する措置を一貫して拒否している国の対策の難点を指摘してきた。とくに被災者の生活再建のあり方は重要な論点とされ、被災者生活再建支援制度の根幹である支援金の増額、支給対象の拡大、国庫補助率引き上げなどの不十分さが明らかにされてきた。

　第五に、被害の長期化、複雑化に対応する国の財政措置がきわめて不十分であること。東日本大震災で言えば、漁村地域では生業、生活、コミュニティが一度に崩壊したケースが多くみられ、これらの一体的な再建が長期を要するのであれば、国の総合的、継続的な対応が問われることになる。

　こうして先行研究では国・自治体関係の側面が主たる対象になり、災害財政の課題にとって不可欠であることが示唆される。しかし、この点は復旧・復興が多岐かつ長期におよんでも有効であるものの、実際には、過去の大災害にみるように発災から1、2年で国の震災対応財政の見直しにブレーキがかかる。復旧・復興はその後の方が長く、むしろトータルでみれば通常対応を含む自治体財政運営の側面も同程度に重視する必要がある。また、盾の両面を構成する行政運営（体制、政策、計画など）との関わりも欠かせない。

　先行研究では国の災害対策に対する批判に重点がおかれるがゆえに、地方自治体の財

政運営については、その問題がどのような形であらわれるかに焦点が当てられ、広く分析しきれていない。例えば、青田（2011など）をヒントにすれば限られた基金や自主財源を使って、いかなる事業を実施し、どのような効果があったのか、また、特定財源を用いた事業でも限られた裁量のなかでどのような工夫をしたのか、という点は住民・地域の生活や仕事の再建にとって重要であるにもかかわらず、十分に分析されなくなる。

(2)新たな財政措置

以上の点を踏まえて、国の東日本大震災対策を整理することから始める。その初期における主な動向として、2011年6月の東日本大震災復興基本法の施行があげられる。それは復興の枠組みを構築するための特別法であり、基本理念を「単なる災害復旧にとどまらない活力ある日本の再生を視野に入れた抜本的な対策及び一人一人の人間が災害を乗り越えて豊かな人生を送ることができるようにする」他5項目とする。基本的な施策として復興のための資金確保への努力、復興債の発行（その他の公債との別管理および償還の道筋の明示）、復興特別区域制度の整備が提示され、また、東日本大震災復興対策本部（以下、復興対策本部と略称する）の創設および復興庁の時限的設置があげられている。

復興対策本部は東日本大震災復興基本法にもとづいて2011年7月に「東日本大震災からの復興の基本方針」（以下、復興の基本方針と略称する）を公表した。復興の主体として地域・自治体が基本とされる一方で、「日本経済の再生なくして被災地域の真の復興はない」「活力ある日本の再生のため」に取り組む、さらに「活力ある日本の再生の先導的役割を担う」ことが強調され、被災地目線で多くの批判を招来している。

復旧・復興等の財源は集中復興期間とされる2011～15年度に国・地方（公費分）合せて少なくとも19兆円程度とされていたが、12年12月の政権交代後に、安倍政権は25兆円程度に拡充し、拡充分は増税なしで対応している。復興の基本方針では10年間で23兆円程度とされていたので、25兆円程度からの上積みを早急に議論する必要がある。

復興対策本部を引き継いで、2012年2月に復興庁が21年3月までの時限で設置された。復興庁は自治体ニーズへのワンストップ対応、復興特区の認定や復興交付金の配分に係る業務、復興施策の企画・立案や実施の推進、各省庁との連絡調整などを担っている。

復旧・復興財政の全体像は補節で整理されているとおり、国の予算編成状況（補正予算を含む）をみることによって知ることができる。2011年11月21日成立の2011年度第3次補正予算は11兆円超であり、実質的な大震災経費はもう少し小さいものの、復旧・復興のための本格的な予算であることがわかる。そして、東日本大震災復興特別会計の2012年度の当初予算37,753億円、補正予算11,953億円、13年度の当初予算43,840億円があげられる。

東日本大震災に伴う補正予算では従来とは大きく異なる財政措置がいくつかみられる。その多くはもともと過去の大災害において地域・自治体などから要望されたものであった。宮入 (2013bなど)、桒田 (2014) などの研究を踏まえて整理しておく。

第一に、復興債とその償還のための増税である。主な増税に関して、①所得税は「復興特別所得税」として2013年1月から25年間、税額に2.1％上乗せする。②法人税は2011年度税制改正を踏まえて実効税率をいったん5％引き下げたうえで、「復興特別法人税」として12年4月以降に始まる事業年度から3年間、税額の10％とする。③個人住民税は均等割を2014年6月から10年間、納税者1人当たり年間1,000円増額する。これらの措置により10.5兆円の増税が想定されている。ただし、所得税と法人税の取扱いには格段の差がみられ、所得税の増税規模が目立ち、将来世代も負担する一方で、法人税の増税は実質的に回避されている点に注意を要する。

第二に、「東日本大震災復興交付金」(以下、復興交付金と略称する) と呼ばれる一括交付金であり、「東日本大震災復興特別区域法」にもとづき復興特区とされた被災自治体 (市町村中心) に交付される。復興交付金の対象事業はインフラ関連の既存の国庫補助事業を主体とする「基幹事業」(道路整備、災害公営住宅整備、集落の集団移転など5省庁にわたる40事業) とそれに関連する被災自治体の独自施策の「効果促進事業」に分けられ、災害復旧事業とは区別されている。これらについて交付金事業計画をもって一括申請でき、交付決定も一括で行われる。また、基金化により複数年度で執行することも可能である。ただし、復興交付金は大震災前後の補助金改革を背景に「使途の自由度の高い」資金とされ、ハード、ソフトの両事業を実施することができるが、5省庁の40事業という制約があり、それもハード中心である。被災自治体からの改善要望が相次ぎ、採択範囲の拡大や手続きの簡素化など運用の弾力化が少しずつ図られている。

第三に、通常の特別交付税とは別枠の「震災復興特別交付税」(以下、復興特別交付税と略称する) である。被災自治体の復旧・復興に関わる国庫補助事業に伴う財政負担や、復興交付金事業に伴う補完財源を軽減、ゼロにするために相当規模が交付され、大震災経費以外の自己負担 (被災自治体の通常対応財政) に影響をおよぼさないよう区別されている。その他にも単独災害復旧事業、中長期職員派遣、地方税法等の特例措置による地方

2　2013年12月13日に決定された与党の2014年度税制改正大綱において「復興特別法人税」が1年前倒しの13年度末で廃止されることが明記され実施に移されている。

3　復興特別交付税にかかる自治体財政の負担ゼロは復旧・復興事業のすべてを意味しない。筆者の聞き取り調査によれば、釜石市では土地区画整理事業において市独自 (単費) の負担が生じている。宮城県東松島市では、災害公営住宅整備に伴って補助 (交付) 対象外で、入居者負担となっている居室の照明器具、浴槽のふた、洋式トイレの温水洗浄便座に対して市が独自に負担している。また、佐々木伯朗准教授 (東北大学) によるある自治体に対する聞き取り調査によれば、大型の復興車両のようにこれまでにない車両通行により傷んだ地方道の補修・改修は自治体の持ち出しである。

税の減収などの算定項目があげられており、交付対象は重要な論点である。復興特別交付税の交付により、阪神・淡路大震災のケースにおける「起債と交付税措置」という手法はほとんど適用されていない。復興交付金とともに復興特別交付税は「集中復興期間」に確実に実施が見込まれる施策として位置づけられているので、その後のあり方が問われている。

　第四に、2011年10月に創設された「取崩し型復興基金」である。この財源は被災自治体が地域の実情に応じて、単年度予算の枠に縛られずに弾力的かつきめ細やかに対処できる資金に位置づけられる。「取崩し型」は低金利の状況では従来の「運用型」が有効でないことによる。この復興基金は1,960億円の規模（2.3兆円程度の運用型基金に相当）であり、特別交付税により財源措置されており、岩手、宮城、福島など9県を対象とする。それは阪神・淡路大震災のケースや被災自治体の標準財政規模等にもとづいて算出されている。[4] 基金の使途や運用の形態は各県の判断に委ねられるが、市町村の財政需要を踏まえることになっており、ほとんどの県において基金の半分程度は市町村に再交付されている（均等割や被害状況等にもとづく交付）。基金の使途はさまざまであるが、被災者新築住宅補助金（住宅再建支援）がとくに目につく。使途や規模のあり方は重要な論点である。

　第五に、中小企業の再建投資に対する「中小企業等グループ施設等復旧整備補助金（グループ補助金）」であり、2011年度第1次補正予算から登場している。複数の中小企業者から構成される「グループ」が産業活力の復活や雇用の維持などに重要な役割を果たすと見込まれる場合において、その事業に要する経費の一部が補助される。補助率は3/4（国1/2、県1/4）で、事業認定は県で行われ、工場・設備等の再建で一定の成果を収めている。この補助金は地域経済・雇用等への影響（外部性）を重視し、実質的に個々の事業所の再建に対する弾力的な支援の性格を備えるが、既述のとおり、第1次補助の時期が遅く、規模も小さかったために大問題となり、その後、補助の継続・拡充はあったものの、小さな改善にとどまっている。

　これらに対して従来からある被災者生活再建支援制度に言及しておく。この制度は自然災害により生活基盤に著しい被害を受けた者に対し、都道府県が相互扶助の観点から拠出した基金を活用して支援金を支給するとともに、国が支援金の一定割合を補助することにより、被災者の生活再建を支援し、もって住民の生活の安定と被災地の速やかな復興に資することを目的とする。今回、その基本はほとんど見直されていない。依然として、被災地から支援金（最大300万円）の増額、支給対象の拡大など制度拡充の要望は強い。生活再建はコミュニティ、さらに地域社会・経済の再建にも大きな影響を与えることによる。支

4　復興基金に対する財源措置にかかる特別交付税の算定方法は岩手、宮城、福島の3県とそれ以外で異なる。前者は阪神・淡路大震災のケースや被災自治体の標準財政規模、後者は岩手、宮城、福島の3県に対する措置額、大震災直後の特別交付税の特例交付、被災自治体の財政力指数を踏まえて算出されている。

援の性格ないし根拠でさえも論点にあげられる。国は首都直下大地震をはじめ将来想定される大地震に伴う巨額の財政負担に対する懸念から、支援の拡充に消極的である。また、別の理由もある。①支援金の増額に関しては、自助努力による事前対策への取り組みが阻害される。地震保険に加入したり、建物を耐震補強したりすべきである。②小規模自営業者への生業支援を通した生活再建に関しては、事業用資産は保険による備えが基本であるとともに、支援は融資が原則で他制度がある。

〈2〉岩手沿岸12市町村の震災対応財政

　ここでは国の復興財政や新たな財政措置などを踏まえて、岩手沿岸12市町村の2010年度以降の財政とくに震災対応の概況を明らかにする。一般会計を対象とし、先行研究が対象としてこなかった特別会計は後述の個別ケースに委ねたい。ここではさまざまな財政データおよび関連資料を用いるが、この点は先行研究においても重視されている。震災対応の状況が多面的かつ定性的、定量的に浮かび上がるからである。各市町村の財政データはホームページ、歳入歳出決算書、広報誌、筆者のヒアリング調査などにもとづく。

(1)大震災前

　最初に、岩手沿岸市町村の大震災前の財政状況を簡潔に整理しておく。それは表6-1のとおりであり、2001年度（決算額）と09年度（同）を比較することができる。その特徴は、第一に、いずれの市町村も財政力が弱いこと。歳入総額に占める地方税の比重は最大の釜石市でも23.9％（2009年度）で、田野畑村は最低の4.9％である。いずれも地方交付税の比重の方が高く、その増減は歳入のあり方に決定的な影響をおよぼす。いわゆる「三位一体改革」の影響により地方交付税の縮減が目立つが、他方、臨時財政対策債でいくらかカバーされており、特例交付金の存在とあわせて財源構造が多様化（複雑化）している。
　第二に、ほぼすべての市町村で地方債現在高は縮減しており、財政改革の成果があらわれている。表6-1には示していないが、歳入総額と同様に歳出総額も減少しており、これは性質別歳出で言えば、普通建設事業費の大幅縮減の影響が大きい。これに対して、目的別歳出では民生費が最大の比重を占め、21世紀に入って歳出構造は様変わりしているが、経常的経費の増大は抑制されている。財政改革の成果については、数値として改善されても、地域住民に対する行政サービスの質・量が低下すれば意味はないので、注意を要する。
　第三に、いずれの市町村も人件費を大幅に削減していること。人件費全体だけでなく、職員1人当たり平均給料月額も低下している。金額に限らず、職員数についても表6-2のと

表6-1　岩手沿岸市町村の財政状況（2001年度と2009年度）　　　　（金額：億円、1人当たり額：万円）

	歳入総額	1人当たり額	地方税	1人当たり額	地方交付税	1人当たり額	人件費	1人当たり額	地方債現在高	1人当たり額	積立金現在高	1人当たり額	財政力指数
洋野町	111.7	57.2	11.7	6.0	52.0	26.6	18.3	9.4	115.9	59.4	32.7	16.7	0.23
久慈市	207.5	54.2	40.7	10.6	67.0	17.5	31.0	8.1	275.9	72.1	16.3	4.3	0.39
野田村	32.4	59.4	2.9	5.4	17.6	32.2	5.2	9.6	42.3	77.4	12.7	23.2	0.16
	32.0	65.6	3.0	6.1	15.6	31.9	4.5	9.3	30.3	62.0	13.3	27.1	0.18
普代村	33.3	94.6	1.8	5.2	16.9	48.1	5.9	16.8	50.1	142.2	4.7	13.4	0.13
	28.3	91.4	1.9	6.2	15.1	48.9	4.8	15.4	34.8	112.2	8.3	26.6	0.14
田野畑村	43.6	93.9	2.3	4.9	21.3	45.8	7.7	16.7	53.9	116.1	9.4	20.2	0.13
	45.8	115.1	2.2	5.6	19.2	48.2	5.5	13.9	47.9	120.4	17.0	42.8	0.14
岩泉町	93.5	70.9	7.3	5.5	48.9	37.1	19.1	14.5	124.6	94.4	32.1	24.3	0.14
	88.0	77.7	7.0	6.2	45.9	40.6	14.0	12.4	100.9	89.2	41.8	37.0	0.15
宮古市	328.5	54.3	55.3	9.1	119.2	19.7	53.1	8.8	388.1	64.1	40.0	6.6	0.36
山田町	89.1	41.3	11.4	5.3	37.0	17.1	19.1	8.9	86.7	40.2	22.5	10.4	0.25
	75.7	38.9	12.0	6.1	32.3	16.6	14.9	7.7	88.5	45.5	18.8	9.7	0.28
大槌町	69.3	38.7	10.3	5.8	30.0	16.8	15.2	8.5	72.2	40.4	10.6	5.9	0.27
	65.2	40.3	11.4	7.1	25.2	15.6	9.9	6.2	66.4	41.1	11.7	7.2	0.32
釜石市	198.0	43.0	47.2	10.3	55.8	12.1	36.9	8.0	180.3	39.1	33.9	7.4	0.45
	181.5	45.0	43.5	10.8	50.1	12.4	33.8	8.4	206.3	51.1	12.8	3.2	0.51
大船渡市	187.2	45.6	39.1	9.5	62.7	15.3	32.8	8.0	218.2	53.2	17.4	4.3	0.43
陸前高田市	132.3	49.9	16.9	6.4	52.6	19.8	27.4	10.3	156.6	59.0	14.0	5.3	0.26
	118.0	48.6	118.0	7.4	49.7	20.5	22.0	9.1	146.4	60.3	9.6	4.1	0.28
盛岡市	1,083.2	37.1	410.4	14.1	169.1	5.8	170.8	5.9	1,329.6	45.6	59.0	2.0	0.72

※1．上段が2001年度決算、下段が2009年度決算である。
　2．合併した洋野町、久慈市、宮古市、大船渡市は2009年度のみで、参考までに盛岡市の2009年度の数値を記載している。
〔出所〕総務省「決算カード」より筆者作成。

表6-2　岩手沿岸市町村における総務省「集中改革プラン」にもとづく職員数の変化と大震災による犠牲職員数

自治体名	正規職員数				職員の犠牲（死亡・不明）			
	2005年4月1日	2010年4月1日	増減数	増減率	正規職員数・構成比		非正規職員	合計
陸前高田市	322	293	▲29	▲9.0	68	23.2	45	113
大船渡市	440	412	▲28	▲6.4	1	0.2	0	1
釜石市	567	422	▲145	▲25.6	4	0.9	2	6
大槌町	171	137	▲34	▲19.9	33	24.1	7	40
山田町	210	185	▲25	▲11.9	2	1.1	0	2
宮古市	822	671	▲151	▲18.4	0	0	0	0
岩泉町	207	184	▲23	▲11.1	0	0	0	0
田野畑村	86	74	▲12	▲14.0	0	0	0	0
普代村	74	61	▲13	▲17.6	0	0	0	0
野田村	55	55	0	0.0	0	0	0	0
久慈市	422	383	▲39	▲9.2	0	0	0	0
洋野町	342	310	▲32	▲9.4	0	0	0	0
合　計	3,718	3,187	▲531	▲14.3	108	3.4	54	162

※1．釜石市については「釜石市民病院」の廃止による職員数の減を含む。
　2．自治体職員の犠牲数（死亡・不明）には消防職員（7人）は含んでいない。
〔出所〕岩手県市町村課資料より筆者作成。

おり、総務省が2005年3月に策定した「集中改革プラン」(「地方公共団体における行政改革の推進のための新たな指針」)にもとづいて大幅減となっている。一般事務職に限らず、公共事業の縮小により、土木系の技術職員も削減されていた。消防職員は微増していたものの、基準人員に対する充足率は県内平均を下回っており、陸前高田、宮古、久慈の各消防本部は50%を割っていた。

とくに大槌町については、もともと職員数は類似団体のなかで少ないにもかかわらず、その減少率は20%で、市立病院の廃止の影響により大幅減となった釜石市に次いで高い数値である[5]。さらに、給与水準も類似団体の平均を大きく下回っていたにもかかわらず低下していた。2009年4月23日付の大槌町行政改革調査会による「第4次大槌町行政改革第2期実施計画の推進に対する意見書の提出について」(町長宛)では6項目の意見の一つに「職員数の削減による行政サービスの低下懸念への対応を図ること」があげられるほどであった。

(2)大震災後

1) 歳出

次に、2010年度以降の財政とくに震災対応の概況である。第一に、決算をみると、被害が大きい市町村ほど歳出総額が伸びており、2012年度は2010年度比で大槌町14.8倍、山田町11.2倍、陸前高田市8.9倍である(表6-3)。通常分に変動がないので、復旧・復興事業の規模がどれほど大きいかがわかろう。大船渡市では2011年度歳出総額(決算)489.8億円のうち、復旧・復興事業に要した経費は66.2%を占める。また、最終予算831.0億円のうち37.2%の309.5億円が2012年度に繰り越されている。これらのパーセンテージは被害が大きい市町村で高い[6]。低い執行率の要因として、国・県の年度途中の補助決定による繰越事業の増加、事業実施のための関係機関との調整や住民との合意形成、入札不調等による事業着工の遅れ、事業者の工事未了(資材の入手困難や工事従事者の不足

---

5 朝日新聞2011年9月20日付は8月の町長選で新町長となった碇川豊氏に対するインタビューで、復旧、復興にあたって町外からの人材登用も迫られているのでは、という問いに対して、「大槌は閉鎖的だと言われる。役場もそうで、県との人事交流や民間の登用がほとんどなかった。ここ20年はゼロです。経費節減の影響もあるのですが、無理してでもやる気、能力のある人材を登用しておけばよかったと後悔しています」と答えたことを紹介している。

6 岩手県(2013b)では以下の要望が出されており、いくつかの市町村でも同様のことが聞かれた。①被災地の繰越手続の簡素化。②被災地の復旧・復興の進度に応じた予算配分。2012年度予算のうち、やむを得ず執行不可能となった予算については、後年度において国が再度予算を計上するとともに、被災地の復旧・復興の進度に応じた予算配分措置を講じる。③復興事業の進捗状況を踏まえた財政措置。2011年度補正予算を活用した復興事業のうち2013年度に事故繰越をした予算について、年度内に完了できず、やむを得ず執行不可能となった場合は、国が後年度に再度予算を計上するなどの措置を講じる。

表6-3 岩手沿岸市町村の目的別歳出（2010・11・12年度）　　　　（金額：億円）

	歳出総額	総務費	民生費	衛生費	農林水産業費	土木費	災害復旧費	公債費
洋野町	113.9	19.4	23.6	10.6	13.7	8.2	0.7	13.2
	104.5	11.3	28.0	10.8	10.7	9.0	0.1	13.2
	137.0	28.8	26.4	9.8	21.9	8.3	4.6	13.1
	121.5	10.5	27.5	11.2	11.2	10.2	4.5	13.7
	136.8	20.5	24.7	10.8	14.3	9.2	7.3	13.6
久慈市	194.9	28.0	57.4	10.5	9.3	20.8	1.6	28.2
	192.8	20.7	54.7	13.2	10.7	17.0	0.5	28.2
	225.7	50.2	57.6	11.7	9.4	16.9	4.9	29.5
	219.7	27.6	54.2	15.8	12.5	18.3	4.6	28.9
	292.3	76.5	58.3	16.1	18.8	16.8	17.4	28.2
野田村	35.5	11.5	7.5	1.6	2.2	2.3	—	3.4
	30.4	4.2	8.7	2.5	2.8	3.4	0.1	3.2
	77.1	34.8	9.0	8.4	4.7	3.3	3.4	3.2
	63.5	5.3	7.6	24.9	8.7	5.9	2.1	3.3
	163.7	87.6	9.6	38.1	5.5	7.5	5.8	3.2
普代村	32.2	11.1	4.5	1.2	2.1	2.6	1.2	4.1
	23.7	3.7	6.1	1.6	2.9	0.9	0.0	4.0
	46.4	15.5	5.5	1.3	7.2	9.7	7.4	4.0
	46.3	11.9	4.3	1.7	2.0	1.6	16.5	4.0
	45.3	13.5	5.1	1.5	1.6	1.4	13.8	3.9
田野畑村	40.5	10.1	6.5	1.6	5.6	2.2	0.6	5.7
	32.9	4.3	5.4	1.8	7.1	2.8	0.0	5.6
	106.8	54.6	13.7	1.7	13.2	4.2	4.9	5.7
	125.2	5.6	35.4	2.2	29.0	32.8	8.2	5.8
	187.3	117.1	16.4	1.9	9.6	5.5	19.6	5.7
岩泉町	101.3	25.6	18.3	5.4	12.5	7.5	—	13.8
	79.6	10.1	17.5	5.9	7.9	8.5	—	13.5
	117.6	36.4	17.8	6.2	13.8	7.3	4.7	13.1
	96.6	15.5	14.1	16.1	6.0	8.5	0.0	12.3
	141.1	44.4	15.6	15.5	9.0	10.9	12.2	12.1

など）などがあげられる。ハードの事業費は資材費や人件費などの高騰のために著しく増大し、高止まりしている状況である。

　第二に、被害が大きい市町村ほど、目的別歳出（決算）は多岐にわたって増大しているが、2011、12のいずれの年度においても衛生費は非常に高い水準であり、総務費は12年度に急増している（表6-3）。[7] 衛生費は主にがれき処理であり、総務費は基金への積み立てである。総務費には三陸鉄道災害復旧費補助も億単位で含まれており、岩手特有の構造が

7　災害救助費として横断的にみると、例えば大船渡市では2011年度が19.9億円で、その内訳は災害弔慰金・災害障害見舞金交付11.9億円、被災者住宅応急修理事業費2.3億円、災害援護資金貸付1.9億円などである。なお、大船渡市の義援金（2013年12月現在）は人的被害（死亡・行方不明）で対象者1人当たり180万円（うち市分8万円）、住家被害（全壊・全焼）で世帯主当たり同額である。陸前高田市や宮古市などとは1万円程度の違いである。

第 6 章　市町村の震災対応財政―2011・12年度を中心に

(金額:億円)

	歳出総額	総務費	民生費	衛生費	農林水産業費	土木費	災害復旧費	公債費
宮古市	295.1	37.1	83.1	17.4	11.2	27.2	0.1	40.9
	302.6	35.3	87.1	20.8	13.6	31.3	0.0	40.3
	508.3	122.5	107.1	88.6	11.0	23.3	38.3	39.4
	502.2	44.9	90.3	159.3	10.9	27.1	65.6	41.0
	980.9	482.3	82.5	154.8	11.9	25.6	116.9	40.3
山田町	71.2	11.5	21.0	5.0	4.1	7.0	0.1	10.4
	71.3	9.4	22.2	4.6	2.7	10.3	0.0	10.3
	213.7	72.4	45.9	38.9	13.8	6.9	4.9	15.8
	222.2	28.0	26.1	96.9	12.4	18.7	16.7	10.3
	799.5	609.9	26.3	63.6	49.9	12.0	13.6	9.9
大槌町	57.9	8.4	16.7	4.0	2.7	5.7	—	5.2
	54.9	7.3	17.4	4.7	2.4	3.4	0.0	7.0
	244.2	93.6	54.8	43.3	5.2	5.9	8.0	9.3
	127.7	8.3	27.0	49.5	5.0	8.1	5.7	6.9
	857.4	655.6	30.6	95.0	12.9	24.6	9.6	6.7
釜石市	169.8	28.0	54.4	16.9	5.0	10.8	0.2	20.3
	172.0	25.9	56.7	14.2	5.2	12.2	0.1	21.6
	476.6	161.3	84.5	94.6	29.5	10.5	17.4	21.2
	382.9	30.6	235.0	13.2	4.7	18.0	11.3	22.0
	1,083.1	688.8	136.0	48.3	57.0	40.5	30.5	21.4
大船渡市	181.3	27.0	48.7	13.6	8.7	18.4	0.4	20.2
	187.4	21.6	49.6	12.5	11.9	19.6	0.8	22.2
	489.8	128.6	65.4	192.4	8.7	13.8	9.9	21.6
	530.1	33.8	52.2	206.4	16.4	66.8	80.3	21.7
	893.5	510.4	58.0	164.4	23.4	29.6	35.4	21.5
陸前高田市	116.4	14.2	31.4	6.4	8.1	14.0	0.6	17.7
	108.0	11.6	32.5	7.3	8.2	11.1	0.0	18.2
	451.8	77.9	77.4	164.3	17.6	44.3	19.6	18.4
	660.6	14.8	34.5	240.2	51.4	243.2	15.5	16.2
	1,032.6	96.8	38.8	211.5	42.5	552.4	27.2	16.1

※1段目は2010年度決算、2段目は11年度当初予算、3段目は同決算、4段目は12年度当初予算、5段目は同決算である。
〔出所〕総務省「決算カード」、各市町村「歳入歳出決算書」、各市町村の広報誌などより筆者作成。

みられる。釜石市や田野畑村ではがれき処理は民生費に分類されており、陸前高田市では土木費に多額の積立金が含まれているために、他市町村と異なる状況がみられる。大槌町では2012年度歳出総額のうち総務費が76.5％を占める。がれき処理は2013年度予算（当初）でも小さくない比重を占め、久慈市では一般会計の約1割、野田村では約3割である。

　第三に、被害が大きい市町村ほど、性質別歳出（決算）のうち災害復旧費や普通建設事業費が急増している（表6-4）。例えば、山田町の2011年度決算における災害復旧費をみると、共同利用漁船等復旧支援対策事業、防災行政無線災害復旧事業、水産業経営基盤復旧支援事業が、普通建設事業費では避難所利用地等整地工事や仮設住宅建設に係る整地工事といった災害救助事業が実施されている。なお、他市町村等からの派遣職員を多く受け入れている市町でも人件費が目立って増大しておらず、釜石市では大震災前の水準を下回るが、派遣職員の給与に関する経費は補助費等（性質別）あるいは総

表6-4 岩手沿岸市町村の性質別歳出（2010・11・12年度） （金額：億円）

	歳出総額	人件費	普通建設事業費	災害復旧費	積立金		歳出総額	人件費	普通建設事業費	災害復旧費	積立金
洋野町	113.9	18.3	23.3	0.7	7.7	宮古市	295.1	52.5	49.3	0.1	5.8
	104.5	18.7	16.4	0.1	0.5		302.6	53.6	50.1	0.0	0.8
	137.0	18.3	33.9	5.4	10.3		508.3	52.8	33.8	39.8	86.3
	121.5	19.1	24.4	4.5	0.0		502.2	53.4	26.8	73.3	0.4
	136.8	18.5	27.5	9.5	8.3		980.9	52.1	35.3	123.7	422.7
久慈市	194.9	30.8	26.4	1.6	6.2	山田町	71.2	14.2	8.4	0.1	2.3
	192.8	32.1	28.0	0.5	2.0		71.3	16.0	9.1	0.0	0.1
	225.7	30.8	22.2	6.4	17.9		213.7	14.3	8.1	15.4	55.1
	219.7	32.8	40.9	9.2	2.2		222.2	16.1	22.2	16.6	8.2
	292.3	29.6	45.2	21.1	44.3		799.5	14.4	14.4	57.6	588.4
野田村	35.5	4.4	10.4	—	1.3	大槌町	57.9	9.7	8.8	—	2.0
	30.4	4.9	6.2	0.0	0.1		54.9	10.9	2.7	—	0.9
	77.1	4.4	5.4	5.5	30.1		244.2	10.1	9.7	19.2	81.3
	63.5	4.6	13.0	2.8	0.1		127.7	11.7	0.1	50.9	0.6
	163.7	5.0	13.1	8.2	79.1		857.4	10.1	28.1	119.4	630.0
普代村	32.2	4.8	8.8	1.2	2.6	釜石市	169.8	33.1	13.6	0.2	5.3
	23.7	4.6	4.9	0.0	0.1		172.0	34.2	16.3	0.1	0.7
	46.4	4.3	8.5	7.4	11.4		476.6	33.8	26.1	42.5	123.5
	46.3	4.6	3.4	13.5	4.7		382.9	33.2	153.6	16.7	0.1
	45.3	4.6	3.3	13.8	6.9		1,083.1	31.6	154.4	82.4	643.7
田野畑村	40.5	5.3	11.3	0.6	1.9	大船渡市	181.3	32.9	25.8	0.4	4.3
	32.9	5.6	6.7	0.0	0.1		187.4	34.9	31.1	0.5	1.4
	106.8	6.2	9.8	9.7	49.2		489.8	34.7	12.9	45.4	69.2
	125.2	5.9	56.8	8.2	0.0		530.4	34.9	60.5	79.2	1.1
	187.3	6.0	14.7	19.6	110.8		893.5	33.3	28.5	123.2	410.4
岩泉町	101.3	13.8	32.7	—	5.4	陸前高田市	116.4	22.2	24.8	0.6	0.5
	79.6	14.8	15.4	—	0.4		108.0	24.7	13.2	0.0	0.5
	117.6	14.1	22.6	5.1	16.5		451.8	23.3	9.1	19.6	104.5
	96.6	14.6	13.2	0.5	0.2		660.6	25.3	299.7	247.1	0.1
	141.1	13.4	21.1	13.7	31.2		1,032.6	24.3	75.7	27.2	612.1

※1段目は2010年度決算、2段目は11年度当初予算、3段目は同決算、4段目は12年度当初予算、5段目は同決算である。
〔出所〕表6-3に同じ。

務費（目的別）で処理されている。

　第四に、山田町、陸前高田市、大槌町などの積立金（決算）が2012年度に急増しており、大震災前の歳出構造と大きく異なる。膨大な規模の復旧・復興事業のなかで、計画的な実施あるいは実施の優先順などの点から復興交付金等がいったん積立金として措置されている。大槌町では2012年度歳出総額のうち積立金が73.5％を占める。山田町の2012年度決算をみると、復興交付金管理運営基金積立金が554.4億円、復興まちづくり基金積

立金（県からの交付金）が17.0億円である。これらは後年度に歳入として繰り入れられることになるが、釜石市の2013年度当初予算では基金繰り入れをはじめとする繰入金が歳入総額の39.8%を占め、特徴的な構造がみられる。

2）歳入

　歳入をみると、第一に、被害が大きい市町村において国庫支出金が急増しており、とくに2012年度決算は10年度と比べると、大槌町84.1倍、山田町72.8倍、陸前高田市48.8倍、田野畑村41.3倍である（表6-5）。これは災害等廃棄物処理事業、災害復旧事業費（漁港や市道など）、復興交付金事業などの主たる財源が国庫支出金であることによる。大槌町の2012年度決算では歳入総額のうち国庫支出金が75.4%を占める。国庫支出金と違って、地方税や地方債は減少している。前者については地域経済の甚大な被害や課税の減免措置があげられる。ただし、課税免除等による減収分は復興特別交付税により措置される。地方債に関しては震災対応財政において発行する必要がほとんどなく、他方で通常分でも発行を抑制したことによる。これに対して、被災施設について施設整備に要した起債（被災前）は地方債の性格によって強制繰上償還の対象となるが、今回のケースでは原則そのようになっていない。なお、復旧せずに施設を廃止する場合には起債の償還だけが残ることになる。

　第二に、地方交付税も著しく増大している。これは特別交付税および復興特別交付税のためである。2011年度の特別交付税の規模は10年度に比して、山田町13.0倍、釜石市5.9倍である。大槌町では18.8倍、陸前高田市では10.7倍で、普通交付税を上回っている。これは主に大震災による応急対策（被災者生活再建支援を含む）のための特別財政需要による。釜石市、久慈市、大船渡市、山田町など3市1町3村の復興特別交付税は特別交付税を上回っている。これに対して2012年度には地方交付税の総額はそれほど変わらないものの、特別交付税が大幅減少、復興特別交付税が大幅増加となり、陸前高田市と山田町では前者が1/10以下、後者が2倍超である。

　第三に、県支出金（決算）も急増している。これは主に大震災対応に係る国庫財源の受け入れや県単独補助事業であり、災害等廃棄物処理事業補助金が含まれる場合もある。ただし、県支出金に関しては陸前高田市や大槌町では2012年度に減少している。これは災害弔慰金負担金（民生費）の大幅減少を主たる理由とする。大船渡市の県支出金では、2011年度に復興基金市町村交付金や災害廃棄物処理促進事業費などが、12年度に

8　大船渡市の「広報大船渡」（No.994、2012年11月5日）には「まちづくり基金（津波復興分）」の主な活用状況が掲載されている。2011年度に活用した額は3.3億円で、被災した中小企業の店舗・工場の修繕補助金2.2億円、仮設住宅の集会所や外灯、駐車場の維持管理費1,600万円などがあげられている。2012年度の予算措置額は7.7億円で、被災した中小企業の店舗・工場の復旧補助金2.5億円、住宅移転等水道工事費補助金1.5億円、被災者住宅再建支援事業補助金1.1億円、住宅移転等敷地造成費補助金9,000万円などがあげられている。

表6-5 岩手沿岸市町村の歳入（2010・11・12年度） （金額：億円）

	歳入総額	地方税	地方交付税	国庫支出金	県支出金	地方債		歳入総額	地方税	地方交付税	国庫支出金	県支出金	地方債
洋野町	124.9	11.3	56.4	16.1	12.3	16.1	宮古市	306.4	54.2	128.7	36.0	17.9	35.8
	104.5	11.0	51.8	6.6	12.3	12.6		302.6	53.8	124.0	33.8	19.2	42.0
	148.7	11.4	61.6	21.7	22.8	10.0		569.0	44.4	204.3	121.2	121.1	24.7
	121.5	10.3	55.7	17.6	12.2	15.2		502.4	42.9	132.6	33.5	12.6	25.9
	145.9	11.5	58.6	17.7	16.3	18.5		1,053.1	48.5	221.2	228.9	425.7	24.4
久慈市	201.8	40.4	71.9	26.6	18.4	19.8	山田町	84.1	11.7	34.8	8.6	6.7	13.4
	192.8	38.2	69.3	23.7	15.9	23.5		71.9	11.2	31.5	8.7	6.6	6.0
	253.1	39.6	95.6	40.1	30.0	15.2		227.4	7.4	72.3	44.5	71.4	3.7
	219.7	34.1	73.5	29.9	24.5	37.0		222.2	6.4	52.1	108.3	31.7	5.1
	314.8	39.2	84.9	76.7	30.5	30.5		829.0	8.3	77.0	626.4	72.4	4.3
野田村	34.3	2.8	16.6	7.3	1.7	2.3	大槌町	67.1	10.6	27.3	8.0	4.1	7.3
	30.4	2.9	14.8	2.6	4.0	3.0		54.9	10.7	24.0	5.6	4.9	4.2
	84.9	2.1	27.5	37.2	10.7	2.2		280.2	5.1	79.8	80.5	84.5	3.9
	63.5	2.1	18.5	4.1	29.2	3.2		127.4	4.8	46.2	48.2	18.9	3.6
	171.3	2.3	28.7	72.2	49.5	2.0		891.5	6.4	69.2	672.6	68.8	4.5
普代村	32.9	1.8	15.7	7.2	1.4	3.3	釜石市	184.2	42.8	58.0	26.5	14.2	15.6
	23.7	1.8	13.7	1.0	2.2	3.1		172.0	41.1	53.7	22.0	14.3	16.4
	52.1	1.7	20.7	12.5	3.9	6.9		534.7	34.8	134.7	174.7	105.2	12.3
	46.3	1.6	21.6	9.2	1.9	2.2		382.9	32.9	64.0	192.1	31.3	30.5
	56.5	1.8	21.6	10.1	3.1	2.1		1,173.8	37.1	156.1	713.9	131.0	17.9
田野畑村	44.1	2.2	21.1	2.9	5.4	4.8	大船渡市	187.7	38.4	66.3	22.7	12.9	22.8
	32.9	2.1	18.3	2.2	1.7	5.7		187.4	38.4	65.0	19.5	17.9	26.3
	113.0	1.9	30.2	54.1	12.2	5.3		557.3	26.9	150.6	233.1	106.2	14.6
	125.2	1.8	30.2	32.6	9.2	5.3		530.1	25.8	51.2	235.5	40.7	11.7
	196.9	2.0	38.8	119.7	15.2	5.2		1,025.2	34.7	170.4	471.1	150.4	11.6
岩泉町	105.8	6.9	48.7	16.5	8.9	15.7	陸前高田市	120.9	16.9	50.8	15.3	8.0	13.8
	79.6	6.4	41.5	5.3	4.9	11.7		108.0	17.5	50.0	11.9	8.6	7.5
	127.6	6.7	57.4	25.1	10.9	14.5		511.5	8.7	133.6	217.2	102.4	7.0
	96.6	6.3	46.6	14.4	10.3	9.5		660.6	7.9	135.0	452.0	31.9	14.1
	147.3	6.8	58.8	38.3	12.5	11.9		1,111.6	11.8	130.8	746.3	73.8	6.5

※1段目は2010年度決算、2段目は11年度当初予算、3段目は同決算、4段目は12年度当初予算、5段目は同決算である。
〔出所〕表6-3に同じ。

復興基金市町村交付金や共同利用漁船等復旧支援対策事業費などがみられる。宮古市をみると、2011年度には復興基金市町村交付金が最大規模であり、次いで復興交付金となっているが、12年度には両者は逆転している。

第四に、復興交付金に言及しておきたい（表6-6）。復興交付金は財政規模を著しく増大させ、歳入・歳出構造を大きく変えている財源の最たるものである。第4回（2012年11

---

9 2012年度末時点における各市町村の復興交付金事業計画の進捗状況（契約状況）を所管省別にみると、野田村では文部科学省3事業、農林水産省13事業、国土交通省42事業が実施され、継続あるいは完了している。田野畑村は文部科学省3事業、農林水産省26事業、国土交通省26事業、環境省1事業、岩泉町は文部科学省5事業、厚生労働省2事業、農林水産省5事業、国土交通省11事業、環境省1事業となっており、被害が大きい市町村ほど多い（県が交付団体、事業実施団体となるものを含む）。

表6-6　岩手県内市町村に対する復興交付金の交付可能額（通知）　　　　　　　　　　（金額：億円）

	第1回	第2回	第3回	第4回	第5回	第6回	第7回
洋野町	12.6 (9.5)	—	2.7 (2.1)	7.9 (6.3)	—	—	3.2 (2.4)
久慈市	14.2 (10.0)	20.8 (15.6)	2.1 (1.6)	26.4 (20.4)	2.5 (1.9)	—	0.1 (0.1)
野田村	40.2 (33.4)	7.2 (5.7)	2.5 (2.1)	77.5 (63.7)	22.1 (17.6)	—	0.1 (0.0)
普代村	13.1 (9.2)	2.6 (2.1)	1.1 (0.8)	1.6 (1.2)	1.8 (1.4)	—	0.4 (0.3)
田野畑村	92.4 (75.4)	20.9 (16.3)	1.7 (1.4)	105.0 (82.4)	4.5 (3.5)	0.1 (0.1)	6.6 (5.4)
岩泉町	29.6 (23.4)	6.0 (4.8)	—	32.2 (24.6)	7.4 (5.6)	0.0 (0.0)	0.3 (0.3)
宮古市	134.9 (110.1)	27.7 (22.4)	32.4 (24.3)	355.2 (294.7)	39.2 (30.9)	26.6 (22.5)	48.6 (39.1)
山田町	79.3 (68.2)	317.9 (270.1)	14.2 (9.8)	354.7 (290.6)	53.2 (41.0)	24.4 (19.2)	16.8 (13.2)
大槌町	126.2 (108.0)	46.9 (40.4)	241.1 (204.1)	423.1 (341.1)	39.3 (31.3)	1.4 (1.1)	39.6 (28.7)
釜石市	175.7 (148.5)	164.9 (137.4)	174.8 (145.0)	196.7 (153.6)	245.1 (199.9)	12.4 (9.6)	54.8 (41.6)
大船渡市	98.7 (84.9)	84.0 (59.0)	52.6 (44.9)	364.5 (303.3)	20.7 (16.1)	45.6 (38.2)	66.8 (51.7)
陸前高田市	138.0 (115.2)	281.7 (224.7)	69.1 (49.9)	455.1 (370.1)	73.2 (56.2)	107.8 (93.1)	87.3 (66.5)
一関市	2.4 (1.8)	—	—	1.7 (1.5)	—	—	1.0 (0.9)
北上市	—	0.1 (0.1)	—	0.1 (0.1)	—	—	—
合計	957.2 (797.6)	980.6 (798.5)	594.3 (485.8)	2,401.7 (1,953.4)	510.3 (406.7)	218.3 (183.8)	325.4 (250.2)
要望事業費	1,001 (848)	718 (563)	355 (276)	1,699 (1,312)	429 (319)	174 (142)	348 (269)

※1. 各市町村の数値は復興交付金を伴う事業費で、カッコ内の数値は国費（＝交付金の交付可能額）である。
　2. 百万円以下は四捨五入している。
〔出所〕復興庁ホームページより筆者作成。

月）の交付可能額が1,953億円（事業費2,402億円）で最大となっている。防災集団移転促進事業や災害公営住宅整備事業などの存在が目立っており、それらの前倒し交付分を含んでいることも大きな要素である。交付金事業費、交付可能額の順で各回の最大規模を市町村でみると、例えば第2回は山田町の318億円、270億円（町交付分257億円、県交付分13億円）であり、防災集団移転促進事業195億円（基幹事業配分額194.5億円、効果促進事業配分額0.2億円）が含まれる[10]。第4回は陸前高田市の455億円、370億円（市

10　岩手日報2012年5月26日付では、復興交付金の第2回配分に関わって、山田町について「防災集団移転促進事業で来年度事業が前倒し配分されたため、大きく膨らんだ。織笠や船越・田の浜両地区は測量・設計、用地取得費用などが認められ、9月までの早期事業着手予定地区とされた」と説明されている。

交付分218億円、県交付分152億円）であり、都市再生区画整理事業88億円（基幹事業配分額のみ）、災害公営住宅整備事業（用地取得造成を含む）85億円（基幹事業配分額84.5億円、効果促進事業配分額0.6億円）が含まれる。

これらに対して個別事業（県が交付団体となるものを除く）のなかで2、3千万円以下の小規模なものはほぼすべてが効果促進事業であるが、例えば普代村では2011・12年度の村の直接事業として「海産物等販路拡大・販売促進事業」（事業費2,974万円）が計画されており、特産品のPR・販売事業、「海フェスタ」開催事業、「ふだいまつり」開催事業などからなる。久慈市では2012年度の市等の直接事業として「体験型教育旅行受入事業」（事業費99.8万円）が計画されている。

復興庁のホームページではさまざまな交付金事業の事例が掲載されている。災害公営住宅整備に関しては陸前高田市の高田地区において住宅団地の1階ピロティ部分の一部を小規模店舗等のスペースとして整備するケースがある。防災集団移転促進に関して、山田町の船越地区における復興支援関係者向けの簡易宿泊施設整備の支援も目につく。第7回（2013年11月）の交付において初めて震災遺構保存に国費が投入されることになり、宮古市の「たろう観光ホテル」の保存に必要な初期費用として2013・14年度1.7億円（事業費2.1億円）の交付が決まっている。[11] これは他の市町村にも大きな影響を与えることになろう。

3）2013年度以降

最後に、2013年度以降の状況についても整理しておく。2013年度当初予算の規模をみると、普代村を除くすべての市町村が12年度当初予算を上回っており、陸前高田市1,019.1億円、大船渡市960.3億円、宮古市854.9億円、釜石市854.6億円、山田町747.8億円、大槌町645.2億円である。宮古市では通常分に変動はなく、震災対応分が227.4億円から582.1億円に増大し、予算総額の68.0%を占める。2013年度から数か年度、後述の山田町のケースにみるように、多くの市町村で土木費の水準が非常に高くなることが想定され、特定の部署における職員確保が危惧される。

岩手沿岸12市町村のうち釜石市はホームページで2014年度から16年度までの中期財政見通しを公表しているが、16年度は歳出総額222.1億円に対して財源不足額が17.0億円である。これは主に一般財源が他に比して大きく落ち込むためであり、きわめて厳しい状況に陥る。なお、宮城県東松島市も中期財政見通しを公表しているが、2017年度に財源不足をカバーする財政調整基金が1千万円しかない状況となる。

山田町の2013年度当初予算では防災集団移転費158.9億円、土地区画整理費42.3億

11　岩手日報2014年2月11日付では震災遺構の保存費用に復興交付金の充当が認められた点について、「宮古市が2012年1月から5度目の申請でやっとのこと。しかも、1市町村1カ所に限り、維持管理費は認めないという極めて限定的な対応だ」と記述されている。

円、津波復興拠点整備費14.6億円が計上されている。中心街である山田地区の復興整備事業では、①住民移転先の高台に住宅を建てる防災集団移転促進事業（約17.9ha）、②JR陸中山田駅周辺の津波浸水区域を約3m嵩上げして宅地整備をする土地区画整理事業（約20.3ha）、③同駅前の商業地などの再開発を進める中心市街地拠点（約2.3ha）と、県立病院などの公共施設を建てる公共防災拠点（約2.7ha）を整備する津波復興拠点整備事業が柱となっている。[12] 事業主体は、町の委託先である独立行政法人都市再生機構（UR）であり、URが大手ゼネコンなど5社で構成する山田町震災復興事業共同企業体に主な工事を発注して、実施される。総事業費は2010年度歳出総額（決算）71億円、11年度同214億円を大幅に上回る約310億円で、18年度の完成が目指されている。

ただし、こうした事業の展開にとって少なくないハードルがある。例えば岩手日報2013年11月26日付では「県によると10月末現在、県内の復興事業用地の契約予定件数は約2万件（県約5千件、市町村約1万5千件）と膨大で、うち約4千件が相続未処理や多数共有などの懸案を抱える。市町村は権利者調査が十分に進んでおらず、懸案件数は大幅に増えることが確実視される」というのがそれである。[13] 国が掲げる集中復興期間の終了にあたる2015年までに事業計画等の目途が立たず、財政措置に至らないことが危惧される。通常でも一つの事業で10年を要するにもかかわらず、膨大な事業数を数年で実施しようとするのだから、最新の土木技術等を導入するとしても、期間設定に問題があると言わざるを得ない。

〈3〉陸前高田市の震災対応財政

ここでは岩手沿岸12市町村のうち陸前高田市と宮古市の震災対応財政（一般会計・特別会計）の詳細を明らかにする。12市町村の財政の概況において記述できなかった復興

12　宇野（2013）では防災集団移転促進事業の計画技術について、「多くの計画は、地形はお構いなし。必要な道路勾配と宅地面積を確保するために無理やり地形を削り取る乱暴な計画がまかり通っている。これを二次災害と言わずして何と言うのだろうか」「地形を生かす努力を怠った住宅地は、あちこちに高低差を支える擁壁が必要になるから、ほぼ間違いなく金食い虫の割には見栄えの悪い、取って付けたような住宅地となる。（中略）その分、工事に要する時間コストも大きくなるので、二重の意味で経済的損失が大きくなる」と鋭く指摘されており、傾聴に値する。なお、宇野は都市プランナーである。
13　朝日新聞2013年4月4日付では、「岩手、宮城、福島3県で、津波被災地に土を盛って居住地にするのは37地区になるが、6割で事業完了に5年以上かかることがわかった。かさ上げする範囲の広さに加え、浸水地での再建や区画整理による私有地減少に住民の抵抗感があり」と記述されており、長期におよぶことが示唆される。朝日新聞2013年4月10日付では、「復興事業で、自治体が買い取る予定の土地の所有者が行方不明だったり、相続人が多数にのぼって交渉が進まなかったりするため、岩手県では取得予定用地の4割で、宮城県では1割で購入が難航していることが分かった」と記述されている。

基金や被災者生活再建支援なども分析の対象に含める。

　陸前高田市の2011年度および2012年度の財政は表6-3～表6-5にみるとおり、東日本大震災前の財政とは大きく異なり、大震災対応の特徴をあらわしている。一般会計の執行率（＝支出済額/最終予算額×100）は2010年度88.1％、11年度78.6％、12年度74.9％で低下している。これに対して、繰越率（＝翌年度繰越額/最終予算額×100）は2010年度6.7％、11年度18.3％、12年度18.0％、不用率（＝不用額/最終予算額×100）は11年度3.1％、12年度7.1％で増大している。

　公債費負担比率は①2010年度19.2％、②11年度9.4％、③12年度7.5％、実質公債費比率は①18.2％、②18.0％、③17.7％、起債制限比率は①12.3％、②12.7％、③11.1％、将来負担比率は①150.6％、②75.9％、③93.5％となっており、改善している。被災自治体の財政負担軽減という国の方針が大きく反映されているために、ここにも震災対応の特徴が強くあらわれている（黒字のために実質赤字比率および連結実質赤字比率は該当せず）。

　ただし、経常収支比率は2010年度80.5％、11年度108.8％、12年度99.4％、減収補てん債（特例分）および臨時財政対策債を除くと10年度86.2％、11年度115.9％、12年度105.7％で悪化している。

　大震災に関する復旧・復興事業費の構造は表6-7のとおりである。復旧・復興事業費は2012年度に一層増大しているが、積立金と災害等廃棄物処理費の存在が大きい。事業数は102である。積立金の構造を2012年度の会計区分でみると、都市計画総務事務費（土木費）321億円（うち復興交付金基金積立金・都市再生区画整理事業分221億円）、土木総務事務費（土木費）165億円などがあげられ、ひとまず基金化されていることがわかる。

　これに対して財源は復興交付金を中心とする国庫支出金が大半を占め、一般財源がほとんど充当されていない（表6-7）。復興交付金の交付状況は表6-8のとおりである。一括配分額の比重がきわめて低く、制度の特徴とは大きな乖離があると言える。[14] 復興特別交付税の交付状況は表6-9のとおりである。それをみると、市の財源負担が軽減されていることがわかる。復興基金市町村交付金は2011年度37.3億円、12年度33.0億円である。復興関連基金（震災対応のために設立された基金）は表6-10のとおり、12の基金（2012年度末現在）からなる。東日本大震災復興交付金基金を除くと、東日本大震災復興基金が大半を占め、その主な使途は住宅再建補助や中小企業再建補助である。

14　河北新報2012年5月26日付は、平野達男復興相が25日の記者会見で「復興交付金の使い勝手を抜本的に改善した。被災者の住宅確保に必要な事業は前倒しで配分しており、事業が加速することを期待している」と述べたと報じている。これに対して、岩手日報2012年5月26日付では、陸前高田市財政課長の「もっと柔軟に制度を運用し、事業にスピード感を出してほしい」という指摘が紹介されている。

表6-7　陸前高田市の復旧・復興事業費の構造　　　　　　　　　　　　　　　　　　（金額：億円）

		2011年度	2012年度			2011年度	2012年度
歳出	災害復旧費	19.6	27.2	歳入	国庫支出金	198.3	735.1
	災害等廃棄物処理費等	160.1	206.6		県支出金	93.7	62.7
	扶助費（災害弔慰金等）	44.7	2.1		地方債	0.9	0.9
	積立金（復興交付金等）	85.2	593.7		一般財源	24.0	29.6
	普通建設事業費	1.3	60.1		その他	3.4	71.2
	その他	9.5	9.7		合計	320.4	899.5
	合計	320.4	899.5				

〔出所〕日本自治学会第13回大会（2013年11月23日）の分科会A「復興財政の現状と課題」における陸前高田市財政課長熊谷正文氏の報告レジュメを一部改変して筆者作成。

表6-8　陸前高田市の復興交付金の交付状況

	交付額（億円）	交付額のうち一括配分額（億円）	事業数
第1回	47.4	―	20
第2回	224.2	38.4	35
第3回	49.5	2.0	13
第4回	218.2	31.9	27
第5回	48.3	6.5	10
第6回	93.1	11.8	9
合　計	680.7	90.6	114

〔出所〕表6-7に同じ。

表6-9　陸前高田市の復興特別交付税の交付状況　　　　　　　　　　　　　　　　　（単位：千円）

	2011年度	2012年度
事業費に係る地方負担分	2,137,883	2,841,736
地方税減収分	432,258	199,540
地方税減免分	474,579	75
職員派遣分	277,175	633,150
災害復旧分	特別交付税算入	3,699,104
その他	633,079	557,894
合　　計	3,954,974	7,931,499

〔出所〕表6-7に同じ。

表6-10　陸前高田市の復興関連基金の状況　　　　　　　　　　　　　　　　　　　（単位：億円）

	2012年度末現在高	主な使途
東日本大震災復興基金	66.3	住宅再建補助、仮設店舗開設等中小企業の再建補助
東日本大震災絆基金	5.4	まちの再建に向けたソフト面の補助
被災中小企業復興支援基金	1.2	事業所の本設補助
公共施設等整備基金	14.9	単独事業
小中学校復興基金	1.4	教育環境の整備
東日本大震災復興交付金基金	542.2	復興交付金事業
その他	3.3	
合　　計	634.7	

※その他は社会教育施設整備、図書館図書購入、広田診療所整備、高田松原再生、子どもの学び、奇跡の一本松保存（2013年度末終了）の各基金である。

〔出所〕表6-7に同じ。

復興関連基金の充当事業は表6-11のとおりである。[15]東日本大震災復興基金の多くは生活再建住宅支援事業（利子補給等）および住宅再建支援事業（土地区画整理エリア等）に充当されている。とくに後者は市独自であり、住宅再建（持ち家）に際して、複数世帯で200万円、単身世帯で150万円の建設・購入費用の補助となる（2013年3月末現在221件）。次いで、復興基金1.0億円が高台移転促進支援事業に充当されているが、この事業も市独自であり、住宅再建（持ち家・自力再建）に伴う敷地造成費補助（最大50万円）である。

　復旧・復興事業に関して、事業費の大きさあるいはハード面ではなく、質的な特徴あるいはソフト面に着目すると、被災住宅再建支援策をあげることができる。本市の支援額は最大で自力再建（持ち家）のケースが該当する約2,100万円（筆者の調査範囲内で税制の特例措置を除く）で、岩手沿岸12市町村のなかで最大であり、支援の種類も最多となっている（表6-12）。[16]ここには県の補助（市町村の事業実施に伴う補助を含む）も含まれる。また、独自支援のスタートは他よりも相対的に早かった。[17]市当局と議会の住民ニーズを踏まえた対話の積み重ね、市や県の努力あるいは工夫は積極的に評価されるべきであり、同時に独自支援の実施は現行の災害対策財政システムの限界を示すであろう。

　その他の住宅再建支援策として、例えば被害を受けた自己の居住用宅地の復旧工事費の一部が補助される「被災宅地復旧工事費補助金」（上限200万円）や「被災住宅補修等工事費補助金」（補修上限52万円、改修上限140万円）があげられる。また、発災時に市外に居住しており、市内で定住するための個人住宅を取得し居住するといった条件

15　戸羽（2013、p.159）では復興関連基金充当事業のうち高田西地区復興整備事業について、地権者との交渉など以上に「時間を必要としたものは何か？　それは手続きなのです。山の木を切るにも森林法という法律で手続きが必要。造成する面積が広いから開発行為の手続きも必要。津波拠点事業で復興交付金を使うなら都市計画決定が必要。手続きを済ませ山の木を切ろうとすれば、過去にたった40数万円の補助金が入っているからとストップをかけられ」「その『補助金』の返還を申し出ると断られ、そのかわりに手続きに半年くらい待ってほしいとの回答」と記述されている。なお、戸羽は陸前高田市長である。

16　市独自支援の道路工事費補助は岩手沿岸12市町村のなかで唯一であるが、以下の内容となっている。住宅が全壊、または大規模半壊した世帯が、安全な場所で一戸建ての住宅を建設する場合、その道路工事および道路工事を行う用地の買収費の一部に対し補助金が交付される。道路工事費補助、水道工事費補助、敷地造成費補助、浄化槽設置整備事業（加算分）などには主に復興基金が充当されている。2012年度決算では道路工事支援事業補助は242万円、敷地造成支援事業補助は4,040万円の支出である。なお、多くの市町村が2013年度に入って独自支援策を講じているが、国が2012年度補正予算で被災9県の復興基金の積立等に対する復興特別交付税の増額措置を行った影響が大きい。被災地域における住民の定着を促し、復興まちづくりを推進するために、被災市町村が地域の実情に応じた独自の住宅再建支援策を講じることが目的である。

17　陸前高田市では防災集団移転促進事業を利用せず個別に高台移転を行う被災世帯について、水道管の敷設費を上限200万円まで全額補助することにした。これまでは本管から各世帯の止水栓までは自費で水道管を敷設しなければならなかった。移転促進事業では国の補助を受けて地方自治体が宅地を造成し、水道も完備される（岩手日報2012年2月23日付）。

表6-11　陸前高田市の復興関連基金充当事業の一覧　　　　　　　　　　　　　　　　　（単位：千円）

事業名	事業費	財源内訳							
		東日本大震災復興基金	東日本大震災絆基金	被災中小企業復興支援基金	公共施設等整備基金	東日本大震災復興交付金基金	国庫支出金	県支出金	一般財源
自治会館等整備事業費	38,225	13,000				15,000			10,225
浄化槽設置整備復興事業費	128,072	26,375				59,603		15,225	26,869
高台移転給水施設整備事業費	63,154	63,154							
新ブランド米推進事業費	8,918	8,918							
中小企業被災資産復旧事業費	67,800	33,900						33,900	
仮設店舗等整備事業費	58,300	58,300							
高台移転関連道路整備事業費	356,199	98,462				172,993			84,744
高田西地区復興整備事業費	1,547,890	50,000				1,123,417			374,473
住まいるリフォーム支援事業費	24,000	15,000					4,500		4,500
生活再建住宅支援事業費	845,890	327,200						426,850	91,840
区画整理地内等住宅再建支援事業費	435,000	435,000							
高台移転促進支援事業費	100,000	100,000							
各種団体活動推進事業費	7,790		5,000						2,790
被災中小企業復興支援事業費	35,000			35,000					
社会教育施設災害復旧事業費	1,645,900				660,536		338,470	91,313	555,581

※1. 2013年度末の予算見込み現在。復興交付金基金をベースとする事業を除く。
　2. 東日本大震災復興基金の原資は東日本大震災津波復興基金市町村交付金（県）、東日本大震災絆基金および被災中小企業復興支援基金の原資は寄附金、公共施設等整備基金の原資は寄附金（全国市有物件災害共済会地震災害見舞金等）である。
　3. 社会教育施設整備、広田診療所整備、高田松原再生の各基金の取り崩しはゼロ、図書館図書購入基金は600万円、子どもの学び基金は1,656万円、奇跡の一本松保存基金は1.6億円である。いずれの基金も原資を寄附金とする。
〔出所〕陸前高田市財政課提供資料および所管課へのヒアリングなどにもとづき筆者作成。

を満たす人を対象に、「被災関連定住支援事業費補助金」（100万円）が用意されている。

　ただし、住宅再建に関しては現実を見ておく必要がある。既述した2,000万円超だけをみれば自立再建に希望を見出すことができようが、そのための支援・補助条件を満たす自力再建モデルは非現実的であり、市当局等も総額の高さを狙ったわけではないと考えられる。個人の住宅ローン等に関するいわゆる「二重債務問題」や土地確保も立ちはだかる。そして、そもそも生活再建支援金の加算分と住宅再建支援事業費補助金（拡充後）を基本支援として捉えても、とても十分であるとは言えない。生活再建支援金の基礎分100万円を

表6-12 陸前高田市の住宅再建支援制度

被災した住宅の所在地		土地区画整理事業区域以外の浸水区域（下矢作～広田）				土地区画整理事業区域（高田町の一部・今泉地区の一部）			
再建する住宅		持ち家		公営住宅	賃貸住宅	持ち家		公営住宅	賃貸住宅
移転方法		防集	自力再建			土地区画整理事業	自力再建		
住宅用地確保の方法		購入または借地	購入等	—	—	換地	購入等	—	—
宅地造成整備の方法		市が造成	自己負担	—	—	市が造成	自己負担	—	—
生活再建加算支援金	被災時1人世帯	150万円	150万円	—	37.5万円	150万円	150万円	—	37.5万円
	被災時2人以上世帯	200万円	200万円	—	50万円	200万円	200万円	—	50万円
住宅再建支援事業費補助金（独自拡充後）	被災時1人世帯	150万円	150万円	—	—	150万円	150万円	—	—
	被災時2人以上世帯	200万円	200万円	—	—	200万円	200万円	—	—
市独自支援	敷地造成費補助	—	（最大）50万円	—	—	—	（最大）50万円	—	—
	道路工事費補助	—	（最大）300万円	—	—	—	（最大）300万円	—	—
	水道工事費補助	—	（最大）200万円	—	—	—	（最大）200万円	—	—
復興住宅新築等補助	バリアフリー	（最大）90万円	（最大）90万円	—	—	（最大）90万円	（最大）90万円	—	—
	県産材	（最大）40万円	（最大）40万円	—	—	（最大）40万円	（最大）40万円	—	—
地域材利用促進事業	気仙産材	（最大）50万円	（最大）50万円	—	—	（最大）50万円	（最大）50万円	—	—
浄化槽設置整備事業	5人槽	53.2万円	53.2万円	—	—	53.2万円	53.2万円	—	—
	7人槽	68.1万円	68.1万円	—	—	68.1万円	68.1万円	—	—
借入金利子の補助	がけ近※1または防集※2 土地	（最大）206万円	（最大）206万円	—	—	—	—	—	—
	がけ近または防集 造成	（最大）58万円	（最大）58万円	—	—	—	—	—	—
	がけ近または防集 建物	（最大）444万円	（最大）444万円	—	—	—	—	—	—
	被災住宅債務利子補給	—	—	—	—	（最大）250万円	（最大）250万円	—	—
移転経費	がけ近または防集	（最大）78万円	（最大）78万円	—	—	—	—	—	—
	市補助金	—	—	10万円	10万円	10万円	10万円	10万円	10万円

※1．がけ近…がけ地近接等危険住宅移転事業。土地区画整理事業区域以外の浸水区域から高台に自力再建する際、借入金利子や移転経費の補助が受けられる。住宅建設や土地売買の契約前に申請が必要。
 2．防集…防災集団移転促進事業。被災地域で、市が整備する高台の団地に集団で移転する事業。
 3．表には太陽光発電システム設置（市の独自支援と県の補助金と国の補助金）、バイオマス利用、被災者生活再建支援金の基礎支援分（最大・複数世帯100万円、単身世帯75万円）は含まれていない。
 4．2013年6月末現在で、実施予定を含む（新設の制度は11年3月11日に遡って適用される）。
〔出所〕陸前高田市復興対策局「復興News陸前高田」第8号（2013年7月）の図を一部改変して筆者作成。

いつまでも手元に置いている世帯は皆無に等しいであろう。義援金や災害弔慰金などがあげられると、疑問を呈さざるを得ない。県の災害公営住宅の建設費用は1戸当たり1,650万円（駐車場等の整備を除く）程度である。他方で、加算分は2013年10月現在で申請率26％（対基礎分の支給者）、申請数931件であるが、これは再建のめどが立たない被災者がきわめて多いことを示す。

陸前高田市による住宅再建支援の拡充は、市内における大震災前のような生活を取り戻し、人口流出を抑制するという点で基本となっている。そして、他市町村に対するインセンティブになっただけでなく、まとまって取り組むことによって今回、さらに次回の大災害におけるスタンダードになりうるという点でも非常に重要な意義がある。他方で、こうした支援策の原資に係る財政措置を行う国のスタンスが問われることになる。

〈4〉 宮古市の震災対応財政

1）一般会計

宮古市の財政においても大震災対応の特徴が色濃くみられる。[18] 2012年度の目的別歳出（決算）のなかで災害復旧費（116.9億円）が総務費、衛生費に次ぐ比重を占め、他市町村に比して突出して高い。これは農林水産業施設災害復旧費（とくに水産施設災害復旧費）の急増のためである。農林水産業施設災害復旧費は最終予算額320.9億円に対して、支出済額が104.7億円であり、翌年度繰越額が142.6億円（繰越明許費55.8億円、事故繰越86.8億円）、不用額が73.6億円におよぶ。支出済額の内訳をみると、共同利用漁船等復旧事業費補助、（水産）共同利用施設等復旧事業費補助、水産業共同利用施設災害復旧事業補助が36億円超〜18億円超である。その他にも、例えば漁港復旧は国庫分で12漁港、市単独分で6港が対象になっている。基幹産業である水産業の復旧、復興に膨大なコストを要することが示唆される。

災害復旧費の共同利用漁船等復旧事業費補助は国費1/3、県費4/9（上乗せ含む）に対して、市費1/9であるが、その詳細（国費・県費・市費の合算分）を事業主体別にみると以下のとおりである。
・宮古漁協

18　2012年度決算をみると、会計区分が変更され、総務費（款）のなかに震災復興費（項、405.4億円）が設定され、そのうち復興総務費（目）に復興交付金基金積立金、復興基金積立金が、被災市街地復興事業費（目）に都市再生区画整理事業（調査設計業務委託費、測量業務委託料）が、防災集団移転促進事業費（目）に防災集団移転促進事業（測量調査設計業務委託料他）が含まれている。これらは土木費で分類されていない。

小型漁船および養殖船等280隻、定置網　　補助金10.7億円（事業費12.0億円）
　・重茂漁協
　　小型漁船および養殖船等383隻、定置網　　補助金16.2億円（事業費18.2億円）
　・田老町漁協
　　小型漁船および養殖船等474隻、定置網　　補助金9.9億円（事業費11.1億円）
　次に、災害復旧費の共同利用施設等復旧事業費補助（水産業経営基盤復旧支援）は国費2/3、県費1/9に対して、市費1/9であるが、その詳細（国費・県費・市費の合算分）を事業主体別にみると以下のとおりである。
　・宮古漁協
　　コンブ共同乾燥場、自動販売製氷施設、作業管理休養施設、簡易冷蔵施設など
　　補助金4.1億円（事業費4.6億円）
　・重茂漁協
　　漁港クレーン、コンブ種苗生産施設、ワカメ・コンブボイル加工施設など
　　補助金17.0億円（事業費19.1億円）
　・田老町漁協
　　漁港クレーン、コンブ共同乾燥場、定置漁具倉庫、作業管理休養施設
　　補助金3.5億円（事業費3.9億円）
　これに対して2012年度決算では、歳入のうち国庫支出金に加えて県支出金（425.7億円）の比重も高く、他市町村とは大きく異なる。その主な内訳をみると、復興交付金が263.7億円、農林水産業費補助金が85.5億円、津波復興基金市町村交付金（住宅再建分）が44.1億円である。農林水産業費補助金は共同利用漁船等復旧支援事業32.2億円、水産業経営基盤復旧支援事業24.0億円、水産業共同利用施設災害復旧支援事業、さけ・ます種苗生産施設等復興支援事業などからなる。これらは国庫財源の受け入れ分や県単独の補助分（独自拡充を含む）であり、県の積極的な役割が垣間見られる。
　水産業に対する財政支援の点では、既述のとおり、国の補正予算に先駆けた市当局の養殖施設復旧支援は特筆に値する。漁業には漁期があるために、国の補助待ちという受け身のスタンスでは損失は加速度的に大きくなる。震災前の2010年にスタートした市の漁業担い手育成対策事業は、新規就漁者を受け入れる経営体が所属する漁業協同組合に対して1人当たり月額10万円（最長2年間）を助成するが、市単費である。その対象は2013年末までで15名におよんでおり、12年度は田老町漁協（事業主体）の5人であった。
　水産業に限らないが、被災事業所再建に向けた市の施策も迅速であった。例えば2011年3月31日に市単独で「被災中小企業者対策利子補給事業」をスタートし、日本政策金

19　2012年9月29日の岩手県立大学公開講座における宮古市産業振興部長の佐藤日出海氏の講演レジュメおよび佐藤（2012）。

融公庫災害貸付等について1,000万円までの融資を対象に、その利子・保証料を市で全額負担することにした。同日に同じく「被災中小企業者対策設備貸与保証料利子補給事業」をスタートし、いわて産業振興センターの設備貸与の保証料（貸与額の10％）を全額負担することにした。

　大震災直後の4月に創設された県補助事業「中小企業被災資産修繕費補助金」[20]に関しては、市は県と同じ負担割合であるが、2011年7月に市の拡充措置（支援業種範囲の拡充および支援額の弾力的対応）が決定された。従来、自然災害により損害を受けた事業者に対する国・県の支援策は利子補給や融資枠拡大が中心であったことから言えば、大きな変化がみられる。

　2012年3月には県補助事業「中小企業被災資産復旧事業費補助金」[21]のスタートに伴い、市には県と同じ負担割合が発生しているが、同月には市独自に「中小企業団体等被災資産修繕費補助金」を創設し、二つの県補助の対象にならない協同組合（宮古水産物商業協同組合など）に補助することにした。さらに、県補助事業「中小企業被災資産修繕費補助金」の中断に伴って、その対象から市拡充分も含めて依然として漏れている被災事業所に対して、同年10月から市独自に補助することにした。2013年度現在、市の施策に「中小企業被災資産復旧費補助金」があるが、11年7月以降に拡充してきた修繕分と、県補助事業「中小企業被災資産復旧事業費補助金」（修繕の市拡充分を含む）からなる。[22]

　こうした被災事業所等の再建支援に関する市独自施策には、市当局が限られた財源のなかで事業所等に根気強く寄り添い、再開等の悩みに向き合いながら可能な限り支援する姿勢が鮮明にみられる。この市独自施策には復興基金や復興特別交付税などが充当されている。被災事業所等の再建支援に充当される復興基金の規模は被災者住宅再建支援向けに比して大きく下回るが、それに次ぐ水準となっている（表6-13）。ここでも復興基金の重要性を見出すことができよう。

20　中小企業被災資産修繕費補助金は①被災店舗（中小小売業者、旅館業を含むサービス業者）、②被災工場（中小製造業者）の二つに分かれ、被災した店舗の場合、補助上限は200万円程度で、工場の場合は2,000万円が上限となっている。それぞれ一定額以上の経費、被災時の従業員の維持などの条件を満たした場合に適用され、修繕費の半額が補助される。

21　中小企業被災資産復旧事業費補助金はグループ補助金の交付決定を受けた中小企業者は対象外であり、補助対象経費は、①資産を取得する場合、②資産を修繕する場合である。補助限度額は①の場合で2,000万円、②の場合で卸・小売業とサービス業200万円、その他の業種2,000万円である。1社につき①、②のいずれかが対象となる。中小企業被災資産修繕費補助金と同様に、沿岸市町村の中小企業者に限られ、また、2011年3月11日以降に実施した事業に遡及して適用される。

22　2012年度の市歳入歳出決算書（商工費）をみると、中小企業被災資産修繕費補助金1.4千万円（11件）、中小企業団体等被災資産修繕費補助金0.4千万円（3件）、中小企業被災資産復旧費補助金6.7千万円（26件）、被災中小企業対策資金利子等補助金3.0千万円（355件）などの支出となっている。

これに対して、寄附金を原資とする復興関連基金は2012年度末現在で教育支援基金のみである。寄附金の大半は「ふるさと寄附金」制度として、ふるさと納税の震災版のような手法をとっている。産業の振興、自然環境の保全、市長におまかせ、東日本大震災の復興など8テーマが設定され、寄附者が選択する仕組みである。2012年の寄附金は5,346万円であり、市民文化会館改修事業の2,630万円、幼稚園の就援支援（被災者分）の606万円に次いで商業振興対策事業に500万円が充当されている。これは陸前高田市とは異なる手法で、寄附者の細かな思いというよりも、地域・自治体のニーズや事務負担の軽減にウエイトがおかれている。この財源は全国市有物件災害共済会災害見舞金分とともに、復興基金で管理されている。

　地域産業の復旧・復興あるいは被災事業所の再建はコミュニティ（集落）の再建に対する財政支援との関わりからアプローチすることもできる。宮古市は2005年の2町村との合併を契機に、06年に地域創造基金事業（通常分）をスタートしたが、これは1事業（ソフト事業）の経費の上限を500万円とする、地域自治区あるいは地域自治区内に所在する団体の地域振興事業に対する支援である。2013年度には33団体（35事業）が対象となり、「宮古市田老地区復興まちづくり協議会」の活動推進事業に183.6万円、「たろう大漁まつり実行委員会」のたろう大漁まつり（復興まつり）に118.2万円の基金が充当されている（制度上は最大500万円の基金充当であるが、実際はほとんどが200万円以下である）。

　なお、こうした取り組みに対して、岩手日報2013年10月25日付では以下のことが報道されている。「宮古市は24日、市魚市場の拡張計画について、当初の鉄骨造り2階建てから平屋に規模を縮小する方針を示した。基本設計では予算額25億円に収まると示されながら、詳細な仕様を決める実施設計の段階で概算工事費が約36億円に膨らみ大幅超過すると提示されたため」「市議会経済・建設合同常任委で説明し、大幅超過の要因として鉄骨の強度不足が判明したことによる工事の増加や資材単価の高騰を挙げた。整備予算25億円の大部分は復興交付金に採択されており、増額は難しい」「基本設計は盛岡市の業者に委託」「議員からは基本設計のずさんさを指摘する声が上がった。市は今後、設計の経緯を検証する」。

　この事実の発覚後、設計の見直しにより、既存の魚市場に平屋の新魚市場を接続する形で増設することになったが、使用開始は2015年夏から16年春になる見通しである。盛漁期の混雑を解消することが目的とされていたが、時間的な側面も含めて現場のニーズに十分に対応できない結果となっている。

2）特別会計

　ここまで地域産業あるいは水産業や災害復旧の側面に焦点を当ててきたが、特別会計にも目を向け、それらと関わりのある漁業集落排水事業特別会計（以下、漁集排特会と略称

表6-13 宮古市の復興関連基金充当事業の一覧（主なもの）　　　　　　　　　　　　（単位：千円）

事業名	事業費	財源内訳							備考
		東日本大震災復興基金	寄附金	全国市有物件災害共済会災害見舞金	国庫支出金	県支出金	一般財源	
商業振興対策事業費補助金	4,486		4,486					
被災商店街等復興支援事業	483		483					
シートピアなあど仮設施設置費	11,808		11,808					
仮設リアスハーバー艇庫等設置事業	6,923		6,923					
被災者支援事業(被災住宅応急修理補助)	2,340		2,340					市長会見舞金
公共土木施設災害復旧事業(小港海岸線)	2,940		2,940					市長会見舞金
本庁舎等災害復旧事業	5,850			5,850				
総合窓口用備品購入費	4,385			4,385				
社会教育施設災害復旧	8,497			8,497				
宮古市東日本大震災追悼式	2,291	2,291						
震災復興本部費	49,065	8,834					40,231	
総合窓口仮設事務所設置費	1,235	1,235						
仮設住宅管理事業	28,923	7,889				21,034		
仮設地区センター設置事業	419	419						
被災者住宅再建支援事業	254,163	85,422				168,741		
被災者住宅再建支援事業(嵩上分)	246,000	246,000						市独自事業
心の復興事業	15,027	7,527			7,500			
宮古医療情報連携ネットワーク推進事業	352	352						
震災復興緊急雇用対策事業	374,647	6,058				368,589		
被災漁業者等復興支援事業	515	515						
漁業経営復興特別資金利子補給金	107	107						
中小企業被災資産修繕費補助金	11,485	9,861				1,624		
浄土ヶ浜鎮魂の祈り事業	1,000	1,000						
復興住宅地域木材利用促進事業	5,400	5,400						
浸水宅地復旧支援事業	848	848						

※2012年度末までの実績であり、東日本大震災復興交付金基金を除いている。
〔出所〕宮古市財政課提供資料にもとづき筆者作成。

する)、魚市場事業特別会計(以下、魚市場特会と略称する)の分析を簡潔に行っておく。

まず漁集排特会の歳出総額(決算)は2010年度5.9千万円に対して11年度9.1千万円、12年度13.5千万円と急増している。これは災害復旧費の激増によるが、それと同程度に公債費も増大している。2011年度、12年度の順にあげると、災害復旧費は3.9千万円、6.0千万円、公債費は3.9千万円、5.8千万円であり、公債費の内訳は長期債の元金償還金と償還利子である。これに対して、歳入をみると、国庫支出金と市債が著増し、歳出と同様に構造に大きな変化がみられる。2012年度で国庫支出金は40.1%(5.4千万円)で、従来最大の比重であった繰入金(一般会計からの繰り入れ)を大きく上回る。市債は17.2%(2.3千万円)を占め、繰入金33.1%よりは低いものの、それに次ぐ規模となっている。

津軽石地区と千鶏・石浜地区の漁業集落排水処理施設が被災し、後者については2012年度現在でも未復旧であり、12年度の災害復旧費は千鶏地区の排水処理施設の災害復旧工事、つまり、浄化槽およびマンホールポンプ設置工事に対する支出でほぼすべてを占める。千鶏・石浜地区は水洗化人口2011年度161人(水洗化率53.7%)、12年度180人(同59.6%)であるために、対象住民の生活に多大な影響をおよぼしていることがわかる。

陸前高田市の漁集排特会は歳出総額(決算)で2010年度5.7千万円、11年度20.9千万円、12年度31.9千万円である。2012年度の歳出では災害復旧費が84.7%を占める一方で、公債費の比重が11.6%と小さい。歳入では国庫支出金が72.7%を占める一方で、市債はゼロである。これに対して2011年度の歳出では公債費が81.4%、歳入では市債が53.1%、繰入金が36.7%を占める。単年度ごとであれば、宮古市との大きな違いがみられるが、複数年度でまとめてみると、それほどでもないと推測される。

次に、宮古市に戻って魚市場特会をみると、その歳出総額(決算)は2010年度9.0千万円に対して11年度3.6億円、12年度2.0億円と増減が激しい。こうした推移に大きな影響を与えているのが災害復旧費である。災害復旧費は2011年度3.1億円、12年度1.3億円であり、特会の名称が示すとおり、魚市場(地方卸売市場宮古魚市場)が被災したことから、それを復旧するための支出となっている。これに対して、歳入をみると、県支出金が突出しており、もともとその比重は小さいことから、歳出と同様に構造に大きな変化がみられる。県支出金は2011年度65.8%(2.4億円)、12年度64.4%(1.3億円)、12年度については繰入金20.6%、使用料および手数料10.6%、市債4.4%などである。

災害復旧費の内訳をみると、2011年度は魚市場施設(管理棟・排水処理施設)そのものの災害復旧工事費に2.4億円を支出しており、その他は海水殺菌設備復旧工事費、施設災害復旧実施設計委託料、市場棟等復旧工事費、電源復旧工事費などから構成される。2012年度は床面等機能強化等工事費に1.0億円を支出しており、その他は資機材倉庫整備工事費などがあげられる。既述のとおり、魚市場の使用開始は2015年夏から16年春になる見通しであるとすれば、以上のような大小さまざまな工事が12年度からみればあと2、

3年続くということになる。

〈5〉 震災対応財政の課題

　本節では岩手沿岸市町村の分析等を踏まえて、震災対応財政の課題を提起しておく。

　第一に、岩手沿岸市町村では災害公営住宅整備、防災集団移転促進、土地区画整理、津波復興拠点整備などの事業が本格化しているために、国から被災市町村に対する財政措置を継続あるいは拡充していくことが求められる。[23] それらの事業は複雑で、かつ多くの手続きを要し、住民の合意形成は困難を極めることが少なくない。また、長期におよぶために、市町村間・地区間での格差が顕著になる。災害公営住宅整備事業等では特定のエリアにおいて特定の住民が関係するにとどまるために、それらを典型として震災対応財政が他の住民から見えにくくなることが考えられる。行政サイドから住民に対するきめ細やかな情報提供および説明責任が重要になってくる。

　第二に、東日本大震災対応財政の特徴である復興交付金、復興特別交付税、復興基金は宮入（2013bなど）や多くの首長のコメントなどにもみるように、分権・自治あるいは財政負担の点から積極的に評価される財源であり、災害対策財政の到達点を示す。同時に、それらの制度が大災害における国・自治体の政府間関係の見直しや自治体の財政運営の弾力化あるいは事務負担軽減のために、さらに改良されるべきことも強く指摘されているが、こうした点は本章の分析からも示唆される。地域の復旧・復興が長期化、多様化、複雑化するなかで、国や各省庁は自治体の要望等に真摯に耳を傾け、いわゆる「走りながら見直す」ことが不断に求められる。

　第三に、復興基金を拡充する財政措置が国に強く要請されており、生活や仕事の再建にとって決定的な意味をもつ。今回、復興基金の運営は直営方式または財団方式のいずれかを選べることとされたが、結果的に全市町村で直営が選択された。これでは執行における裁量の点で、過去の大災害の経験が活かされていないと批判することができるが、今回の大震災はそれとは比較にならない側面が大きい。多数の被災者の生活や仕事をマイナスからゼロスタートにするために、復興基金が限られた規模のなかで住宅再建や中小企業再建の基礎的な側面に集中することは必然である。それでも著しく不足している。再建の条件が整わ

23　岩手県が2012年6月11日に公表した復旧・復興ロードマップでは復興公営住宅は県と市町村を合わせて5,340戸が整備される。県が約3,000戸を14年度までに、市町村が約2,300戸を15年度までに整備する。また、7市町村（陸前高田市、大船渡市、釜石市、大槌町など）の21地区で土地区画整理事業、43地区で防災集団移転促進事業が展開される。最終的に土地区画整理事業が完了するのは、最も遅い釜石市で18年度までかかる。最終的に防災集団移転促進事業が完了するのは、最も遅い山田町で17年度の予定である（岩手日報2012年6月12日付）。

ないケースも非常に多い。ただし、既存の制度の範囲で言えば、被災者生活再建支援金の大幅拡充が同時に議論されるべきである。ここに国の災害対策の根幹を見出すことができることによる。また、超長期を見通せば財団方式に変更することが考えられるが、慎重に対応すべきである。むしろ、住民の参加にもとづき使途を協議するシステムづくりが望ましい。

　第四に、被災地において震災対応財政の効率性、有効性が強く問われうる。2012年夏以降、被災地以外における復興予算の流用問題あるいは便乗問題がクローズアップされているが、被災地にも厳しい目が向けられるかもしれない。様変わりした財政をみればやむを得ないし、疑問をもたれるようなケースもある。この場合に、農山漁村の社会・経済における市町村財政の比重は非常に大きいために、その積極的な役割が通常以上に求められることが念頭におかれなければならない。なお、復旧・復興事業の執行率あるいは繰越額や不用額をみて、それらの低さあるいは多さを批判的に指摘することができるが、地方自治体の責任として片づけられない理由が多いことが考慮されるべきである。

〈補節〉国の復旧・復興財政と政府間財政関係

(1) 2011年度第1次補正予算等

　ここでは補節として大震災復旧・復興に関する国の財政および国から地方への財政移転の規模や内容を整理することによって、復旧・復興における政府間財政関係の特徴を明らかにする。

　最初に、大震災直後であるが、災害救助や避難生活に関する諸費用は国の予備費によって賄われた。そして、被災自治体（災害救助法適用市町村他）を中心とした財政措置として普通・特別交付税の震災対応・特例交付があげられる。例えば、2011年3月22日の特別交付税759億円（通常交付と震災対応）、4月1日の普通交付税の交付前倒し9,767億円（被災自治体7県他に対する4月概算交付と6月分繰上げ交付）、4月8日の特別交付税762億円（特例交付）である。他方、地方自治体の財源に関して、地方交付税以外では、例えば地方税は申告、納付等の期限延長や減免、特定の税目の非課税などで変動が生じている。

　次に、2011年5月2日に成立した2011年度第1次補正予算4兆153億円である。これは早期復旧に向けた予算と位置づけられ、原則として年度内に執行可能と見込まれる経費が計上された。財源調達における最大の特徴は国債市場の信認確保の観点から追加の国債を発行せず、主として歳出の見直しで対応したことである。歳入、歳出の内訳は表6-14のとおりである。

　歳出の内訳は災害対応公共事業関係費1兆2,019億円（公共土木系施設復旧8,235億

円、災害公営住宅の整備等1,116億円、農地・農業用施設・有料道路復旧他)、災害関連融資関係経費6,407億円(中小企業等の事業再建および経営安定のための融資等5,100億円、災害復興住宅融資等他)、災害救助等関係経費4,829億円（応急仮設住宅の供与等3,626億円、遺族への弔慰金・被災者への障害見舞金の支給他)、施設費災害復旧費等4,160億円（学校施設等2,171億円、社会福祉施設等845億円他)、災害廃棄物処理事業費3,519億円（がれき等の処理）などであり、いわゆるハードのインフラ復旧が半分以上を占める。

　これに対して歳入の主な内訳は年金臨時財源の活用（基礎年金の国庫負担1/2維持のために充当する予定であった鉄道建設・運輸施設整備支援機構の剰余金など)2兆4,897億円、経済予備費による調整8,100億円、高速道路料金割引（利便増進事業）の見直し2,500億円、子ども手当上積みの見直し2,083億円、高速道路無料化社会実験の一時凍結1,000億円などであり、第2次以降の補正に通用しない性格が非常に強い。

　5月2日には東日本大震災財特法（「東日本大震災に対処するための特別の財政援助及び助成に関する法律」）も成立した。これは災害応急事業等を迅速に進めるための、地方自治体等に対する特別の財政援助等について定めており、主として国庫補助負担事業について新規で対象としたり、補助負担率を引き上げたりする。例えば、激甚災害法（「激甚災害に対処するための特別の財政援助等に関する法律」）の対象となる災害復旧事業（恒久措置）と違い、今回の特例措置では仮庁舎、消防施設、中央卸売市場が新規で対象となり、集落排水施設（農業、漁業、林業)、保健所などが補助負担率引き上げとなっている。

(2) 2011年度第2次補正予算

　2011年7月25日に2011年度第2次補正予算1兆9,988億円が成立した。第2次補正予算は、当初、国では11年6月末に結論が得られる見込みのいわゆる「税と社会保障の一体改革」の成案および東日本大震災復興構想会議における復興基本方針を踏まえ、本格的な復興対策を盛り込んだ超大型補正予算として7月以降に編成するとしていた。

　しかし、菅直人首相の大震災への対応をめぐって6月1日に内閣不信任決議案が衆議院に提出され、同2日に菅首相の時期不明瞭な退陣表明があり、民主党内でも混乱が生じるなか、第1次補正の不足分を補う「1.5次的な」第2次補正予算が編成されることになった。それはいわば菅政権の「延命策」のような補正予算となったために、厳しい批判にさらされたことは言うまでもない。

　第2次補正予算の歳出の内訳は予備費が8,000億円で約4割を占める（表6-14)。予備費の制度上の趣旨や被災状況の把握の進展から言えば、それには無理があり、「延命策」と批判されるような構成となっている。その他には地方交付税交付金5,455億円、被災者支

表6-14 国の2011年度第1次・第2次・第3次補正予算の一覧（主な歳出・歳入） （金額：億円）

第1次補正予算	歳出	1．災害救助等関係経費	4,829
		応急仮設住宅の供与等	3,626
		2．災害廃棄物処理事業費	3,519
		3．災害対応公共事業関係費	12,019
		災害復旧等公共事業	10,438
		4．施設費災害復旧費等	4,160
		5．災害関連融資関係経費	6,407
		中小企業等の事業再建及び経営安定のための融資等	5,100
		6．地方交付税交付金（特別交付税）	1,200
		7．その他東日本大震災関係経費	8,018
		合計	40,153
	歳入	1．子ども手当上積みの見直し	2,083
		2．高速道路料金割引（利便増進事業）の見直し	2,500
		3．年金臨時財源の活用	24,897
		4．経済予備費による調整	8,100
		合計	40,153
第2次補正予算	歳出	1．原子力損害賠償法等関係経費	2,754
		2．被災者支援関係経費	3,774
		被災者生活再建支援金補助金	3,000
		3．東日本大震災復旧・復興予備費	8,000
		4．地方交付税交付金（特別交付税中心）	5,455
		合計	19,988
	歳入	前年度剰余金受入	19,988
		地方交付税交付金財源	5,455
		合計	19,988
第3次補正予算	歳出	Ⅰ 東日本大震災関係経費	117,335
		1．災害救助等関係経費	941
		2．災害廃棄物処理事業費	3,860
		3．公共事業等の追加	14,734
		災害復旧等公共事業（東日本大震災関連）	8,706
		復興に向けた一般公共事業	1,990
		施設費等	4,038
		4．災害関連融資関係経費	6,716
		中小企業等の事業再建及び経営安定のための融資等	6,530
		5．地方交付税交付金（震災復興特別交付税）	16,635
		6．東日本大震災復興交付金	15,612
		7．原子力災害復興関係経費	3,558
		8．全国防災対策費	5,752
		9．その他の東日本大震災関係経費	24,631
		立地補助金	5,000
		雇用対策	3,780
		住宅関係	3,112
		10．年金臨時財源の補てん	24,897
		Ⅱ その他の経費	3,210
		Ⅲ B型肝炎関係経費	480
		合計（ⅡとⅢを含む）	121,025
		合計（ⅡとⅢを含まない）	117,335
	歳入	Ⅰ 東日本大震災関係経費対応	117,335
		1．復興債	115,500
		2．税外収入	187
		3．復興財源となる歳出削減	1,648
		Ⅱ その他の経費対応	3,210
		東日本大震災復旧・復興予備費の減額	2,343
		Ⅲ B型肝炎関係経費対応	480
		税外収入等	480
		合計（ⅡとⅢを含む）	121,025
		合計（ⅡとⅢを含まない）	117,335

〔出所〕財務省ホームページより筆者作成。

援関係経費3,774億円（被災者生活再建支援金補助金3,000億円他）、原子力損害賠償法等関係経費2,754億円などであり、政府補償契約に基づく補償金支払い1,200億円をはじめ原発事故処理が多岐にわたって強化されていく第一歩に位置づけられる。

歳入の全額は2010年度決算剰余金である。これは国債の利回りが計画を下回ったことによる国債費の不用（6,920億円）をはじめ歳出の不用が2.1兆円あった一方で、0.1兆円の歳入減（税収増・税外収入増と公債金収入減の差額）が生じたことによると説明されている。このような（純）剰余金の活用は本来認められないにもかかわらず、特例法の制定により実施され、形式的には国債発行が回避された。

なお、国の補正予算により2011年度に追加される災害復旧事業等投資的経費に係る地方負担額等については、地方負担額の100％まで地方債を充当できることとし、後年度においてその元利償還金について地方交付税により措置されることとなっている（補助災害復旧事業債95％、災害対策債95％、補正予算債80％など）。

(3) 2011年度第3次補正予算等

2011年11月21日に2011年度第3次補正予算が成立した。第3次補正予算案は復興債の発行や所得税、個人住民税などの臨時増税を盛り込んだ復興財源確保法案（「東日本大震災からの復興のための施策を実施するために必要な財源の確保に関する特別措置法案」と「東日本大震災からの復興に関し地方公共団体が実施する防災のための施策に必要な財源の確保に係る地方税の臨時特例に関する法律案」）とともに、10月28日に臨時国会に提出されたが、増税とセットで審議された点に特徴がある。表6-14のとおり、第3次補正予算は年金臨時財源の補てんのための経費や大震災関係経費以外の支出も含んでおり、大震災関係経費としては9.2兆円（円高対策費も除けば7兆円程度）となる。

第3次補正予算の特徴は次のとおり整理することができる。
 ①東日本大震災復興対策本部の復興の基本方針にもとづいて復興を本格的に進める約12兆円（年金臨時財源の補てんのための経費を含む）の超大型予算である。
 ②財源（歳入）はほぼすべてを復興債とする。その発行にあたっては、償還期間が明確にされ、また、主に増税により償還財源が確保されている。ただし、増税に関しては「税と社会保障の一体改革」や政治的動向などの影響により、増税期間をはじめいくつかの点で、復興の基本方針にそぐわない。
 ③東日本大震災復興交付金と呼ばれる、いわゆる「一括交付金」（「使い勝手のよい交付金」）が「東日本大震災復興特別区域法」にもとづいて交付される。それは「使途の自由度の高い」資金とされ、ハード、ソフトの両事業を実施することができる。
 ④地方交付税1兆6,635億円は通常の特別交付税とは別枠の「震災復興特別交付税」

である。復興交付金1兆5,612億円（地方負担分も含む総事業費1兆9,307億円）と合わせて3.2兆円が新型の財源として地方自治体（被災自治体）に交付される。

個々の国庫補助負担事業でみると、高率の補助負担率となっているものの、さまざまな施設が被害を受けている地方自治体では、総額として多額の地方負担が生じ、財政運営に多大な支障を生じることになる。したがって、特別・普通交付税の形で地方負担がカバーされることは非常に重要な意味をもつ。復興債に関しては、大震災直後から国債を発行せざるを得ない場合には、所得税や消費税の臨時増税など償還財源をはっきり示した「復興国債」にし、復興費用を通常の予算とは別勘定で管理することが多方面から主張されていた。

大震災関係経費の内訳は地方交付税と復興交付金を除けば、公共事業等の追加が1兆4,734億円で最大である。次いで、災害関連融資関係経費6,716億円であり、全国防災対策費5,752億円、立地補助金（企業向け）5,000億円、災害廃棄物処理事業費3,860億円、雇用対策3,780億円、原子力災害復興関係経費3,558億円の順となっている。

ここでは2012年2月8日に成立した2011年度第4次補正予算についても言及しておく。その規模は2兆5,345億円である。歳出はその他の経費2兆331億円（中小企業資金繰り支援7,413億円、環境対応車普及促進対策費3,000億円他）、地方交付税交付金3,608億円、義務的経費等の追加1,406億円（生活保護費等負担金等1,339億円他）からなる。地方交付税は2011年度の国税5税の自然増等に伴って計上され、同時に12年度分として交付すべき地方交付税に加算することとされ、これまでに比べてそれほど積極的な側面はみられない。

これに対して歳入（2兆5,345億円）は既定経費の節減1兆4,227億円、税収1兆1,030億円、税外収入88億円からなる。なお、第3次補正および第4次補正の時期にテレビや新聞などで復興予算の流用問題あるいは便乗問題が大々的に取り上げられた。すなわち、被災地の復旧・復興との関連づけに無理がある経費が含まれ、被災地以外の市町村で公共事業等がかなりの規模で実施されたのである（後に一部が返還された）。

⑷ 2012年度当初予算（復興経費）

2012年4月5日に2012年度当初予算が成立したが、当初予算のうち復興経費（復興特別会計）は3兆7,754億円であり、復興経費のうち復興庁所管として2兆433億円が計上されている。2011年度第1次・第2次・第3次補正予算における大震災関係経費に今回の復興経費を加えると、19兆円超となる。国の復興の基本方針に示された「国・地方（公費分）合わせて、少なくとも19兆円程度」（15年度末までの5年間の「集中復興期間」の事業規模）に達したが、復旧・復興状況から言えば到底足りない規模である。財務相は7月に復興予算枠の拡大を検討する意向を表明している。

復興経費3兆7,754億円の内訳は地方交付税5,490億円、公共事業等の追加5,091億円、

全国防災対策費4,827億円、原子力災害復興関係経費4,811億円、東日本大震災復興予備費4,000億円、災害廃棄物処理事業費3,442億円、東日本大震災復興交付金2,868億円、国債整理基金特別会計への繰り入れ1,253億円、災害関連融資関係経費1,210億円などである。

　ここで注意を要するのは、2011年度第3次補正予算の震災復興特別交付税1兆6,635億円のうち8,501億円が翌年度繰り越しとなり、地方交付税（震災復興特別交付税）5,490億円と合わせて、1兆3,991億円がその12年度当初の規模となっている。なお、震災復興特別交付税とは区別されている特別交付税における特例交付および通常交付のうち震災対応は2011年度5,079億円（補正予算除く）であった。[24]

　歳入の内訳は復興債2兆6,823億円、一般会計からの繰り入れ5,507億円（子ども手当見直し4,272億円、高速無料化見直し1,200億円等）、復興特別税5,305億円（復興特別法人税4,810億円、復興特別所得税495億円）などである。

(5) 小括

　復旧・復興に関する政府間財政関係の特徴をあげれば、第一に、国の財政的裏づけが遅れたことがあげられる（とくに第3次補正となった国の大型補正予算の時期、復興交付金の査定と配分を担う復興庁の発足）。したがって、地方自治体の行財政、さらに地域経済・社会あるいは被災者の暮らし・仕事に大きな影響をおよぼした。

　第二に、被災自治体（災害救助法適用市町村他）に対して過去にない規模の地方交付税や一括交付金が交付されたことである。とくに岩手、宮城、福島3県の沿岸自治体では行財政の対応範囲を超えることが考えられる。

　第三に、復旧・復興行財政の主体は市町村を基本とするなかで、被災自治体間で行財政格差が生じやすく、また、住民から行財政がみえにくい。国・県・市町村間および市町村間の協力・連携、住民に対する情報提供、説明責任が問われている。

　第四に、国と地方自治体のいずれにおいても行政体制・財政運営および財源対策の見通しが立たない、あるいは立ちにくいことである。膨大な財政需要が生まれている一方で、財源確保が厳しい状況にあることによる。

24　5,079億円のなかには特定被災自治体の9県が単年度の予算の枠に縛られず、弾力的かつきめ細やかに対処できる資金である「復興基金」（いわゆる「取り崩し型」）を創設する場合の（総務省による）財政措置1,960億円が含まれる。その使途・運用は各県の判断に委ねられるが、市町村の財政需要（事業ニーズ）を踏まえることになっている。

第7章 市町村の行政運営と職員不足問題

はじめに

　東日本大震災の被災地の復興は多岐かつ長期におよぶために、それを担う国・自治体（都道府県・市町村）、民間企業、非営利・協同組織などの強力かつ継続的な連携にもとづくきめ細やかなサポートを不可欠とする。しかし、今回の大震災では過去に経験のない、多数の市役所・町村役場の全半壊、かつ多くの市町村職員の死亡・行方不明がみられる。行政機能の一時停止、大幅低下のなかで復旧・復興業務が急増し、さまざまな方法で職員は補充されているものの、その不足が続いており、市町村の復旧・復興財政に加えて行政にも著しい支障を来している。

　地方行財政研究における災害行政論は既述のとおり、災害の政治経済学として地方分権・住民自治および被災地・被災者の視点から、国の災害対策・復興政策に対する批判を中心に展開し、国と地方の行財政課題を提起してきた。先行研究は今回の大震災に関して復旧・復興事業の実施の遅れを指摘したうえで、主な要因として自治体職員の不足をあげ、その対策の責任を国に求め、スピードを強調している。しかし、「スピード」は被災自治体の行財政にとって逆効果の側面はないか、自治体職員不足の対策は国の責任だけに求めるのは不十分ではないか。また、そもそも職員不足は災害問題として解明されているのか。

　本章の目的は市町村職員の不足問題を主たる研究対象にして、東日本大震災からの復旧・復興における被災市町村の行財政の実態と課題を明らかにすることである。

　本章では市町村の行財政と言っても、国と地方の関係の側面と同様に重大な問題があるにもかかわらず、あまり研究されていない行財政運営（マネジメント）の側面に焦点を当てる。つまり、行財政の機能を発揮させるための体制（組織）、手法（技術）、政策あるいは組織の動かし方などに関わる行財政的側面である。ただし、前章で財政的側面に重点をおいて分析したので、ここでは主に行政的側面とする。そして、行財政運営を支える人的基盤が自治体（市町村）職員であるが、この不足に伴って強く問われている自治体間の関係に着目する。ここでは自治体間連携（自治体間支援）を想定しているが、新たに注目が集まっ

ているにもかかわらず、本格的な検討にまでは至っていない。

　本章の意義は先行研究の批判というよりも、災害史上初であり、かつ顕在化している自治体職員不足問題の解明を通して、災害地方行財政論における行財政運営の側面が組織、技術などの点で、さらに、自治体間関係の側面が多様な支援・派遣職員の点で豊富化されることに見出すことができる。また、近い将来の発生が予想されている首都直下地震や南海トラフ地震などの大規模な災害への対策という実践面においても大きな社会的意義をもつと考えられる。

〈1〉 自治体行財政運営に関する先行研究の到達点

　東日本大震災が地域・自治体におよぼした影響の特徴として次の点があげられる。①市役所・町村役場の全半壊あるいは域外移転や多数の自治体職員の死亡・行方不明・精神疾患にみるように、行政機能が一時停止、大幅低下し、マンパワーの著しい不足が長期におよんでいる。②福島県では原発周辺20km圏の警戒区域および計画的避難区域の住民は圏外への避難生活を強制され、生活と仕事の両方を奪われ、避難住民や農漁家等に対する東京電力や国による賠償・補償問題、除染問題、汚染廃棄物処理問題が生じている。③多くの沿岸地域の基幹産業である農水産業は壊滅的な被害を受け、生業と生活を同時に失った人が多い。他方で、コミュニティ（集落）の崩壊が多々みられ、人口流出による人口減少が異常なペースで進んでおり、地域経済・社会が一気に縮小している。④とくにリアス式沿岸地域では仮設・復興住宅の整備、商店や工場、公共施設等の再建にあたって、浸水地域以外での用地確保が非常に困難であり、復旧・復興に支障を来しており、コミュニティとしてのまとまりも難しくなっている。

　東日本大震災の被害状況（明らかになっている分）に加えて、地域・自治体に与えた影響を踏まえると、国や自治体の財政負担、換言すれば国民や地域住民の財政負担は長期にわたって避けられない。同時に、沿岸地域の自治体の多くは所得水準が低く、財政力が非常に弱いこともあって、従来の災害対策にない特別・新規対策も問われる。そして、原発事故とその損害賠償・補償、それに伴う廃炉コストなどに絡む国の負担を含めると、復旧・復興財政の規模は阪神・淡路大震災に比して間違いなく格段に大きくなり、2次・3次被害を加えると、想像がつきにくい水準になると言っても過言でない。

　これまで大災害を契機として、被災者・被災地の要望やさまざまな立場からの政策提言な

1　阪神・淡路大震災時にも大規模な自治体職員派遣がみられたが、全国区の問題となったというよりも、法制度の未整備のために重大な課題が残った一方で、多くの自治体が自主的に被災地における復旧・復興に携わった。

どを背景に国による新たな財政措置が講じられているが、既述のとおり、今回も同様であり、なかには従来と大きく異なる措置もみられる。しかし、東日本大震災を踏まえた先行研究では、今回も国は現行法制の枠内の弾力的運用あるいは特別措置を超える抜本的な改革に踏み込んでいないという評価が多い。これは政府間関係の点では従来あるいは平時の国と地方の財政関係を応用した措置にとどまっており、公私関係の点ではグループ補助金や生活再建支援金のように、国は個々の財産形成に資する措置を断固として拒否していることによる。こうして個別の措置でみると議論の余地があるとしても、国と自治体、国・自治体と住民・企業の関係の側面が集中的に展開されており、今後の研究においても踏襲されるべきである。

これに対して財政運営の側面は国と自治体の関係を踏まえた歳入出の構造分析という性格が強く、多角的に展開されていない。他方で、国の復興政策の遅れが徹底的に批判され、自治体の復旧・復興事業実施の遅れに大きな影響を与えていることが指摘されている。そして、事業実施の遅れの理由として、①基本計画の変更や住民の合意形成、用地確保等、②自治体職員の不足、関係機関との調整や事務処理、③中央省庁レベルにおける調整・手続き、④実施に伴う必要な資材や人員の不足があげられている。しかし、これらの分析も財政運営に関わらせてほとんど行っていないにもかかわらず、それらの対策の責任を国に求め、事業実施スピード、ひいては被災地の復旧・復興スピードが強調されている。

今回の大震災からの復旧・復興では自治体の行財政機能が低下しているために、被害の複合化、長期化または間接被害の大規模化に伴って、それを発揮させるための体制（組織）、手法（技術）、政策あるいは組織の動かし方などに関わる行財政的側面も強く問われなければならないにもかかわらず、先行研究はほとんど踏み込んでいない。これについては被災地にいてもまとまった情報を入手できるわけではないが、個々の市町村におけるインタビュー調査やメディアの報道等が実態把握の点で考えられる。本章では行財政運営を直接支える人的基盤である自治体職員の不足問題に焦点を当て、行財政運営における組織的、技術的な側面および自治体間関係とくに市町村間関係の側面から分析を行うことを想定している。

東日本大震災における自治体の職員不足問題を鮮明にするために、それに関する先行研究の到達点を確認しておく。自治体職員の不足問題とは発災以降、自治体が必要な対策を講じるための必要人数を確保できないでいることであり、さらに、さまざまな方法で派遣職員を得ているにもかかわらず、必要人数を確保できないでいる状況をさす。したがって、復旧・復興等の業務に十分に対応できず、また、通常業務の処理にも影響がおよぶことになる。今回、復旧・復興プロセスにおいて自治体間連携あるいは自治体間支援はさまざまな形で展開され、被災地の首長の積極的な評価が至る所で聞かれるが、発災直後に日本学術会議はその重要性を指摘し、国や地方に法的整備や体制構築を求めている。そして、

『月刊ガバナンス』の「自治体間連携の展望」という特集を典型としてその可能性が議論され始めている。

東日本大震災に伴う自治体間支援は法制度が想定する国・県・市町村のいわゆる「縦割り（垂直関係）」の限界を背景にもつが、飯塚（2013）にしたがえば、①全国市長会や全国町村会あるいは総務省などが窓口となったり、仲介したりする方法、②広域連携組織による方法（例：関西広域連合）、③単独型、つまり一つの自治体が、被災した自治体を一つ支援することを基本とする方法（「ペアリング支援」）、④スクラム型、つまり、複数の自治体が一つの被災自治体を支援するという方法（「1対多」の支援）があげられる。単独型やスクラム型では多様なケースがみられるが、いずれにおいても新たな支援の可能性が見出される。

遠野市の後方支援もあげられる。遠野市は地理的に沿岸と内陸の結節点であるが、今回、市長のリーダーシップにより震災前に作成、訓練された「後方支援拠点構想」が実践され、有効性が証明された。この「遠野方式」の先進性は後方支援拠点としてさまざまな団体・組織が集結し、情報を共有したり、活動を調整したりする場を設定し、広域的な連携を創り出したことである。遠野市（2013）では今回の活動に関する検証委員会がまとめた成果や課題などが記載されているが、県との連携がとくに情報伝達・共有の点で不十分であったことが課題の一つにあげられている。なお、市役所本庁舎は震災により全壊した。

こうした実績に対して、鍵屋（2012）では応援職員派遣の主な課題として、①十分な職員数、②職員の専門性、③長期的な派遣、④被災自治体の負担軽減、⑤被災自治体間の公平性、⑥迅速な派遣の仕組みがあげられているが、同時に、それらの対策も提示されている。例えば、「支援自治体のグループには、大規模な自治体が必ず入り、まず①の職員数の課題に応える。現役だけでなく、退職したOB職員の力を活かすことも考えられる」。また、⑤については「一定の復興指標をもとにして、遅れているところには新たな支援自治体を求めるなどが考えられる」。

こうした課題に関して、少し角度を変えて、①自治体ごとの支援の量・質に関するばらつき、②派遣職員のミスマッチや業務範囲などの問題を考えると、現行システムの脆弱性（限界性）あるいは非効率性も浮かび上がり、国・県の総合的支援政策、自治体と民間企業や非営利・協同組織、ボランティアの関係のあり方も問われることになる。この点を視野に入れながら、ひとまず「多くの自治体間で顔のみえる関係づくりを進めるとともに、すべての自治体が災害時の支援計画、受援計画を作成し、地域防災計画に位置づけることが重要である」[2]。被災地域以外の市町村にとって決して他人事にしてはならない。

神谷・桜井（2013）でも次の点が教訓としてあげられている。「第一に、大災害で被災

2　鍵屋（2012）。

した場合に備えて自治体は、全国からの支援に対応できるように『受援力』を身につけておかなくてはならない」。「第二に、大災害で支援する場合に備えて自治体は、被災地が受け入れやすいように応援する『支援力』を磨かなければならない」(p.130)。これに付加すれば、平常時から両方の「力」をつけるのに十分な人材と時間が確保されなければならない。したがって、何よりもこのための業務体制（相互応援協定等にもとづく人事交流あるいは研修・訓練等を含む）、職員構成、人員配置など諸条件を綿密に検討することが重要な課題となる。

他方で、支援に伴って責任や権限とともに財源の問題が浮上する。支援側が費用のことを心配しながら支援する、受援側が支援後の費用請求を心配して応援要請しにくくなるケースが考えられる。神谷・桜井（2013、p.37）はそうした点を解消する全国レベルの財政的な仕組みが必要であるとしたうえで、現状では国の役割であると指摘している。また、鍵屋（2012）では「大きな格差がでないように、支援経費については、国の財政措置で補うこと」が提起されている。こうした費用負担のあり方は重要な論点である。

こうして先行研究を整理すると、自治体間支援の可能性が見出される一方で、とくに東日本大震災と同等、あるいはそれ以上の大規模災害であれば、自治体職員のみで構成する「自治体間支援」それ自体の限界が想定される。この場合、多様な主体間関係の展開を可能にする法的整備や体制構築が求められる。しかし、被災自治体の職員不足やそれに伴う問題の実態がわずかに明らかになっている程度であり、この点をカバーして分析成果を蓄積していく必要がある。このプロセスを踏まえてこそ、自治体間支援をできる限り重視したうえでの解決策を導出することができよう。

〈2〉市町村の行政運営と職員不足問題の実態

(1)自治体職員の不足と派遣職員の状況

自治体職員の不足に関して、毎日新聞2013年3月4日付は以下のことを報じている。「岩手、宮城、福島の3県の49被災市町村は13年4月から計1,490人の職員派遣を国に求めているが、総務省によると現時点で全国の自治体から職員派遣を受けられる目途がついたのは475人である。被災自治体が任期付きで採用する職員を加えても685人にとどまり、数百人規模で不足する可能性がある」。復旧、復興が進むにつれ業務量が増え、2014～16年度にピークとなるために、年々、派遣の要望数は増えているが、職員確保はますます追いつかなくなっている。被災自治体は独自ルートでも職員派遣の維持や開拓に努めている一方で、復旧・復興事業への重点的な職員配置や退職者の再任用、外部委託の積極的な活

用などを行ったり、独立行政法人都市再生機構と協力協定を結んだりしているが、厳しい状況を余儀なくされている。

　職員派遣は自治体間支援の一つの手段であるが、自治体間支援の他の手段としては初動期であれば、救援物資・資金・資器材等の提供、避難者の受け入れ、災害廃棄物の処理などがあげられる。これに対して、派遣職員の初動期の業務は避難所の運営、救援物資の仕分けや配布、窓口対応、罹災証明関係など多様な分野および、消防、警察、医療の業務には多数の職員が投入された。とくに市役所・町村役場が全半壊したケースでは、設備、文書、データを失い、情報収集・発信も機能しないなかで、国、都道府県、市町村の派遣職員（応援職員）は貴重な戦力になった。

　今回、派遣職員（応援職員）については緊急消防援助隊制度、災害時相互応援協定、友好都市間応援のような既存の仕組みの活用だけにとどまらず、①首長の判断と責任で自発的に被災自治体を支援することが全国規模でみられ、②派遣（応援）は初動期だけでなく、中長期におよんでいる。いくつかの先行研究において、これらの点が高く評価されている。初動期の動向から東日本大震災復興基本法では基本理念に自治体相互の連携協力の確保が明記されるに至っており、また、被災により本来果たすべき機能を十全に発揮することができない自治体の存在への配慮が記述されている。

　応急対策に対して復旧・復興のステージになると、派遣に異なるスタイルが要求される。①中央省庁に加えて県の正規職員が市町村に派遣されてカバーするという、いわば「縦」の関係は職務の根本的な違いから成立しにくくなり、市町村から市町村への派遣という「横」の関係が重視され、基本となっていく。②復旧・復興が長期化、複合化するほど、長期派遣が求められ、とくに土木・農漁業系の技術職（現地調査や災害査定対応、設計・積算・発注や工事監督など）の要請が増えるようになる。ただし、支援側との復旧・復興の進捗状況に対する認識ギャップや支援側の長期派遣に関する職員の量・質的な制約が大きくなれば、派遣が控えられることが考えられる。

　職員派遣の状況をみると、大震災から2011年度末までに全自治体から派遣された職員数は延べ81,544人、12年度末までであれば85,096人におよんでいる（消防・警察を除く）。また、派遣職員数は2012年4月16日時点の1,407人（うち①県職員として580人、②市町村職員として827人）に対して、12年10月1日時点で1,682人（①657人、②1,025人）、13年5月14日時点で2,056人（①639人、②1,417人）である。2012年10月から13年5月までの増加の要因は、被災県が任期付職員を採用したうえで、県内に派遣していたり、一般事務（用地関係事務を含む）が大幅増になっていたりすることによる。今や一般事務が最多の職種であ

3　都市再生機構の被災地における職員数は2014年5月に400人まで増加している（2011年4月47人）。
4　用地関係事務とは高台移転事業や区画整理事業等の用地計画策定や交渉、用地取得予定地の価格評価、登記などをさすことが多い。

る。

　この職員派遣は次の方法からなる（総務省資料より）。全国市長会や全国町村会による職員派遣であり、大震災直後にそれらが派遣市町村の窓口となる人的支援体制が構築されていた。このスキームが職員派遣の基本となっている。2013年6月1日現在の中長期的な派遣状況は表7-1のとおりである。また、都道府県からの派遣は市町村より若干下回って推移していたが、2013年5月14日時点で50.3％（1,034人）を占め、逆転している。独自に任期付職員を採用し、職員を派遣する都県や市もある。このように都道府県あるいは任期付職員の存在感が増している。

　これに関わって被災自治体における任期付職員等の採用に言及しておく。岩手、宮城、福島の被災3県では2012・13年度に市町村職員として552人、県職員として544人が採用されている（予定を含む）。大震災の対応のために職員の採用を行った場合の経費については、その全額が復興特別交付税により措置される。他県・市のケースも含めて、例えば給与（任期付）は学歴や職歴等を勘案して決定される（上限あり）。なお、各県は全国市長会・町村会のスキームを典型として各市町村への職員派遣のコーディネーターとしても重要な役割を果たしている。市町村に調整事務を行う余裕がなく、非効率な側面もあることによる。

表7-1　2013年度の東日本大震災被災市町村への職員派遣
（全国市長会・全国町村会スキームによる中長期的な職員の派遣）　　（人：2013年6月1日現在）

県　名	要望数	充定数	不足数	職　種	要望数	充定数	不足数
岩手県（9市町村）	303	259	44	一般事務	682	530	152
				土木	538	430	108
宮城県（15市町）	933	709	224	建築	105	89	16
				保健師	72	49	23
福島県（24市町村）	243	186	57	農業土木	21	16	5
				電気	17	13	4
合計（48市町村）	1,479	1,154	325	機械	13	10	3
				その他	31	17	14
				合計	1,479	1,154	325

※充定数は予定を含む。　　　　　　　　　　　　　　　〔出所〕総務省資料より一部改変して筆者作成。

5　宮城県のホームページで2014年度県任期付職員（土木技術者）の採用時の月額給与（目安）をみると、民間企業等で32年勤め、採用時年齢50歳の場合、給料は約29万円で、これ以外に各種手当（期末・勤勉手当など）が支給される。12年勤務・30歳採用であれば、給料は約22万円である。各自治体で給与水準を決めることができるが、自治体間でほとんど差がないのが実状である。

6　岩手日報2014年1月19日付では岩手県が沿岸市町村の新築家屋の固定資産評価業務を内陸市町村が「スクラム型」で支援する仕組みを構築し、2014年度から試行的に始めることを報じている。住宅再建が本格化し、評価業務の増加が見込まれることによる。「職員は出張先の市町村の『固定資産評価補助員』として、新築家屋の実地調査やシステムを用いた評価額の積算などに当たる。出張期間は1回につき1泊2日または2泊3日を基本とし、出張費などは国が負担する」。

その他の職員派遣の方法は次のとおりである（総務省資料より）。①全国の市区町村OB職員の活用である。総務省が全国市長会・全国町村会の協力により、被災市町村で働く意欲のある市区町村のOB職員の情報をリスト化して被災市町村へ提供するシステムが2013年1月から構築されている。このリストをもとに被災市町村で全国の職員OBの採用が実施されている。

②民間企業等の人材の活用が促進されている。被災自治体からの要望にしたがって、民間企業や自治体の第3セクター等（土地開発公社等の地方三公社、財団法人等）の従業員を、在籍したまま被災自治体が受け入れる仕組みが2013年3月から整備されている。被災自治体が負担する民間企業等からの職員の受け入れ経費（給料等）については復興特別交付税により全額が措置される。

③国家公務員による支援もあげられ、とくに大震災から数か月の間は大量に派遣されていた。総務省は自ら職員を派遣するとともに、国家公務員の派遣支援の枠組みを整備し、各府省に協力を要請した。各府省の個別ルートによる派遣もみられる。復興庁も非常勤職員等を採用し、被災市町村に駐在させている。国家公務員の派遣は大震災から2012年4月23日までに延べ約74,200人で、13年6月19日までであれば延べ約88,100人におよんでいる（自衛隊、復興庁所管分を除く）。[7]

こうしてさまざまな方法により自治体職員が確保されているものの、その不足問題は大震災前の状況をみれば、より深刻なものとして理解することができる。第6章では岩手沿岸市町村における大震災前後の行財政の実態が詳細に明らかにされているが、大震災前の行財政改革により職員数、平均給料、人件費などが大幅減となっている。職員数では一般事務職に限らず、公共事業の縮小により、土木系の技術職員も削減されていた。ただし、これは岩手だけでなく、全国的な動向であったが、単に過去の改革を批判すれば済むほど、問題の構図は単純ではないであろう。

被災自治体における地方自治法にもとづく「中長期」（総務省資料）の派遣職員の受け入れ経費については、その全額が復興特別交付税により措置される。「中長期」は法律・省令上の用語ではなく、表現上のものであり、また、期間が示されているわけでもない。地方自治法第252条の17にもとづく派遣であれば、派遣先（被災自治体）に費用負担義務が生じ、この負担が措置対象となる。2012年度の復興特別交付税交付額は7,645億円であるが、そのうち中長期職員派遣・職員採用分は207億円である。震災業務に従事する限りにおいて、派遣実績に応じて給料に加えて超過勤務手当や赴任・帰任旅費等が財政措

7　内閣官房内閣人事局に問い合わせたところ、国家公務員の派遣は国家公務員の身分のままの派遣を意味し、派遣人数には「短期」（職務命令による出張の形）も含まれるのではないか、ということであった（総務省から明確な回答を得られず）。派遣人数は2011年4月18日時点の988人をピークに減少し、14年度には100人（特定の日付時点ベース）を切って推移している。

置される。ただし、措置対象は重要な論点である。なお、被災自治体側から派遣職員の人件費に関する支出をみると、例えば、大槌町は負担金で2011年度1.6億円、12年度4.6億円、陸前高田市は順に2.3億円、3.7億円である。

　以上のことから、自治体の職員不足問題は国・地方間、都道府県・市町村間、市町村間、自治体・民間部門間の（行財政）関係から一体的にアプローチされることになる。同時に、自治体行政運営にとっての多様かつ柔軟な体制（組織）づくりとそのための技術（手法）の構築などが不可欠となるが、自治体間関係や各被災自治体（個別対応）の可能性が最大の論点になる。このことは（被災）自治体における地方分権の推進や住民自治の充実・強化に大きく関わると考えられる。

(2)岩手沿岸市町村の職員不足問題と事業実施の「遅れ」

　ここでは岩手沿岸市町村を主な事例にして、職員不足問題が復旧・復興行政運営に与える影響を明らかにしたい。

1）職員不足問題の影響

　岩手沿岸市町村に対する2013年6月1日現在の中長期的な職員派遣状況は表7-2および表7-3のとおりである。派遣職員数の合計は446人（表7-2）におよぶ。その特徴をみると、第一に、大槌町が94人で最多である。大槌町では大震災により約1/4の職員（正規職員ベース）が死亡・行方不明となり、そこに町長および管理職（課長以上）の大半が含まれている。そして、生存の管理職も1人を残して震災年の3月末で定年退職し、管理機能の喪失に追い込まれた。残された職員が混乱したのは当然である。これに対して、2011年6月の副町長等へのインタビューでは6月現在、県内外からの派遣職員は20人であったが、12年6月に43人となり、その後も増加の一途をたどり、13年9月現在、職員約240人の4割近くを、復興局の都市整備課ではほぼすべてを占めている。[8] また、少なくない派遣職員に宮古市をはじめ遠方から通勤してもらわざるを得ない状況がみられた。

---

[8] 被災自治体では通常の行政サービスの建て直しと同時に、被災者・被災地区の支援の総合化、体系化が求められるが、陸前高田市や大槌町などでは国や県とのパイプ役に加えて、全体的な統括や調整の機能を高めるために、副市長・副町長、部長のポストに中央省庁や県の職員が継続的に派遣されている。陸前高田市には内閣府、釜石市には財務省の出身の副市長が就任しているが、それぞれの省を退職したうえでのことである。大槌町では復興の最前線である復興局都市整備課の課長が2012年度に派遣職員であり、13年度は元神戸市職員で12年10月に派遣職員から町の任期付に転じた職員（年齢61歳）が後任となっている。なお、大槌町長は碇川（2013）で「今後、派遣職員を継続的に確保できるかどうかが復興の進捗に多大な影響を及ぼすことは間違いない」（p.90）と述べている。

第二に、派遣スキームでみれば、総務省スキーム（既述の全国市長会・全国町村会スキームのこと）が133人（29.8％）で最も多い。次いで、各市町村による独自確保（独自のルート等で確保する）が93人（20.9％）となっている。独自確保については陸前高田市が23

表7-2　岩手沿岸市町村への職員派遣　　　　　　　　　　　　　　　　　（人：2013年6月1日現在）

区分		大槌町	陸前高田市	釜石市	宮古市	大船渡市	山田町	野田村	田野畑村	岩泉町	久慈市	計(％)
派遣職員数	計	94	88	76	53	71	33	19	9	2	1	446(100.0)
	総務省スキーム派遣	30	10	30	13	36	8	2	4			133(29.8)
	岩手県職員派遣	8	9									17(3.8)
	岩手県任期付職員派遣	9	18	12	7	6	4	6				62(13.9)
	県外自治体任期付派遣	6	1	2	6	4		3	1			23(5.2)
	県内自治体派遣	17	17	3	3	6	2	6	2			56(12.6)
	OB派遣スキーム											0(－)
	民間企業職派遣	3	1	6		5						15(3.4)
	三セク・公社派遣スキーム											0(－)
	復興庁スキーム	1	3	13	7		1		1			26(5.8)
	独自確保	19	23	9	9	11	16	2	1	2	1	93(20.9)
	その他	1	6	1	8	3	2					21(4.7)
被災市町村	任期付採用	18	4	13	27	6		5				73(－)

※復興庁スキームは国OB、JICA、民間等の社員の復興庁採用による派遣である。
〔出所〕岩手県立大学総合政策研究科修士課程の佐藤博氏の作成による（岩手県市町村課資料）。

表7-3　岩手沿岸市町村に対する派遣職員等の職種別内訳　　　　　　　　（人：2013年6月1日現在）

区分		職種					
		一般事務	土木	建築	保健師	埋文調査	その他
必要数	573	285	200	36	23	18	11
派遣者数	519	250	187	35	20	18	9
充足率(％)	90.6	87.7	93.5	97.2	87.0	100.0	81.8

※1．その他の11人は機械設備関係業務2、電気設備関係業務1、保育士1、看護師1、栄養士1、情報処理3、介護福祉士1である。
　2．派遣者数519人は派遣職員446人と被災市町村任期付採用73人からなる。
〔出所〕岩手県立大学総合政策研究科修士課程の佐藤博氏の作成による（岩手県市町村課資料）。

人で最多である。これは名古屋市が全面的かつ中長期的に支援する「丸ごと支援」のためであり、2013年度には13人が派遣されている。名古屋市は2011年4月から支援を開始し、自ら派遣職員の宿舎および通勤手段を確保している。

第三に、厳密には派遣職員ではないが、被災市町村任期付採用については、宮古市が27人で最多で、宮古市の派遣職員数53人の半分超に相当する。その職種別内訳は一般事務13人、土木7人、建築5人、埋蔵文化財調査2人となっている。

第四に、独自確保は山田町では16人で、派遣職員の48.5%を占める。静岡県および静岡県内市町村の存在が非常に大きく、2011年から派遣が続いており、13年6月現在、県5人、県内市町村7人である。彼らの高い使命感や責任感は町職員の誰もが認めている。

宮古市と山田町の派遣職員等（独自の任期付採用を含む）は2012年4月1日現在27人、22人であったが、その後、前者は大幅増であるのに対して後者は延べ人数でみてもそれほど増加していない。山田町でも復旧・復興業務は間違いなく増大していくので、今後、要望数は急増すると考えられるが、派遣事情が好転しない限り、他の市町村に比して厳しい状況を余儀なくされるかもしれない。いくつかの沿岸市町村におけるインタビュー調査では「少ない人材の『パイ』を奪い合う様相を呈している」という声を聞いた[9]。

こうした派遣状況が自治体の復旧・復興業務の進捗に多大な貢献をしているが、それでも不足しており、一般事務（用地関係事務を含む）および土木・農漁業系の技術職など多くの分野でみられる。数字上では、充足率が80%台後半〜90%台前半となり、不足率の低さを指摘することができるかもしれないが、それほど単純ではない[10]。ある部署での1人、2人の不足を埋めるにしても、3日間、1週間という期間ではないために、現存の人員に対してボディブローのように追加の肉体的、精神的な負担が効いてくる。また、正規職員については通常業務と震災業務の線引きが難しいために、後者に対する国の財政措置の対象にはならず、時間外勤務であれば各市町村の人件費としての負担となる。

筆者のインタビュー調査（2013年8月）から、派遣の要望数（必要数）について他の市町村（被災地を含む）に対する配慮から最低限の数字を挙げる市町村が多いことが明ら

9　派遣する側にも厳しい制約があるなかで、米澤（2013）では盛岡市と一関市の人的支援が高く評価され、県内における内陸と沿岸の連携に言及されている。盛岡市は2013年度に16人（沿岸8市町村）を派遣しており、また、一関市は12年度に派遣を受けていたが、13年度には逆に13人（陸前高田市11人、気仙沼市2人）を派遣している。両市は職員の派遣に際して、頭数ベースで同じだけの職員（主に臨時職員）を確保しているが、そうしない自治体も少なくない。なかにはゼロというケースもある。

10　総務省資料にもとづき岩手沿岸市町村（9市町村）に対する2013年度の全国市長会・全国町村会スキームによる中長期的な職員派遣の状況（2013年6月1日現在で、予定を含む）をみると、充足率（＝充足数／要望数×100）は低い順で田野畑村72.2%、宮古市75.7%、大槌町78.7%で、高い順では大船渡市、岩泉町、野田村が100%である。

かになった。ただし、正確に言えば、派遣職員に来てもらうからには質・量の両面で仕事をしっかりしてもらいたいが、とくに仕事の量が読みにくいということである。防災集団移転促進事業（防集）、都市再生区画整理事業、災害公営住宅整備事業（用地取得造成を含む）などは実施しなければならない難事業（通常1ケースでも長期を要する）であることは明瞭であるものの、国・県との調整やさまざまな利害関係、工事業者の確保や関連事業の進捗などが絡むために、実施時期を見通しにくく、要望のタイミングに非常に苦慮するようである。

「事業計画作成→用地交渉・取得→工事発注・実施→完了検査（・住宅分譲）」というプロセスにおいて、段階ごとに必要な職種、つまり技術・知識も変わってくるし、また、最も期間を要する工事と言っても、都市計画系、漁港系、下水道系などさまざまな領域の対応には、それぞれ人員が配置されなければならない。（派遣）職員間の引き継ぎがある。さらに、各市町村の被災エリアごとに、さまざまな領域かつさまざまな段階で事業が進行したり、停滞したりしている状況を、あるいは多くのエリアで特定の領域の事業を一斉にスタートせざるを得ない状況を想像すれば、多大な困難を抱える職員の姿が見えてくるであろう。細部にわたってみれば、職員不足問題あるいは派遣職員確保がきわめて根深いことが示唆される。

こうした諸事情のなかで、先行研究では復旧・復興事業の実施の遅れが指摘されたうえで、主な要因として自治体職員の不足があげられ、スピードが強調されている。テレビや新聞などメディアでも同様である。確かに、スピードは誰もが認めるように不可欠であるものの、職員にとって多大なプレッシャーになっており、職員不足のために沿岸市町村の復旧・復興行政運営に逆効果をもたらしているのも明らかになっている。

日本経済新聞2012年4月20日付は、道路や橋などの工事発注に必要な費用の見積もりが追いつかないケースが相次いでいるとし、大槌町の事例をあげている。「担当の正規職員3人に加えて、他自治体からの応援3人と臨時職員2人が積算を行うが、連日午後11時ごろまでかかり土日も出勤する状態が続く」。初めての業務も多く、費やす時間も増えるのであろう。また、他の町におけるインタビュー調査（2013年8月）では用地関係事務の担当者は日中には計画作成のための住民（移転者等）との合意形成、地権者等との用地交渉などで外に出ており、時間外にデスクワークを行っている。住民との信頼関係の構築には多大な労力を費やすが、外回りのペースも職員不足のためになかなか上がらない。また、法制度について住民に理解してもらえるよう、詳細に、かつわかりやすい説明をする余裕がなくなる。ただし、他の多くの部署では超過勤務は格段に少ないということであった。通常業務中心の部署と復興業務中心の部署、あるいは派遣職員と正規職員の間の負担においてメリハリをつける方針なのかもしれない。

次に、市町村でいつ生じてもおかしくない事例をあげておく。岩手県は復旧・復興工事に絡む一般競争入札に伴う最低制限価格等で価格算定ミスを相次いで犯しており、岩手日報2012年5月23日付は「算定ミスは計15件、業務中断要請は9業者に上る。工事着手の

遅れが避けられない一方、再発防止策は具体性を欠き、今後の復興事業が不安視される事態だ」と報じている。岩手日報2012年5月28日付は「県担当者による単純ミスやシステムの不具合に加え、確認の甘さや情報共有の不徹底なども発覚し、組織としての問題も露呈した」「一方で、問題が起きた背景には震災後の膨大な業務量があり、それが今後の懸念材料にもなっている」と指摘している。

職員不足のなかで膨大な業務量が処理されているが、山田町の中心街である山田地区の復興整備事業、つまり防集や土地区画整理事業などのケースのように、都市再生機構が、町から委託を受けて事業主体となり、あらゆる局面に対応する状況が生まれている。住民参加や情報公開、個人情報の取り扱いなどに対する懸念が住民から聞こえる。

土地利用に関わらない部署でも震災前とは大きく異なる状況がみられる。陸前高田市の2013年度当初予算の規模は1,019.1億円で10年度113.4億円の9.0倍であるが、財政係は震災前と変わらない4人である。係員を増員できる余裕は全くなく、財政運営に重大な支障を来すようなミスがいつ起こるとも限らない。

他方で、県事業であるものの、県立高田高校の校舎新築工事をめぐって、2度の入札不調を経て、3度目で入札が成立し、何とか当初予定の2015年4月の使用開始に目途がついたことも、数少ない職員の財政運営に多大な負担をもたらす象徴的なケースである。入札対策は講じられているものの、入札不調（取りやめ）率は高水準が続く。

仕事の量・内容・責任、家族や同僚等の死亡などに起因するメンタル問題もあげておきたい。岩手日報2011年12月28日付は、岩手、宮城、福島の3県の太平洋沿岸の33市町村で、4～10月に精神疾患などによって休暇を取った職員が、前年同期より70％も増えたことが、共同通信社のアンケートで分かったことを報じている。岩手の場合、増加率は77％（陸前高田市は比較できず）で3県のうちで最も高い（22人→39人）。多数の死亡・行方不明者が出た陸前高田市を加えると、さらに上昇したと思われる。ある町では大震災から数日後に正規職員が自殺している。また、ある町では健康診断の結果から正規職員40人がメンタルヘルスの要指導となり、派遣職員のゼロに比して大問題となっている（筆者のインタビュー調査による）。

メンタルヘルス問題の他にも、被災程度が大きい地域の市町村では行財政に与える影響が大きいと思われる実態がある。一般職員の派遣は大半でマッチングができているようだが、他方で、著しい職員不足ゆえのミスマッチと思われる状況がみられる。ある町では財政課の経験がない若手の派遣職員が1人で復興交付金を担当していた。1市1町における2人の派遣職員の自殺についてもミスマッチが強く影響しているようである。また、他自治体からの任期付職員のなかにはキャリアがほとんどなく、事前の研修もわずかなケースがみられる。上司からある日突然呼ばれ、命令として派遣されたケースもあり、受入側が困惑するようである。

2）復興事業のスピードに関する問題提起

〈事業実施の遅れとは〉

　多くの被災者の暮らしや仕事が依然として非常に厳しい状況であることは、とくに岩手、宮城、福島に住んでいれば、また、多方面からの調査報告を通して知ることができ、一日でも早く震災前の水準に戻ることは誰しも願うところである。しかし、一人ひとりが思い描く再建を実現してほしいとなれば、地域・自治体の役割に限界が生じる。あるいは再建が思うようにいかないので地域（集落）を離れるのでは、地域・自治体の存在意義はなくなる。

　東日本大震災は過去の大災害に比してそもそも規模、内容とも桁違いに異なり、したがって過去にないさまざまなかつ深刻な諸問題あるいは諸制約が生じており、復旧・復興にとって時間（スピード）の単純比較についてはあまり意味がない。生活、生業・雇用、コミュニティの一体的な再建を目標にできても、元の土地での100％の再建が非現実的なケースが非常に多いために、時間を集中的に取り上げるのには無理がある。

　復旧、復興において個々の住民・企業、地域（集落）、自治体などが果たすべき役割が異なることは言うまでもないが、自治体の復旧・復興事業の遅れと言う場合の「遅れ」がはっきりしていないことが非常に多い。何を意味しているのだろうか。ここではひとまず「遅れ」を、計画策定に時間を要したり、事業が計画通りに進まず、着工や完了が遅くなる、あるいは工程を見直さざるを得ないという意味にしておこう。これを踏まえると、次のような頻繁に見られる状況において、その「遅れ」を理由にして自治体を一方的に批判することができるだろうか。ここではかなりの無理があることを明らかにしたい。

　　①復興基本計画やさまざまな事業計画の策定を急ごうとすれば、住民ニーズの把握が不十分になり、かえって策定後に事あるごとに変更を余儀なくされ、実施に多くの時間を費やすことになる。地区によっては、2013年になって堤防の高さの変更を求める大きな動きがあるが、行政サイドが住民・地区（集落）と丁寧に協議すれば、それだけ時間を要する。大震災から1、2年たって多くの住民に地区のことをじっくり考える余裕が出てきた結果であれば、やむを得ないのではないだろうか。
　　②応急仮設住宅、さらに、災害公営住宅の建設を急いでも、住民のニーズは変わる。みなし仮設（民間賃貸住宅の借り上げ）の実績は顕著である[11]。そして、自立再建を基本とするものの、全体として多様な住宅再建に対するサポートが求められている。また、災害公営住宅の入居にとって立地や家賃等がネックになるかもしれない。何より

11　民間賃貸住宅に入居した避難住民の当該民間賃貸住宅を県との賃貸借契約に切り替え、借上げ住宅とする特例措置が導入されたことにより、被災者のニーズが民間賃貸住宅に流れ、結果として応急仮設住宅整備目標が引き下げられることとなった。

も用地取得や事業実施に伴う多様なハードルが待ち受けている[12]。それらでは法制度や諸手続きが足枷になることが多いが、事業の遅れに対する不平不満は市町村に向けられる。災害公営住宅が完成しても、その維持・管理は市町村であるために、市町村は整備戸数に加えて、維持・管理コストの点からも慎重に対応せざるを得ない。

③自治体職員の不足は大震災直後からみられるが、深刻なままである。派遣職員も誰でも良い、短期で良いわけではなく、少なくともある程度のキャリアを備え、中長期で従事してもらわなければならない。他方で、正規職員は地域住民と同様に被災者である。あまり知られていないが、彼らの多くにさまざまな負担からメンタルヘルスの問題が生じている。また、新規採用にも限界があり、正規職員不足のために通常業務でさえ支障を来している。地域住民等の公務労働(者)に対する理解が求められている。

④さまざまな計画の策定に伴って数値目標が設定され、住民にとって見えやすいが、スピードの追求となれば、数値にこだわる進捗管理となり、質が軽視されうる。仮設住宅(プレハブ)の質は過去の教訓が生かされず至る所で大問題になっているし、がれき処理も必ずしも早ければよいわけではない。また、かえって事業の方向性を縛り、住民合意による修正を難しくするケースが増える。逆に、スピードを迫られるがゆえに、目標達成が遅れると、過度に批判されることがある。

⑤国からおカネ(財源)が配分されているのに、地域・自治体で上手く使えていないことが皮肉的に言われるが、工事の作業員・技術者不足や資機材不足など、その責めに帰する要因だけではない。また、まちづくりをじっくり考える時期であれば、おカネのやりくりが無理なくできるように運営上の制約をさらに緩和することが優先されるべきである[13]。

---

12 用地交渉・取得に際しては抵当権の抹消、所有者不明、相続手続きなど複雑多岐にわたるハードルがあるが、被災地では一般的に知られており、「見えやすい」ハードルと言える。これに対して、例えば、①高台の造成事業に伴う大量の土砂の多くが処理できないという課題を抱えており、その仮置き場を設置する場合に、予定場所の地権者の全員から許可を得たり、被災跡地を買い上げたりしなければならない。②港湾整備では岸壁の嵩上げや防潮堤の整備などさまざまな事業を総合的かつ同時的に進めることで効果が増すようであるが、多くの工事業者が集中するために、資材置き場の確保に時間を要し、工事の進捗が遅れるというケースも散見される。③防潮堤や防波堤など海岸保全施設の復旧という大きな区分でみると、海中工事が基本となる。海中調査、損壊ブロック等の除去、測量、基礎整備などが初期作業であり、しけが続くと作業中断を余儀なくされる。このような「見えにくい」ハードルが非常に多くある。被災地での自治体職員や議員との懇談あるいはメディアの報道で知ることができるようなレベルであろう。

13 森下(2013)では自らの実体験にもとづいて、復興交付金事業を巡って、制度(国)と住民、時間(スピード)の板挟みで苦悩する名取市職員の姿が生々と記されている。「事業を進める段階になって国庫補助金を申請する時にもう一度復興庁の査定があり、査定が通らなければ計画を見直さなければならない」。「住民は行政に対して不信感を抱いてしまい、行政不信に陥った住民たちは行政に対して反発する。その状況をマスコミが報道し、その報道を見た省庁はさらに厳しい要求を市町村に行う。そして、市町村は計画を変更しようとしても省庁の了承が得られず、計画の変更協議に期間を要し、住民不在のまま時間だけが経過してしまうという悪循環が起こってしまった」。なお、森下は神戸市職員で名取市に派遣されていた。

地域住民が市町村等に対する震災関連の諸手続きで多大な時間と労力を費やすケースも枚挙に暇がない。しかし、市町村が独自に諸手続きを簡素化することができる範囲はきわめて限定的である。

岩手日報2012年10月21日付では釜石市の防集を事例として「因果性のジレンマ」があげられており、被災地における住宅再建の困難が象徴的に記されている。「防集を行う市町村は、住民の意向を把握し移転戸数を固めなければ、整備計画策定などの手続きが進まない。一方被災者は、整備計画が固まって移転先のめどが立ち、浸水した土地の買い上げ価格などが決まらなければ、高台に自力で自宅を再建するか、災害復興公営住宅（復興住宅）に入居するか最終的に判断できない」。[14]

こうした実態をあげれば、それぞれの「遅れ」がさまざまな原因からなることがわかろう。したがって、課題も多岐にわたることが示唆される。例えば、災害公営住宅整備では住民ニーズの変化、用地交渉・取得、入札問題、工事作業員等の不足などが複雑に絡み合う。これらには実施計画の策定時における不確定要素の影響が含まれるかもしれない。また、「遅れ」の定義によって、そもそも「遅れ」と見なすべきでないことになる。例えば、「計画策定に時間を要したり」を削除すると、①の「復興基本計画やさまざまな事業計画の策定を急ごうとすれば、住民ニーズの把握が不十分になり」という点は「遅れ」と見なされないことになる。なお、国の直轄事業の実施待ちとなると、あるいは事業実施の緊急度、優先度の観点から先送りすると、同様のことが言えるケースもあろう。

〈スピード重視に対する注意喚起〉

岩手県（2013a）によれば、第1期復興実施計画（2011～13年度）の事業の進捗に関して「実質的な遅れ」[15]は18.7%である（表7-4）。また、岩手日報2013年8月9日付は岩手県の復興事業の進捗について以下のことを報じている。「県は被災12市町村のインフラ整備工程をまとめた『復旧・復興ロードマップ』改定版（基準日7月31日）を示した」。「県復興局によると、全事業674か所のうち、79%の533か所は工程の見直しがなく計画通りに

14　河北新報2012年10月17日付は野田村における防集に伴う移転地の造成に関わる立木伐採に必要な保安林の指定解除等について以下のことを報じている。「県が権限を持つ保安林の解除には、高台団地の世帯数を決めて面積を確定する必要がある。だが、住民が高台団地に自宅を再建するか、災害復興公営住宅（復興住宅）に住むか選択するには、復興住宅の場所や家賃のほか、浸水した土地の売却価格など多様な要素が出そろわなければならない。村は日々変化する住民の意向をつかむため、4度の意向調査を重ねざるを得なかった。各種手続きに必要な書類も平常時と変わらず膨大なため、職員は手が回らなかった」。

15　岩手県（2013a）によれば、「実質的な遅れ」とは事業進捗が「遅れ」および「未実施」の指標のうち、被災地におけるニーズが当初見込みを下回ったもの、または他の有利な制度を活用したものを除いたものをさす。「遅れ」にも「実質的な遅れ」とそうでない「遅れ」があるということになる。

表7-4　岩手県第1期復興実施計画の事業進捗における「遅れ」「未実施」の要因分類

	分　類		内　容
1	まちづくりの遅れの影響		海岸保全施設や市街地・集落・産業の立地等をまとめた市町村の土地利用計画づくりの遅れ
2	着手の遅れ	(1)関係機関等との調整	とくに、住民との合意形成や国、関係機関との調整に不測の日数を要したもの
		(2)用地確保	とくに、用地確保に不測の日数を要したもの
		(3)入札不調等	とくに、入札不調等により不測の日数を要したもの
3	進捗の遅れ	(1)工法変更	追加工事等の工法変更
		(2)作業不能	悪天候による作業不能等
4	その他		上記分類に該当しないもの
5	事業見込量の減少		支援対象の実際のニーズが計画値を下回ったもの
6	他制度活用		国、市町村等の他の有利な制度が活用されたもの等

※岩手県では1〜4が「実質的な遅れ」とされている。　〔出所〕岩手県「いわて復興レポート2013」p.10の表を一部改変して筆者作成。

進み、4.5%の30か所で計画より早まった。一方で、16.5%の111か所で工程が延びた」。

　大船渡市の復興事業（計画ベース）の進捗状況は2013年6月30日現在、全269事業のうち着手済（計画どおり事業に着手し、実施中のもの）175（65.1%）、実施済（終了）49（18.2%）、検討中（実施に向け準備段階のもの）26（9.7%）、未着手（実施の見通しが立たないもの）6（2.2%）などとなっている（大船渡市ホームページ）。

　こうした岩手県や大船渡市の状況は一例にすぎないが、一部の遅れている事業を取り上げて、すべてが遅れているように指摘することは間違いであるし、市町村によっては復興計画（実施計画）で示したスケジュールが大半の事業あるいは地区で前倒しとなっていることもある。甚大な被害を受けた地域以外の住民や企業などを対象とする復興に関する意識調査では回答者の多くが「遅れている」と回答することを目にするが、多分に感覚的な側面をもっているのではないだろうか。

　他方、岩手県や大槌町などではインフラ整備の工程表（改定版）が公開されているが、地域住民（被災者）の信頼、期待にも関わる重要な資料になりうる。にもかかわらず、大半で改定前後の変化がわかりにくい表示になっている。住民にとってそもそも防集をはじめまちづくり事業の制度それ自体が難しいとなれば、疲労感が増すばかりである。事業の遅れについて、設計等が進み工程の精度が高まったという理由もあろうが、むしろ表面的には「見えにくい」さまざまな問題を含めて、住民に対する詳細な情報公開と説明責任が強く問われているように思われる。

　復興あるいは再建の遅れは指摘されてよいが、個人あるいは目前の課題も含めてスピードを振りかざせば、何とかなるというような単純な構図になっているわけではない。実態をしっかり把握したうえで解決策が見出されないと、被災地において批判の矛先は特定の対象、つまり自治体とくに市町村に向けられてしまう。自治体が「遅れ」を既述のような「計画策定に時間を要したり、事業が計画通りに進まず、着工や完了が遅くなる、あるいは工程を見直

さざるを得ない」という意味で用いる場合には、相当の覚悟が必要となる。逆に、そうせざるを得ないとすれば、事業進捗管理システムあるいは事業評価システムの限界を示しているのかもしれない。

　地域住民は事業の実態の詳細を知って「それほど時間がかかるものなのか」と失望するかもしれないが、住民から批判や要望が細々と出ても、何を優先すべきかが明瞭でないといけない。場合によっては、住民と市町村（当局）が一体となって国・県などに要望していく必要がある。とくに岩手県の被災者・被災地目線の対応は随所でみられる。被災者は、自治体は当てにならない、意見を出しても無駄だ、職員はしっかり働いていないと言うだけでは地域・自治体の主体性、自主性は半減するのではないだろうか。そうなれば、分権の推進や自治の強化、さらに、コミュニティや住民・地域の生活や仕事の再建にも大きく影響するであろう。

　他方、多くの地区（集落）でリーダーあるいは世話役の住民が震災の犠牲になったことは自治体との信頼関係の構築や対話の積み重ねにおいて非常に大きな損失である。地区再建のスピードときめ細やかさの両立は、それらの存在だけで説明できるほど単純ではないが、行政依存と地区自律の狭間で行き来するケースが少なくない。こうした状況から新たな合意形成の仕組みができたり、さまざまな情報交換の場が創られたり、地域の主体的な活動に伴う外部支援を得たりするケースもみられる。それでも高台移転のような難事業で地区がばらばらになることが避けられない状況が生じ得る。逆に、地区によっては多くの住民が計画さえ策定してもらえれば、事業に着手してもらえれば何とかなるという行政依存の意識を強くもっている。

　なお、地域住民をみれば時間（スピード）に煽られ、ついていけず、生活や仕事の再建見通しに絶望し、かえって心身の問題を抱えている者も少なくない。コミュニティやNPO、ボランティアなどと連携しながら、あるいは被災者を雇用しながら、そのような者に根気強く向き合うことこそが国・自治体の重要な責務であろう。

〈3〉行財政運営の基本課題

　東日本大震災の被災状況や必要な復旧・復興事業、さらに事業に伴う諸問題や諸制約を理解するほど、多くの方々が考える以上に、復旧・復興に時間を要することがわかろう。事業が計画通りに進まず、着工や完了が遅れる、あるいは工程を見直さざるを得ないといったような意味で「遅れ」をあげると、その主な要因の一つは確かに自治体職員の不足である。本章ではスピード（時間）の強調が行財政運営に逆効果をもたらす側面があり、とりわけ自治体職員の不足問題が非常に複雑で、根深いことが明らかになった。したがって、それが

深刻にならないように、そして、それを解消できるように、早急に追加的な、あるいは新たな取り組みが不可欠である。

　第一に、自治体職員不足の対策は国の責任だけに求めるのは不十分であり、むしろ自治体の責任が全国レベルで強く求められる。岩手県（2013b）にみるように国に対して職員確保に関するさまざまな要望、つまり、継続的な人的支援および総合的な調整機能の強化、国による任期付職員の一括採用制度の創設、人的支援に係る財政措置の継続および拡充、民間企業等からの人的支援の推進などの要望を行うことが避けられないにしても、人材確保の責任は財源上あるいは権限上の責任とは性格が大きく異なるために、国主導にしていくことが望ましいか否かは議論の余地が大いにあろう。東日本大震災では自治体間連携が過去の大震災に比して大きく注目され、さまざまな手法で実践されているが、このことから段階的、系統的、あるいは高度な人的支援システムの構築の可能性が示唆されるからである。

　第二に、自治体職員の派遣元における派遣のための条件づくりと被災地内外における任期付正職員（派遣分）の給与水準の引き上げである。派遣元にとって派遣職員の人件費は制度上、普通交付税で措置されているために、代替職員を確保しても、定数内あるいは定数外で違いはあるものの、給与水準が高くならない限り、財政負担は増えないと考えることができる。代替職員が確保されない限り、残った職員の負担は増すばかりで、派遣申し出の意欲を阻害することになるので、積極的な対応が求められる。また、任期付正職員の給与水準については引き上げることによって応募に対する強いインセンティブになる。したがって、これに伴って復興特別交付税の規模は拡充する。既述のとおり、復興特別交付税の中長期職員派遣・職員採用分の交付額は2012年度で207億円であるが、復旧・復興財政（例えば、東日本大震災復興特別会計）に占める割合はわずかであり、たいした問題ではない。なお、復興基本計画（実施計画）で設定されている実施期間を超える事業（厳密に言えば、「集中復興期間」後の2016年度からの事業）が出てくれば、それに従事する派遣職員がいる限り、この職員に対する財政措置も継続されるべきである。

　第三に、派遣あるいは正規に関係なく、職員のメンタルヘルス対策の充実が強く要請され、その経費も幅広く捉えたうえで財政措置等の対象とすべきである。派遣職員が多い市町村ほど対策が講じられているが、職員ごとに状況が異なり、行政サービスにも影響するために、いくらか課題を抱えている。東日本大震災に関わるメンタルヘルス対策は、全国的な組織として地方自治体からの負担金等によって運営されている地方公務員災害補償基金が担っており、2012年度は全自治体の負担金（大震災特別分）の全額が特別交付税で措置された。しかし、この基金は大きな役割を果たしているものの、被災市町村（職員）にとっては十分でなく、それぞれで実施している事業もある。被災市町村でも苦慮しているようであるから、今後も基金の役割の発展的な見直しに加えて、その実態に合わせた措置（対策）があってもよいだろう。なお、被災市町村採用の任期付職員の帰省旅費は復興特別交付税の算

定対象に含められていないが、県外からの採用者も少なくないことに鑑みれば、今後の課題になりうる。それはリフレッシュの性格が強い。

　自治体職員不足のなかで、職員はスピード（時間）のプレッシャーを過度に受けている。間接的な対策について言えば、例えばどの首長も大震災直後から一貫して国に要望しているように、復旧・復興事業において超法規的な手続きの手法を採用したり、必要な手続きを大胆に省略あるいは簡素化し、被災自治体の業務負担を軽減したりすることが重要である。とくに土地収用法や都市計画法に関わる公共用地取得や補助金・交付金に関しては、要望が強くなっており、国と自治体の特例的な措置に対する大きな認識ギャップを埋めていくことが求められる。

　第四に、自治体の人材マネジメントや委託事業のチェックシステムなどがこれまで以上に重要な課題になる。自治体がまちづくり（ハード・ソフト）や被災者支援のための各種施策を進めるために、被災者の生活実態や意見、要望を的確に把握したうえで計画を策定し、実施していく必要があるが、いわゆる「Plan-Do-See」のプロセスにおいて民間企業（とくに建設系コンサルタント）やNPOなどが自治体の代替的役割を担うことが多い。しかし、山田町における町委託事業をめぐるNPO法人「大雪りばぁねっと。」の不正経理問題は係争中（2013年12月執筆時点）であるとは言え、委託業者を中心に契約関係のある組織に対する町のチェックシステムを問うことになった。これにより町行財政に対する町民の不信の声が至る所で聞かれているので、他の被災自治体にとっても人ごとではない。

　第五に、多くの市町村が大震災前から少し増えた職員数で、大震災前から数倍～10倍超の規模の財政を扱っており、予算の適正執行が課題である。当初予算（一般会計）でみると、例えば、山田町は2010年度71.9億円に対して13年度747.8億円で10.4倍、陸前高田市は9.0倍、釜石市は5.3倍、宮古市は2.8倍である。震災対応財政の予算の多くが割り当てられている土地利用系の部署に比して、財政担当や会計担当、さらに監査担当の人員はほとんど拡充されておらず、過度な負担がかかっている。[16] 他方、土地利用系の部署が災害復旧事業（補助事業）等の事務処理に追われて、結果的に国の方ばかり向いていないかが危惧される。したがって、楽田（2012）で早々に提案しているように、専門家を含め多様なメンバーからなる、第三者の性格をもつチェック組織が不可欠である。

16　岩手日報2013年2月15日付では山田町の2013年度予算について「巨額の予算案を審査する町議会3月定例会予算特別委員会は3月5日から8日まで4日間の予定。例年と同様の期間しか確保されておらず、議会のチェック機能も問われている」と指摘されている。

第8章 県の震災対応行財政
──2011〜13年度を中心に

はじめに

　自治体の災害対応行財政に関する先行研究は国・自治体関係の側面に重点をおいて分析してきたが、国・自治体関係と言っても、国・県関係からのアプローチは非常に弱く、この点を含めて県（広域自治体）の災害財政を対象とする研究は、県が復興の政策・実施主体として不可欠であるにもかかわらず、ごくわずかである。

　本章の目的は岩手県を事例にして、東日本大震災対応財政の3年間、つまり、2011年度から13年度までの実態と課題を明らかにすることである。[1]

〈1〉県の災害対応財政に関する先行研究

　災害財政分析の代表的な先行研究として、既述のとおり、宮入（2006など）、武田（2009など）、池上（2013）などをあげることができ、それらでは国・自治体関係の側面が主たる対象になり、災害財政の課題提示にとって不可欠であることが示唆される。しかし、この点は復旧・復興が多岐かつ長期におよんでも有効であるものの、実際には、過去の大災害にみるように発災から1、2年で国の震災対応財政の見直しにブレーキがかかる。復旧・復興はその後の方が長く、むしろトータルでみれば通常対応を含む自治体行財政運営（マネジメント）の側面も同程度に重視する必要がある。

　先行研究では国の災害対策に対する批判に重点がおかれるがゆえに、地方自治体の財政運営については、その問題がどのような形であらわれるかに焦点が当てられ、広く分析し

---

[1] 本章における財政データの取扱いにあたって、被災自治体の予算や決算では「震災対応分」および「通常分」が用いられるものの、それらの違いは個々の自治体で細部についてはっきりしていないし、自治体間でも異なる。また、国（総務省ほか）と県の間でも区分で異なる点がみられるので、全国レベルの統計等であれば国、県レベルの場合は県のやり方に従うこととし、一貫性あるいは整合性に注意を払うことにしている。

きれていない。したがって、この点は自治体職員に対するインタビューや関連データの収集等によりカバーしておく必要がある。

　次に、国・自治体関係と言っても、国・県関係からのアプローチは非常に弱く、この点を含めて県の災害財政を対象とする包括的な研究はごくわずかである。そのなかできわめて緻密に分析されている研究が宮入（1994）である。それは1991年6月の大火砕流によって43人の死者・行方不明者を出した雲仙火山災害を素材とし、長崎県の財政を主な分析対象にして国と地方自治体の災害財政の問題と課題を明らかにしている。

　宮入（1994）では長崎県は財政基盤を国（中央政府）に大きく依存し、財政構造が脆弱であるが、災害の長期化、大規模化、複合化はそうした弱点に小さくない影響を与えていると警鐘を鳴らす。財源面からみる限り、災害対策については県独自で展開する余地に乏しく、国の方針の延長線上で、国庫支出金、特別交付税、起債措置によって財源補てんを受けながら、一般財源を付加して実施せざるを得ない。そして、それらによって県財政が一層硬直化する可能性を指摘し、増発された地方債の償還にかかる後年度負担の影響も危惧されている。他方で、災害対策史上初となる「雲仙岳災害対策基金」の創設によって、災害の変化や被害の状況に応じた柔軟かつ迅速な対策がある程度可能になったことが評価されている。そして、多額の規模となった義援金もきめ細やかな対策を可能にしたが、その使途については制度の欠陥の穴埋めを余儀なくされる側面が強く、そうならないように災害対策の制度改革が必要であると強調している。

　宮入（1994）において主な分析対象となった長崎県の財政のように、岩手県も財政基盤を国に大きく依存し、脆弱な構造になっている。東日本大震災にかかる災害対策に伴う財政措置では、大災害復旧・復興の経験から強く批判されてきた国庫支出金、特別交付税、起債措置という3点セットはほとんどみられないが、仮にそれが全面的に実施されていたら、県債残高は急増し、将来の財政が「破綻」と言われるような水準になるに違いないであろう。これに対して、今回、東日本大震災復興交付金、震災復興特別交付税という新たな財源システムが導入され、起債による財源の自己調達ではなく、全額国庫負担が随所にみられるために、先行研究でも積極的な評価が与えられている。ただし、同時に、宮入（2013a）や磯崎（2012）にみるように、分権・自治の点から少なくない問題が指摘されており、また、岩手県をはじめ被災県・市町村から国に対して措置期間の延長や柔軟な制度運用などが要望されている。

〈2〉岩手県の震災対応財政の実態

(1)全体像

　岩手県の震災対応財政の実態について、全体像（決算ベースで、通常分を含まない）から明らかにする[2]。最初に、歳入である（表8–1）。2011年度には国庫支出金が50％超で最大の比重を占めるが、12年度には「その他」が50％弱となり、歳入構造が大きく変化する。「その他」の大半は繰入金と諸収入である。前者についてはいったん積み立てられた復興交付金基金や復興基金が繰り入れられたことによる。後者は災害廃棄物緊急処理に係る市町村からの受託事業収入や中小企業東日本大震災復興資金貸付金元金収入の増である。2013年度に「その他」は増大しているが、諸収入の増に対して、繰入金は減少している。他の財源をみると、震災復興特別交付税が2011、12の両年度で16％におよぶ。2011年度はそのほぼすべてがいわゆる地方負担の肩代わりであったが、12年度は70％程度となり、多様な活用がみられる。宮城県と比較すれば、2012・13年度の歳入構造は類似している。2011年度については復興交付金の規模が岩手県でかなり大きいが、これは主に災害公営住宅整備事業に対する充当による。

　性質別歳出について2011年度に積立金が最大の比重を占めていたが、12・13年度にその比重は大幅に低下し、災害復旧事業費の比重が大

表8–1　岩手県と宮城県の震災対応財政・歳入
　　　　（2011・12・13年度決算）　　　　（単位：百万円／％）

	岩手県		宮城県	
一般財源	156,944	26.0	294,196	25.6
	101,925	19.1	211,404	17.8
	71,815	14.9	127,546	14.2
うち震災復興 特別交付税	98,584	16.3	197,321	17.2
	90,227	16.9	204,590	17.2
	48,313	10.0	101,963	11.4
国庫支出金	327,451	54.3	565,455	49.3
	164,671	30.8	382,813	32.2
	136,071	28.1	259,078	28.9
うち普通建設 事業費支出金	62,864	10.4	108,228	9.4
	7,260	1.4	23,110	1.9
	12,628	2.6	27,056	3.0
うち災害復旧 事業費支出金	35,923	6.0	54,505	4.8
	69,326	13.0	81,582	6.9
	94,980	19.6	114,149	12.7
うち東日本大震災 復興交付金	46,815	7.8	9,407	0.8
	55,308	10.4	119,192	10.0
	8,295	1.7	30,399	3.4
地方債	10,053	1.7	37,571	3.3
	13,281	2.5	38,469	3.2
	11,298	2.3	24,883	2.8
その他	108,672	18.0	249,884	21.8
	253,967	47.6	555,702	46.8
	264,215	54.7	485,025	54.1
合　計	603,120	100.0	1,147,106	100.0
	533,844	100.0	1,188,388	100.0
	483,399	100.0	896,532	100.0

※上段は2011年度、中段は12年度、下段は13年度である。
〔出所〕岩手県、宮城県のホームページ等から筆者作成。

2　岩手県の大震災前の財政状況については佐藤・桒田（2015）「岩手県の震災対応財政3年間の実態と課題(I)・(II)・(III)」を参照していただきたい。

きく増大している（表8-2）[3]。災害復旧事業費の増大は主として災害廃棄物緊急処理支援事業のためであり、その大半を占める。ここに最大の特徴がみられる。また、河川や漁港の災害復旧事業をはじめ災害復旧のペースが上昇し、復旧が加速している。こうした構造は宮城県と大きく異なる。宮城県では災害廃棄物緊急処理支援事業は物件費で処理されており、災害復旧事業費は微増にとどまり、復旧のペース等でも違いがみられる。国の災害復旧事業にかかる予算措置は、通常発災から3年までに行われるが、今回概ね5年での事業完了を目指して措置されている。しかし、災害の規模から言えば、さらなる事業期間の延長とそれに伴う財源措置が必要になるかもしれない。

表8-2　岩手県と宮城県の震災対応財政・性質別歳出
（2011・12・13年度決算）　　　　　（単位：百万円／％）

	岩手県		宮城県	
義務的経費	5,259 3,589 3,841	1.0 0.8 0.9	11,380 6,992 6,243	1.1 0.7 0.8
投資的経費	155,120 195,473 259,116	29.5 43.0 63.5	230,006 163,226 208,039	22.9 15.6 27.5
うち普通建設事業費	84,107 40,182 63,995	16.0 8.8 15.7	137,513 57,834 78,466	13.7 5.5 10.4
うち災害復旧事業費	71,013 155,291 195,120	13.5 34.2 47.8	92,493 105,391 129,573	9.2 10.1 17.2
その他の経費	365,461 255,339 145,194	69.5 56.2 35.6	764,548 877,188 541,076	76.0 83.8 71.6
うち物件費	25,426 8,047 5,626	4.8 1.8 1.4	88,110 174,522 192,451	8.8 16.7 25.5
うち補助費等	66,951 74,111 34,527	12.7 16.3 8.5	217,730 287,816 169,123	21.6 27.5 22.4
うち積立金	226,762 101,179 25,990	43.1 22.3 6.4	370,694 282,625 98,594	36.9 27.0 13.1
合　計	525,840 454,402 408,151	100.0 100.0 100.0	1,005,933 1,047,406 755,358	100.0 100.0 100.0

※1. 上段は2011年度、中段は12年度、下段は13年度である。
　2. 岩手県内市町村の震災対応分（決算）は2011年度187,303百万円、12年度539,920百万円、13年度404,128百万円である。
〔出所〕表8－1に同じ。

性質別歳出について岩手県内の市町村（震災対応分）との比較で言えば、県の2012・13年度の歳出総額はそれほど違いがないが、県の方が投資的経費の比重が大きい。これはコストが嵩張る河川、海岸（保全施設）、港湾、道路等の復旧事業について県事業が圧倒的に多いことによる。それぞれが年間で10億円〜100億円の単位の事業規模となる。これに対して共同利用漁船等復旧支援対策事業も主要な災害復旧事業であり、県と市町村のいずれも財源を負担するために、それぞれの支出に計上されるが、それほど多額でない。なお、岩手県の目的別歳出をみると、2012年度、13年度のいず

3　中央省庁の文書にしたがえば、災害復旧事業とは災害によって必要を生じた事業で、災害にかかった公共施設または公用施設を原形に復旧する事業、原形に復旧することが不可能な場合において当該施設の従前の効用を復旧するための施設を建設する事業、または原形に復旧することが著しく困難もしくは不適当な場合においてこれに代わるべき必要な施設を建設する事業である、と説明されることが多い。

れにおいても災害復旧費が34.2%、47.8%で最大の比重を占め、12年度では総務費（22.5%）、13年度では商工費（18.9%）が続く。

　歳出を「岩手県東日本大震災津波復興計画」（以下、岩手県復興計画と略称する）で掲げる3原則で整理すると、「『なりわい』の再生」の比重が最大で、2011・12年度の合計額は2,568億円である（表8-3）。ここから生業の再生に対する緊急度、重要度が示唆される。また、そのなかで中小企業に対する復興資金貸付金の規模が目立つ。他方、決算額2,568億円は予算額4,553億円を大幅に下回り、予算どおり執行でき

表8-3　岩手県の震災対応関連決算：復興計画・3原則の状況　　　　　　（単位：百万円）

		2011年度			2012年度		
		決算額	主なもの		決算額	主なもの	
「安全」の確保	防災のまちづくり	33,172	河川等災害復旧事業費	4,781	64,038	河川等災害復旧事業費	6,180
			直轄河川等災害復旧事業費負担金	1,713		防災情報通信設備災害復旧事業費補助	1,485
			災害廃棄物緊急処理支援事業費	13,636		災害廃棄物緊急処理支援事業費	43,256
	交通ネットワーク	17,433	直轄道路事業負担金	11,900	33,468	直轄道路事業負担金	14,438
			三陸鉄道災害復旧事業費	666		港湾整備事業特別会計繰出金	3,997
	小　計	50,605			97,506		
「暮らし」の再建	生活・雇用	123,483	災害救助費	93,545	56,374	東日本大震災津波復興基金市町村交付金	21,461
			災害弔慰金負担金	12,859		災害救助費	7,961
			緊急雇用創出事業費補助	3,957		緊急雇用創出事業費補助	11,137
	保健・医療・福祉	2,962	地域支え合い体制づくり事業費	293	9,588	地域支え合い体制づくり事業費	671
			被災地医療確保対策事業費	1,093		被災地こころのケア対策事業費	402
						災害時地域医療支援教育センター整備補助	457
	教育文化	2,596	学校施設災害復旧事業費	676	2,677	小中学校教職員人件費	1,195
			被災児童生徒就学援助事業費補助	565		被災児童生徒就学援助事業費補助	465
	地域コミュニティ	2,444	生活福祉資金貸付事業推進費補助	2,415	1,288	生活福祉資金貸付事業推進費補助	770
	市町村行政機能				56	行政情報バックアップ促進事業費補助	56
	小　計	131,484			69,983		
「なりわい」の再生	水産業	24,877	漁港災害復旧事業費	6,525	56,628	共同利用漁船等復旧支援対策事業費	18,918
			水産業経営基盤復旧支援事業費	2,465		水産業経営基盤復旧支援事業費	6,155
	農　業	4,215	東日本大震災農業生産対策事業費	541	13,841	放射性物質被害畜産総合対策事業	4,971
			肉用牛肥育経営緊急支援事業費補助	513			
	林　業	940	木材供給等緊急対策事業費	668	4,633	治山災害復旧事業費	796
						木材加工流通施設等復旧対策事業費	650
	商工業	57,797	中小企業東日本大震災復興資金貸付金	30,400	93,679	中小企業東日本大震災復興資金貸付金	48,814
			中小企業等復旧・復興支援事業費	16,166		中小企業等復旧・復興支援事業費	6,830
	観　光	39			172	北いわて滞在情報発信強化事業費	27
						三陸観光支援事業費	21
	小　計	87,868			168,954		
	その他	255,851	東日本大震災津波復興基金積立金	51,006	117,837	東日本大震災復興交付金基金積立金	55,301
			東日本大震災津波復興基金市町村交付金	21,000		東日本大震災津波復興基金積立金	21,464
			東日本大震災復興交付金基金積立金	46,815			
	合　計	525,808			454,280		
	うち放射能対策経費	876	肉用牛肥育経営緊急支援事業費補助	513	6,784	放射性物質被害畜産総合対策事業	5,135
			県産牛肉安全安心確立緊急対策事業費	96		原木しいたけ経営緊急支援事業費	234

〔出所〕岩手県職員・佐藤博氏による作成（岩手県財政課資料）。

ず、繰り越し等がみられる。繰り越しそれ自体はさほど問題ではないが、その要因や、被災地、被災者に与える影響は看過されてはいけない。この点は後述する。なお、厳密に言えば、「その他」の比重が最大であるが、その大半は復興交付金基金積立金等であり、市町村に対する復興基金（交付金）も含まれる。

県財政との関わりから県内沿岸被災12市町村の震災対応財政をみると、決算額のうち県支出金の比重は2011年度27.0%（548.2億円）、12年度12.0%（662.5億円）を占めるが、そのうち「国庫財源を伴うもの」は11年度20.2%（410.7億円）、12年度7.8%（427.8億円）、「県費のみのもの」は11年度6.8%（137.5億円）、12年度4.3%（234.6億円）である。「国庫財源を伴うもの」をみると、復興基金交付金が半分以上を占め、県の間接補助者としての役割を見出すことができる。また、「県費のみのもの」は構成比でみると、前者に見劣りするが、金額とあわせて決して小さな規模ではなく、県財政の役割が非常に大きいことが示唆される。

(2)財源

1）復興交付金

復興交付金について県に対する交付額から整理していく（表8-4）。2014年6月の第9回交付までをみると、県分は1,130億円であり、市町村分の4,347億円を大きく下回る。県分は2012年3月の第1回の468億円が最大であり、次いで12年11月の第4回の453億円である。逆に、2013年6月の第6回の1.5億円が最小である。後述のとおり、復興交付金の執行額は交付額を大きく下回っており、いったん積み立てられて、執行待ちの状態になっていることがわかる。

次に、復興交付金基金の積立の状況である。2011・12年度に大規模な積立が行われ、12年度末現在高は853億円となったが、13・14年度に取崩額が増大し、14年9月現

表8-4 国から県に対する復興交付金の交付額
（単位：億円）

	県配分	（参考）市町村配分
第1回(2012.3.2)	468.2	329.5
第2回(2012.5.25)	52.6	745.9
第3回(2012.8.25)	5.5	480.3
第4回(2012.11.30)	452.6	1,500.8
第5回(2013.3.8)	42.3	363.1
第6回(2013.6.25)	1.5	182.3
第7回(2013.11.29)	54.9	195.3
第8回(2014.3.7)	25.9	462.2
第9回(2014.6.24)	26.7	87.2
累計	1,130.2	4,346.6

※各回のカッコ内は年月日をあらわす。
〔出所〕岩手県財政課資料から筆者作成。

---

4 復興交付金の第1回交付は「全国平均で60%程度しか認められず、自治体側からは反発」がみられた。岩手県は「申請額の95.6%が認められたが、災害公営住宅整備など前倒し分を除くと約75%で、道路整備など削減された事業も多い」（岩手日報2012年5月24日付）。宮城県は54.0%しか認められず、知事が「復興庁ではなく査定庁だ」と批判した。

在、ピーク時の半分以下となっている。

次に、復興交付金の活用事業である（表8-5）。制度創設の時期の関係上、2011年度決算はゼロであるが、12年度は漁業集落防災機能強化事業費が最大となっている。こ

表8-5 復興交付金の活用事業の状況　　　　　　　　　　　　　　　　（単位：百万円）

事業名	2012年度（決算）	2013年度（決算）	2014年度 当初予算	2014年度 9月補正	2014年度 現　計
保育所の複合化・多機能化推進事業費補助	35			19	19
被災地地域農業復興総合支援事業	331	386	1,282		1,282
土地改良事業調査	24	25		20	20
中山間地域総合整備事業費	132	124	124	23	147
農用地災害復旧関連区画整理事業費	672	3,223	2,314	488	2,802
漁業集落防災機能強化事業費	6,403	2,777	6,801		6,801
漁港施設機能強化事業費		546	660	63	723
漁港環境整備事業費	219	147	12	14	27
漁港機能復旧事業費	1,461				
農業研究センター南部園芸研究室施設災害復旧事業費	17	226			
水産技術センター施設災害復旧事業費	177	245			
さけ、ます増殖費		137			
地域連携道路整備事業費	1,559	2,393	10,878		10,878
災害公営住宅整備事業費	2,912	10,455	19,719	562	20,281
住宅再建相談事業費			8		8
復興まちづくり推進事業			4		4
復興まちづくり推進事業（笑顔と希望）		4	4		4
津波危機管理対策緊急事業費		15	800		800
街路事業費			20		20
広域公園整備事業費	16	8	134	2	136
地域優良賃貸住宅整備事業	101	187		88	88
緊急地方道路整備事業	251				
住宅再建促進事業	1	3			
幼稚園等の複合化・多機能化推進事業費補助	67	8	83		83
遺跡調査事業費	27	38	75		75
基幹事業　合計	14,406	20,947	42,919	1,280	44,198
効果促進事業　合計		198	400	123	523
一般財源扱い（災害公営住宅家賃低廉化事業等）		5	125		125

※事業名にある「笑顔と希望」は「笑顔と希望あふれるふるさと再生事業費」の略称であり、復興まちづくりワークショップ開催のための経費である。
〔出所〕岩手県職員・佐藤博氏による作成（岩手県財政課資料等）。

の事業は被災地の漁業集落における地盤嵩上げや、排水施設、集落道等の生活基盤の整備などからなり、防災に限らず、生活環境の改善も目的とする点に特徴がある。ただし、事業実施主体は市町村である。2013年度は災害公営住宅整備事業費が大幅に増大し、災害公営住宅整備が加速している。2014年度も同様の傾向を示し、復興交付金の規模が大幅増になる主な要因になっている。他の大型事業と同様に、災害公営住宅整備事業でも労務費、資材費の高騰などにより整備コストが当初の計画より増大しているが、復興交付金の対象である限り、コスト増に対しても財政措置されている。ただし、必ずしも完成戸数が一気に増えているわけではない。

最後に、復興交付金の問題に言及しておきたい。①対象事業が基幹事業の5省40事業（国交省中心）およびこれに関連する効果促進事業、具体的に言えば、市街地や集落の再生・整備に関連したハード事業におおよそ限定されていることから、岩手県は基幹事業の対象拡大など柔軟な制度運用を国に対して要望している。②とくに基幹事業と関連して自主的かつ主体的に実施する効果促進事業は、地域ニーズが非常に高くても復興庁の事前査定によって活用が認められないか、または認められた場合でも、内容について細部にわたって厳しい査定が行われ、多大な時間を費やしている実態がある。なお、復興交付金事業は県・市町村全体でみれば、復興庁の「走りながら見直す」スタイルがかなり実践されているようであるが、各自治体にとって採択基準が必ずしも明確でなく、「使い勝手」がそれほど向上していないといったところであろう。

2）復興基金

岩手県に対する復興基金の措置額は当初420億円であったが、その半分にあたる210億円が市町村に交付されたので、210億円でスタートしたことになる。そして、クウェートからの寄附金84億円およびその他の寄付金6億円が加わり、実質的な活用可能額は300億円となった。これは2011〜13年度の震災対応財政（合計）の規模の2%弱にすぎない。復興基金の運用は他の県と同様に直営方式である。2012年度の国の緊急経済対策にもとづき、東日本大震

5　岩手県（2013b）では復興交付金に関して以下の要望が国に出されている。①復興交付金事業の確実な予算措置、②複数年度分の一括交付と柔軟に対応できる予算の確保、③間接補助事業制度等の見直しによる効率化、④効果促進事業の対象拡大と運用の改善、⑤復興交付金事業の対象拡大、⑥事務手続きの簡素化。

6　2014年4月の県財政課の職員に対するヒアリング（電話）によれば、復興基金創設当時の担当職員から直営方式を選択した理由として、設置手続きに時間をかけなくてよい。事務体制を迅速に整えることができる。低金利の状況下では望ましいことを聞いていたとのことであった。なお、今後、国からの復興基金のための財政措置があるか否かによるものの、復興が多様化すると、住民参加型のような運営システムに移行すべきか、また、「広く薄く」の配分とならざるを得ないのかといったような課題が出てくるであろう。

災復興特別会計補正予算において全国で1,047億円が追加措置され、岩手県に215億円が増額交付されたが、そのすべてが市町村に交付されたので、市町村にかなり配慮されている。[7]

2011～13年度決算および14年度予算の復興基金の活用状況をみると、「『暮らし』の再建」の117.4億円が最大であり、「『なりわい』の再生」39.3億円、「『安全』の確保」29.1億円と続く（表8-6）。「『暮らし』の再建」については市町村が実施する被災した住宅の補修

表8-6　岩手県復興基金の活用状況

	2011年度(決算)	2012年度(決算)	2013年度(決算)	2014年度(予算)	計
「安全」の確保	5.5億円 ・三陸鉄道復興地域活性化支援事業費補助 ・港湾利用促進費	10.9億円 ・再生可能エネルギー導入促進事業費 ・浄化槽設置整備事業費補助 ・三陸鉄道復興地域活性化支援事業費補助	12.2億円 ・三陸鉄道復興地域活性化支援事業費補助 ・再生可能エネルギー導入促進事業費	0.5億円 ・再生可能エネルギー導入促進事業費	29.1億円
「暮らし」の再建	3.5億円 ・被災住宅補修支援事業費補助 ・被災宅地復旧支援事業費 ・私立学校等災害復旧支援事業費	33.2億円 ・被災住宅補修支援事業費補助 ・被災宅地復旧支援事業費 ・災害復興住宅新築支援事業費 ・被災者住宅再建支援事業費	36.4億円 ・被災者住宅再建支援事業費補助 ・被災住宅補修支援事業費 ・災害復興住宅新築支援事業費 ・国民健康保険一部負担金免除支援事業費補助	44.3億円 ・被災者住宅再建支援事業費補助 ・災害復興住宅新築支援事業費 ・被災住宅補修支援事業費 ・被災宅地復旧支援事業費	117.4億円
「なりわい」の再生	6.0億円 ・中小企業被災資産修繕費補助 ・小規模農地等災害復旧事業	11.6億円 ・中小企業被災資産修繕費補助 ・卸売市場施設災害復旧事業費補助	2.0億円 ・中小企業被災資産復旧事業費補助 ・沿岸圏域海洋産業復興促進事業費 ・さんりく未来産業起業促進費 ・被災商店街にぎわい支援事業費	19.7億円 ・中小企業被災資産復旧事業費補助 ・さんりく未来産業起業促進費 ・被災商店街にぎわい支援事業費 ・沿岸圏域起業経営力強化促進事業費	39.3億円
市町村交付分	210.0億円	214.6億円	―	―	424.6億円
計	225.0億円	270.3億円	50.5億円	64.5億円	610.3億円

※各年度の金額は、当該年度に措置した事業費の現時点で確定している実績額に繰越額を加えたものである。
〔出所〕岩手県財政課資料等から筆者作成。

7　東日本大震災復興特別会計補正予算において全国で1,047億円が津波被災地域の独自の住宅再建支援策向け、かつ復興基金取扱い（復興特別交付税）として追加措置されたことについて、青田（2015）は「これにより融資を組まない被災者にも直接補助するメニューが増えた。住宅再建には公的支援はできないとする考え方が、復興基金を介して事実上改められたと捉えることができる。具体的には、国の住宅支援との整合性に配慮し、『移転による再建』か『現地での再建』か、震災前の住居が『災害危険区域内』にあるか『災害危険区域外』か、災害危険区域内でも『区域指定前』に再建したか『区域指定後』か、再建方法が『新築、新規購入』か『補修、改修』かなどに応じて、支援が講じられた。宅地復旧、嵩上げ、バリアフリー仕様等に対する補助金も用意された。阪神・淡路大震災当時に比べて、住宅再建支援が格段に進化したのがわかる」と評価している。

や宅地の復旧、新築等への補助事業に対する補助、市町村が自宅再建を支援するために補助する費用の一部に補助する被災者住宅再建支援事業費補助、市町村が行う住宅融資に対する利子補給の補助事業を対象にする補助で大半を占める。これらに比べると、「こころのケアセンター」設置運営事業やNPO等による復興支援事業などに対する充当は少額であるが、億単位となっている。「『なりわい』の再生」に向けた主なものは被災中小企業の復旧に対する補助、「『安全』の確保」については三陸鉄道の駅舎整備等に対する補助である。

　復興基金が充当されている国民健康保険等の一部負担金の免除（被災者の医療費窓口負担免除等）は2013年12月末までの措置であったが、1年間延長することを発表した（その後も延長を繰り返し発表した）。それは2012年9月30日までは国が全額（10/10）補てんしていたが、同年10月1日以降は既存の特別調整交付金の仕組みに変更されたため、市町村等は引き続き免除措置が講じられるよう国の交付金（基準を満たす場合に8/10）の残額（2/10）を県と市町村等で折半することを基本としてきた（基準を満たさない市町村には県が9/10負担）。なお、宮城県は財源確保の困難を理由に2012年度末で終了し、14年度に対象を非課税世帯に限定したうえで再スタートしている。

　2013年度末の復興基金の残高見込額は143億円であるが、復興の財源として十分な額が確保されているかどうかは議論の余地がある。岩手県（2013b）によると、復興基金の今後の活用見込額に対して116億円の財源が不足するとし、想定どおりの事業を実施した場合、2015年度には枯渇する見込みであるとする。そこで追加的な財源措置を要望しているが、今（2014年9月執筆時点）のところその見通しは立っていない。他方、復興基金の管理等については、復興基金のニーズが相当期間にわたって継続すると考えられることから、復興期間全体を考慮しながら活用していくことが要請される。また、災害復興住宅融資利子補給補助などは、長期間にわたって融資実績に応じて必要とされ、復興期間を超え、かつ多額にのぼることから、基金管理の点で十分に留意しなければならない。

3）復興関連基金

　復興基金の他に、国の各種交付金によって設置された復興関連基金がある。岩手県について整理すると、2012年度末時点で14基金、2,110億円の残高であるが、13年度の活用額は855億円であり、同年度末残高は1,380億円と見込まれる（表8-7）。復興基金および復興交付金基金以外で主な基金をみると、緊急雇用創出事業臨時特例基金が2013年度に239億円の取崩しとなっており、県事業に160億円、市町村事業に79億円が交付され、うち沿岸被災12市町村に44億円が交付されることとなっている。[8] 災害廃棄物基金は2013

---

[8] 緊急雇用創出事業の受委託により生じた「大雪りばぁねっと。」（NPO法人）の予算使い切り問題と「DIOジャパン」の子会社（コールセンター業）の閉鎖・給与未払い問題では県の事業チェック責任が問われ、議会との対立も深まり、2012・13年度一般会計決算はそれらが原因で不認定とされた。

表8-7 岩手県の復興関連基金の状況　　　　　　　　　　　　　　（単位：百万円）

	2012年度末残高	2013年度 取崩額	2013年度 積立額	2013年度 残高	終期
東日本大震災津波復興基金	22,766	8,694	198	14,270	なし
消費者行政活性化基金	34	65	31		2013年度
再生可能エネルギー設備導入等推進基金	12,844	3,378		9,465	2015年度
災害廃棄物基金	197	7,392	7,195		2013年度
障害者自立支援対策臨時特例基金	593				2012年度
介護サービス施設整備等臨時特例基金	4,534	1,661		2,873	2013年度
子育て支援対策臨時特例基金	549	440		109	2013年度
自殺対策緊急強化基金	206	153		53	2013年度
地域医療再生等臨時特例基金	24,330	6,037	11	18,304	2015年度
緊急雇用創出事業臨時特例基金	47,232	23,886		23,346	2017年度
森林整備加速化・林業再生基金	2,949	2,113	16	852	2014年度
いわての学び希望基金	5,425	432	531	4,993	なし
東日本大震災復興交付金基金	85,227	30,490	5,000	59,737	2015年度
高等学校生徒等修学等支援基金	4,755	805	3	3,953	2014年度
合計	210,979	85,546	12,985	137,955	

※1. 2013年11月時点。
2. 復興関連基金とは以下のとおりである。①東日本大震災に係る国の2011年度補正予算および予備費で計上され、県に交付された国庫支出金および2012年度東日本大震災復興特別会計予算で計上され、県に交付された国庫支出金を原資に積み立てられた基金ならびに岩手県が独自に震災対応のために積み立てた基金（いわての学び希望基金）。②東日本大震災発生以前から設置している基金の財源を活用して充当（取崩）している金額は含まれていない。③東日本大震災以前から設置している基金に、上記①に掲げる国庫支出金が交付され、基金が増額されている場合は、増額分について計上している。
〔出所〕岩手県職員・佐藤博氏による作成（岩手県財政課資料）。

年度にがれき処理のために74億円の取崩であり、13年度末での処理完了を目指している。その他には、再生可能エネルギー設備導入等推進基金、地域医療再生等臨時特例基金などの規模が大きい。

　岩手県では大槌、山田、高田の各県立病院が全壊したが、それらの復旧にとって地域医療再生等臨時特例基金の存在が非常に大きく、起債の充当が避けられることになる。当該基金の活用では、他に、津波によって被害を受けた沿岸市町村の民間医療施設の移転新築を支援し、被災地における医療体制の速やかな復旧を図る被災地医療施設復興支援事業を創設している。医療機関の廃業や医師の地域外への流出を防ぐこと、新規参入を促すことを目的とするとともに、公的病院への診療応援等の取り組みへの参加を義務づけることや、医療と介護の連携体制の構築、市町村のまちづくり計画との整合性などを補助条件として、補助率を3/4としている。

　教育関係では、国の被災児童生徒就学支援等臨時特例基金を積み増した高等学校生徒等修学等支援基金を活用し、就学困難となった児童生徒に対する就学援助を行った市町村への財政支援（10/10）や、いわての学び希望基金による児童生徒に対する奨学金等を給付して就学支援を行っている。基金以外でも、震災により心にダメージを受けた児童生徒

をサポートするためのスクールカウンセラー配置事業は全額国庫補助により措置されている。

　復興関連基金の論点と課題を整理すると、第一に、震災対応に活用されているものの、終期によりその財源活用ができなくなるため、活用継続であれば、その代替財源の確保が必要になり、このことから国の予算措置の状況、基金の延長動向を注視しておく必要がある。第二に、代替財源が確保されなければ、復興基金の活用にならざるを得ないが、復興基金そのものが不足していたり、不足が見込まれたりしているのが実状であり、通常分の財源に頼るか、それができなければ、事業廃止に向かわざるを得ない。通常分の予算ですら厳しい財政運営を強いられているなかで、財源措置のない復旧・復興事業が上積みされないよう国に説得的に要望していくことも覚悟しなければならない。

4）県税等の減免・減収補てん措置――震災復興特別交付税

　震災が県税収入等におよぼす影響について、宮入（1994）は雲仙火山災害のケースから2点あげている。第一に、災害が地域の経済活動にマイナスの影響を与えることによって、所得や消費の水準を低下させ、税の減収が生じる。第二に、災害に伴う税の減免などの特別措置による減収があげられる。雲仙火山災害下では、地方税条例主義により地方自治体の任意との建前から、災害関係の減免税分には地方交付税による補てん措置がないことから全額地方負担となった。新産業都市法や過疎法など個別立法措置にもとづく誘致企業等への地方税の減免に対する地方交付税による減収補てん措置との比較で均衡を欠き、改善の必要性が指摘されている。

　今回の大震災では地方税法等の規定を根拠にする個人県民税、法人事業税、不動産取得税、自動車取得税、自動車税、地方法人特別譲与税の減収見込額に対しては、「地方税法の一部を改正する法律」（2011年法律第30号）、「東日本大震災における原子力発電所の事故による災害に対処するための地方税及び東日本大震災に対処するための特別の財政援助及び助成に関する法律の一部を改正する法律」（同第96号）などの規定にもとづいて震災復興特別交付税により補てん措置が講じられ、その額は2011年度9.4億円、12年度5.1億円である。

　また、県税条例の規定にもとづく減免の減収額の補てん措置も同様に講じられ、2010年度0.7億円、11年度8.6億円、12年度1.2億円である。県税以外でも、条例の規定にもとづく使用料・手数料等の減免に伴う減収の補てん措置も震災復興特別交付税によって措置され、2011年度9.1億円、12年度1.4億円となっている。2011・12年度の2か年の合計で補てん措置をみると、県税分は24.2億円、県税収入以外分は10.6億円、その合計額は34.8億円と多額におよぶ。この合計額は2009年度の県税収の2.9％に相当し、大船渡市の同年度の市税収におおよそ等しい。

　なお、大震災にかかる税制特例（県税分）のうち自動車税の非課税措置は最も多くの住

民の生活に影響を与えたと推察する。減失・損壊した自動車に代わる自動車を取得した場合、2011〜13年度は非課税、あるいは修繕費が20万円以上である場合、その額に応じて10年度分の軽減となるが、とくに後者については柔軟な対応が可能であったのではないか。また、自動車税に限らず、徴収（納税）猶予は最大2年であるが、生活再建は長期を要することから十分であっただろうか。延滞金（2011年3月11日以降も算定対象期間）の減免に対して何ら措置がなかったが、これについてはどうだろうか。非常時のために減免等の対象を十分に検討する余裕がなかったと思われるが、重要な論点を提起する結果となった。

　雲仙火山災害の後に発災した阪神・淡路大震災における地方税等の減免の減収補てん措置は全額が歳入欠かん債により行われ、元利償還金について県分80％、市町村分75％を特別交付税措置（2003年度より普通交付税措置）とされたが、今回の大震災では全額が震災復興特別交付税により措置され、県の財政運営上支障を来していないことから言えば、減収補てん措置に係る制度等の改善は積極的に評価することができる。ただし、県税の賦課徴収事務に新たな課題が発生している。建物の再建が進むにつれて急増する家屋評価業務や復興特区課税免除業務に対応する人手不足というのがそれである。前者の場合、岩手県は他県に比して県の評価対象物件の範囲が広く、また、広大な県土のために移動時間だけで最大3時間超（往復）および、マンパワー確保が切望されている。

(3) 「『なりわい』の再生」

1）水産業

　岩手県復興計画における水産業再生の基本方針は既述のとおり、漁業協同組合を核とした漁業、養殖業の構築と、産地魚市場を核とした流通・加工体制の構築を一体的に進め、被災したすべての漁港、施設を復旧することである。

　水産業の復旧・復興支援事業の主なケースをあげれば、表8−8のとおりである。2011年度最終予算額でみると、約950億円が投じられている。財源内訳は国庫支出金601億円、緊急雇用基金の繰入金3.9億円、サントリーホールディングスからの寄附金20億円、ヤマト福祉財団からの助成金58.5億円、一般財源265億円（震災復興特別交付税、通常分の特別交付税等）である。サントリーホールディングスからの寄附金は共同利用漁船等復旧支援対策事業に、ヤマト福祉財団からの助成金は水産業経営基盤復旧支援事業および製氷保管施設等早期復旧支援事業に活用された。これらの事業のうち県直営事業以外は一部を除き、県から市町村に財源が交付され、市町村事業として、あるいは市町村からさらに事業主体へ交付されて事業が実施されている。

　時を少し戻せば、2011年4月の補正予算第2号において農林水産施設関係の復旧に139億円、同年6月の補正予算第3号に「『なりわい』の再生」として1,216億円が計上され、

表8-8 水産業復旧・復興支援事業一覧　　　　　　　　　　　　　　　　　　（単位：百万円）

事業名	事業概要	予算額	補助率等
漁業協同組合等機能回復支援事業	・事務所の修繕、仮設事務所の整備 ・OA機器、机・椅子、車両等の購入等	63	国(2/3)、県(1/9)、市町村(1/9)、事業主体(1/9)、一部、国庫対象外あり
水産団体機能回復支援事業	・加工組合、魚市場等の事務所機能復旧	29	県(7/9)、市町村(1/9)、事業主体(1/9)
共同利用漁船等復旧支援対策事業	・漁船の取得（新造・中古購入）、修繕 ・定置網・磯建網・カゴ等漁具の取得	39,581	国(1/3)、県(4/9)、事業主体(1/9)
水産養殖施設災害復旧事業	・激甚災害法にもとづく養殖施設（個人）の原型復旧	714	(対象事業の)国(9/10)、事業主体(1/10)
水産業経営基盤復旧支援事業（養殖施設分）	・養殖施設の新設整備	4,532	国(2/3)、県(1/9)、市町村(1/9)、事業主体(1/9)
養殖用種苗供給事業	・ワカメ、コンブ種苗の委託生産 ・ホタテ、カキ種苗の購入費補助	416	県(7/9)、市町村(1/9)、事業主体(1/9)
水産業経営基盤復旧支援事業（共同利用施設分）	・荷捌き施設など共同利用施設の新設整備	20,670	国(2/3)、県(1/9)、市町村(1/9)、事業主体(1/9)
水産業共同利用施設復旧支援事業	・荷捌き施設など共同利用施設の修繕、機器整備	13,022	国(2/3)、県(1/9)、市町村(1/9)、事業主体(1/9)
製氷保管施設等早期復旧支援事業	・魚市場に関連する製氷・貯氷施設の修繕、新設整備	3,998	国(2/3)、県(1/9)、市町村(1/9)、事業主体(1/9)
水産加工事業者生産回復支援事業	・民間事業者の水産加工用機器類整備	1,595	県(8/9)、事業主体(1/9)
さけ・ます生産地震災復旧支援緊急事業	・さけ・ますふ化場の応急復旧	2,850	国(2/3)、県(1/9)、市町村(1/9)、事業主体(1/9)
さけ・ます種苗生産施設等復興支援事業	・さけ・ますふ化場等の本格復旧	3,661	国(2/3)、県(1/9)、市町村(1/9)、事業主体(1/9)
水産技術センター施設災害復旧事業	・大船渡施設の設計（アワビ） ・種市施設の設計、工事（ウニ）	1,132	県直営事業　国(2/3)、県(1/3)
漁場復旧対策支援事業（漁業者等による瓦礫撤去）	・漁業者グループによる漁場の瓦礫等回収処理	2,358	県直営事業12,100円/人・日 国(8/10)、県(2/10)
いわての漁業復旧支援事業（緊急雇用創出事業）	・定置網、養殖施設の復旧整備にかかる漁業者の雇用	281	県直営事業（委託：雇用対策基金）
合計		94,903	

※予算額は2011年度2月現計予算。
〔出所〕岩手県『岩手県東日本大震災津波の記録』にもとづいて筆者作成。

とくに水産業では共同利用漁船等復旧支援対策事業に285.3億円が計上されたが、2月現計予算では395.8億円まで増額され、また、水産業共同利用施設復旧支援事業は同様に15.5億円が130.2億円に大幅増額されている。これら二つの事業で526億円におよぶ。震災発生から3か月間に、2度の補正予算で4,106億円（水産業を含む全分野ベースで2010年度を除く）もの震災対応予算を編成したなかで、被災者の生活支援の応急対策とともに、早くから水産業再生に向けた取り組みを進めてきた点は特筆に値する。

また、県は、国の補助制度では対応しきれない地域ニーズについて、市町村と連携しながら独自の制度を創設して財政面からの支援も手厚り行っている。例えば、民間事業者の水産加工機器類の整備に要する経費に対しては県8/9、事業者1/9の負担区分として県予算16億円、ワカメ・コンブ種苗の委託生産、ホタテ・カキ種苗の購入費補助として県7/

9、市町村1/9、事業主体1/9の負担区分で県予算4.1億円が計上されている。さらに、共同利用漁船等復旧支援対策事業のように国の補助率が低く（1/3）、県が嵩上げ補助を行い、市町村および事業主の負担を軽減する措置を行っている。

このように水産業復旧・復興については国や市町村の支援のほか、県の補助金による支援が多くの漁業者の操業再開、そして、水産業の再生にとって大きなインパクトを与えたことがあげられる。

2）商工業等

国が2011年5月に創設した中小企業等グループ施設等復旧整備補助金（グループ補助金）は、これまで中小企業に対する直接支援が利子補給中心であったことから画期的であると評価されており、岩手県では11年6月の補正予算第3号に中小企業等復旧・復興支援補助事業として79.2億円を措置したのが始まりである。これまでの予算計上額、補助金の決定額等の実績は表8-9のとおりである。表8-9には認定されたグループの構成まで掲載していないが、それを岩手県のホームページで閲覧すると、水産加工業や卸・小売業など異業種からなるグループの存在が目立ち、他方、40者超からなるグループはわずかであり、宮城県のケースと異なる。

2012年度末までの事業実施状況に関しては交付決定事業者の1,159者に対し、事業完了が416者、翌年度への繰り越しが732者、事業廃止が8者、交付決定取消しが3者である。これらのうち繰り越しが目立つが、その主な理由は復興需要の増大に伴う資材や作業員の不足による工事の長期化のほか、復旧工事着手後、地盤補強などの追加工事が必要となったことや、地域の土地利用の関係で復旧場所が決定できないことなどがあげられる。また、事業完了者を含めて、消費税増税や資材、労務費単価の高騰にかかる交付決定額の変更は認められていないため、追加の資金調達に追い込まれるといった新たな問題が生じている。

多くの被災事業者が交付決定されながら、本格復旧に向けた道筋を早期につけられず、不安に苛まれるなか、2012年度にせよ、13年度にせよ、国が早い段階で事業の繰り越し

表8-9　中小企業等復旧・復興支援事業費補助（グループ補助金）

	2011年度最終	2012年度最終	2013年度最終	2014年度当初
予算額	436.8億円	414.0億円	75.5億円	65.2億円
	2011年度	2012年度	2013年度	2014年度
交付決定状況 （交付決定グループ数、交付決定額等）	30グループ 295者 437億円	65グループ 864者 316億円	16グループ 85者 29.1億円	4グループ 4者 0.4億円

※1. 中小企業等グループの復興事業計画が県の認定を受けた場合、施設・設備の修繕・復旧に要する経費の3/4（国1/2、県1/4）を補助する。
2. 2012年度までは発災以降に実施した事業に遡及適用可能であり、県内陸部も補助対象となる。2013年度から遡及不可、内陸部は対象外である。
3. 1グループ当たりの補助限度額は設定されていない。
4. 交付決定状況は2014年10月現在（追加の交付決定を含む）。

〔出所〕岩手県経営支援課資料等から筆者作成。

の取扱い等を明確にしていなかったことも問題としてあげられる。他方、県の被災中小企業重層的支援事業は商工会・商工会議所、商工会連合会などによる被災中小企業支援事業を支援することを目的とし、その財源はいわゆる「持ち出し」であるが、しっかりフォローするにはそれも止むを得ないのである（2014年度当初予算3,700万円）[9]。

グループ補助金について、県はいくつか要望しているが、依然として多くの需要があり、例えば既述のとおり、被災地の土地利用が固まらず再建場所を決められない事業者が少なくないことから2015年度以降の事業継続が求められる。すでに交付決定した事業者が複数年度にわたって円滑に実施できるよう制度面の柔軟な対応（再申請・再交付は必ずしも地域の実状にあっていない）も必要である。補助要件に該当しない小規模商店などグループ化が困難なところを対象にするような要件の緩和や補助制度の創設などもあげられる。

結果的にはグループ補助金で支援できない企業等向けになったが、岩手県は2011年4月の補正予算第2号において中小企業者支援として貸付金や利子補給のほかに、県単独事業の中小企業被災資産修繕事業費補助を創設している（表8-10）。この事業は単年度限りの措置であったが、最終予算額8.2億円、補助金交付決定企業427者となっている。この事業は2011年度2月補正予算で新たに創設した、中小企業被災資産復旧事業費補助に引き継がれている（表8-11）。その予算措置をみると、2013年度当初予算までに13.7億円が措置され、12年度までに192者への交付が決定している。これらの補助制度には個別企業の資産形成に資する事業の困難を背景に、復興基金を活用する一方で、生活再建支援とのバランスを考慮しながら雇用要件を付し、雇用の確保とあわせた政策目的の明確化を図っている。

表8-10　中小企業被災資産修繕事業費補助（2011年度のみ）

要件	被災店舗等修繕費補助	被災工場等修繕費補助
対象事業者	被災した沿岸地域の中小小売業者・サービス業者（宿泊業者を含む） ＊再開・復旧のために、1,000千円以上の修繕を行うこと（宿泊業は10,000千円以上）	被災した沿岸地域の中小製造業者 ＊再開・復旧のために、10,000千円以上の修繕を行うこと
対象経費	①店舗等の災害復旧に伴う修繕に要する経費 ②什器類等の災害復旧に伴う修繕に要する経費	①工場等の災害復旧に伴う修繕に要する経費 ②機械、設備類等の災害復旧に伴う修繕に要する経費
補助率	1/2以内の額（負担率：企業 50％、県 50％の1/2、市町村 同左）	同左（同左）
県の補助限度額	1,000千円（宿泊業は20,000千円）	10,000千円
雇用要件	2014年度末までに被災前の従事者数を回復すること	同左

〔出所〕岩手県ホームページから筆者作成。

9　事業例として、岩手県中小企業団体中央会がグループ補助金認定グループに対し、復興事業計画の着実な推進を支援するために、必要に応じて専門家等を継続的に活用するための謝金や旅費などを負担するケースが該当する。

表8-11 中小企業被災資産復旧事業費補助（2011年度2月補正予算により創設）

要件	被災店舗等修繕費補助
対象事業者	東日本大震災津波により事業用資産が滅失し、沿岸市町村で事業を再開しようとする中小企業者
対象経費	建物およびその附属設備、構築物、機械および装置の取得に要する経費
補助率	1/2以内の額（負担率：企業50％、県50％の1/2、市町村 同左）
県の補助限度額	10,000千円
雇用要件	事業再開後3年以内に被災時従事者数を回復すること

※2011年度2月補正1.8千万円、12年度最終予算4.06億円、13年度当初予算9.48億円。
〔出所〕表8-10に同じ。

(4)「『暮らし』の再建」——被災者生活再建支援

　東日本大震災では被害の甚大さから被災者生活再建支援制度の一部見直しが行われた。第一に、支援金の原資となる基金への拠出方法である。これまでは基金が拠出する支援金の1/2に相当する額を国が補助し、残りの1/2を都道府県が拠出するものであったが、国は今回の支援金の必要世帯・額（全国ベース）を20万世帯程度、約4,400億円と想定し、負担割合について全国知事会と協議を行い、国8/10、地方2/10（東日本大震災にかかる基金への追加拠出に対して特別交付税措置があった）とした。

　第二に、支援金の支給申請期間が延長されたことである。基礎支援金は発災から13月以内であったが、25月以内（2013年4月10日まで）に1年間延長され、さらに、1年間延長され37月以内（14年4月10日）、加算支援金は発災日から37月以内であったが、85月以内（18年4月10日）とされた。

　東日本大震災にかかる岩手県内の支援金（申請ベース）は2013年10月31日現在、基礎支援金と加算支援金をあわせて30,343件、306.6億円となっている。その内訳は基礎支援金23,110件、203.9億円、加算支援金7,233件、102.7億円である。前者に関しては申請率が100％に到達しているが、後者は移転先確保が遅れている、土地造成が本格化していない地域が多い、また、災害公営住宅に入居すると申請できないために低い水準にとどまっている。加算支援金のうち建設・購入は3,699件、補修は2,915件、賃貸は619件である。

　東日本大震災では岩手県は宮城県に比して、住宅本体の再建に直接補助する独自の支援制度を多く創設しているが、そのなかで被災者住宅再建支援事業が2012年度にスタートしている。自宅が全壊した被災世帯の住宅再建支援（建設・購入）のために、市町村が支給した補助額の2/3を県が市町村に補助する。対象者への補助限度額は複数世帯100万円（県66.6万円）、単数世帯75万円（同50.0万円）で、事業実施期間は2016年度までである。これは被災者生活再建支援法では不十分とされる住宅再建支援金として被災者

に交付され、財源に復興基金が活用されている。補助金の申請は2013年10月31日現在、2,521件で、県は16年度末の申請期限について延長に前向きとする(岩手日報2013年12月5日付)。なお、市町村によっては、被災者生活再建支援制度の基礎と加算(建設・購入)の両支援金を受給した世帯に上乗せ補助を行っており、宮古市は最大200万円を支給している。

　これとの関わりで次の点に言及しておきたい。岩手県単独の被災者生活再建(住宅)支援事業は、被災者生活再建支援法の適用を受けた同一災害で災害救助法の適用とならず、支援金が支給されない者に対し、市町村(実施主体)が支援金を交付する場合、実施主体に対し県が10/10補助することとし、要件、金額等は被災者生活再建支援金に同じである(表8-12)。これまでに1999年、2002年、2008年に支援を行った実績がある。こ

表8-12　被災者生活再建支援制度と岩手県単独の支援事業の概要

	被災者生活再建支援法 (2007年法改正以降)		県単「被災者生活再建支援事業」(2013年)	
	基礎支援金	加算支援金	基礎支援金	加算支援金
①全壊世帯	100万円	建設・購入200万円 or 補修100万円 or 賃貸50万円	100万円	建設・購入200万円 or 補修100万円 or 賃貸50万円
②半壊でやむを得ず解体した世帯(半壊解体世帯)				
③長期避難世帯				
④大規模半壊世帯	50万円	建設・購入200万円 or 補修100万円 or 賃貸50万円	50万円	建設・購入200万円 or 補修100万円 or 賃貸50万円
⑤半壊世帯	—	—	20万円	—
⑥床上浸水	—	—	5万円	—
⑦支給方式	・定額渡切方式 ・年収・年齢要件無し		・定額渡切方式(ただし、加算支援金は契約書などの写しの提出を要する) ・年収・年齢要件無し	
⑧その他	—		・①〜④および⑦は左記(法制度)と同様 ・⑤および⑥については新設制度(県独自制度拡充) ・ただし、本事業の実施主体は市町村(県は、市町村が支援金の支給に要する経費(10/10)を補助する)	

〔出所〕岩手県職員・佐藤博氏による作成(岩手県財政課資料等)。

10　県は住宅の新築に対してバリアフリー支援として最大90万円、県産材活用支援として最大40万円を限度に補助している。利子補給については当初5年間の利子額(補助上限額1,460万円、金利上限2%)が補助されるが、沿岸市町村であれば、それよりも有利な事業を実施していることが多いために、内陸での新築を対象としていると言える(市町村との二重補助はない)。なお、県は独自に被災住宅の補修・改修や被災宅地の復旧に対しても補助しているが、こうした類の補助はいずれも市町村が窓口となっている。

うした法の適用要件に満たない市町村の被災者に支援する事業は多くの地方自治体ですでに実施されている。なお、都道府県が独自の支援制度を設けた場合に、支援の内容によって特別交付税措置による財政支援がある。

近年、台風災害や局地的な集中豪雨による洪水災害が全国で多発しており、岩手県も同様であるが、大震災後では2013年の7月から10月にかけてみられ、被害総額も多額となった。しかし、局地的な被害発生であり、被災世帯数が被災者生活再建支援法の適用基準（10世帯以上の住宅全壊被害が発生した市町村）を満たさないことから、県は政策的判断で独自の支援を行うこととし、9月補正予算において、全壊世帯および大規模半壊世帯などは国の制度と同等以上の措置を行うとともに、支給対象を半壊、床上浸水まで拡充し、早期の生活再建を図る措置を講じた。

このように地方自治体が制度を補完する形がみられるが、被災者生活再建支援についてはこれまで地域・自治体等の要望を背景に制度が少しずつ見直されてきた歴史的経緯のなかで、支援対象の拡充等といういわば制度の基本が国レベルで積極的に議論されるべきことが示唆される。[11]

(5) 「『安全』の確保」——鉄道の復旧・復興

岩手県の「『安全』の確保」つまり、「津波により再び人命が失われることのないよう、多重防災型まちづくりを行うとともに、災害に強い交通ネットワークを構築し、住民の安全を確保する」（岩手県復興計画）ことにとって、地域性の強い懸案事項が沿岸の鉄道の復旧・復興である。すなわち、それは三陸鉄道、JR山田線、JR大船渡線をさすが、いずれも鉄路の大半が農山漁村・過疎地域に所在している。

三陸鉄道株式会社（第三セクター方式）が運営する三陸鉄道は、大震災により駅舎が流出し、線路、橋りょうも大きな被害を受け、その復旧に要する経費は108億円にのぼるという。岩手県および沿線市町村は津波防災や新たなまちづくりなどを考慮した鉄道施設の整備を進めることとし、三陸鉄道の早期復旧にかかる財政支援について、国に対し要望を行ってきた。国は、地方自治体が被災した施設を所有することを条件に、国、地方自治体の補助率を各1/2とする第三セクター旅客鉄道向けの新たな復旧支援措置を決定し、自治体負担分について全額を震災復興特別交付税で財源措置することとした（図8-1）。国の

---

[11] 岩手県（2013b）では被災者の生活再建に対する支援に関して以下の要望が国に出されている。第一に、災害救助法にもとづく救助の適用範囲の拡大と手厚い支援であり、①応急仮設住宅の維持経費等への支援、②応急仮設住宅の供与期間の延長、③応急仮設住宅の空き住戸の活用の拡大、④用途廃止した応急仮設住宅の解体撤去費への支援からなる。第二に、被災者生活再建支援制度の拡充、第三に、個人の二重債務解消に向けた支援、第四に、慎重な消費税増税の最終判断および税率が引き上げられた場合の住宅取得にかかる消費税負担に対する措置である。

2011年度第3次補正予算により、三陸鉄道分として21.6億円が措置されている。また、2012年度予算で22.5億円、13年度予算で9億円が計上され、復旧に要するほぼすべての財源が手当てされたことになる。

岩手県は国の1/2に対して1/4を負担したうえで、復興基金を活用して、被災した南リアス線車両3両を含む老朽化車両8両の更新（8億円）や駅舎等整備への補助（1.7億円）を実施するほか、震災対応運営貸付金（5億円）などを含めて、市町村とともに全面的な支援を行って三陸鉄道の復旧・復興を進

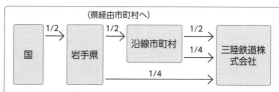

復旧後に市町村が保有する施設（橋りょう、盛土、線路、路盤、信号施設など）の復旧に要する経費　総額　10,800百万円
※被災した車両（3両）を含む8両については、クウェートからの寄附金を財源とした「東日本大震災津波復興基金」の活用によって整備。

(単位：百万円)

	2011年度	2012年度	2013年度	計
事業費	4,500	4,500	1,800	10,800
補助対象外	172			172
補助対象額	4,328	4,500	1,800	10,628
国(1/2)	2,164	2,250	900	5,314
岩手県(1/4)	1,082	1,125	450	2,657
市町村(1/4)	1,082	1,125	450	2,657
(県予算額)	3,246	3,375	1,350	7,971

※1. 沿線8市町村はそれぞれの分担率に応じて負担する（宮古市、大船渡市、久慈市、釜石市、岩泉町、田野畑村、普代村、野田村）。
2. 県予算額＝国(補助対象額)＋岩手県(同)。
[出所]岩手県職員・佐藤博氏による作成（岩手県復興局資料等）。

図8-1　東日本大震災における三陸鉄道復旧に係る新スキームによる財源措置と予算の状況

めている。こうした支援によって復旧は着実に進み、第1次復旧（「陸中野田駅〜田野畑駅」間）、第2次復旧（「盛駅〜吉浜駅」間）に続いて、第3次復旧として北リアス線の「小本駅〜田野畑駅」間、南リアス線の「吉浜駅〜釜石駅」間が2014年4月に運転再開し、第3次をもって全線運行再開となった。この復旧スピードは特筆に値する。

次に、JRである。JR山田線は「宮古駅〜釜石駅」間の55.4km、JR大船渡線は「盛駅〜気仙沼駅」間の43.7kmが被害を受け、運休が続いている（2014年10月現在）。JR東日本社長は2011年4月に責任をもって全線復旧させる旨を表明したが、その後、安全性や財源の確保、市町の新たなまちづくり計画との整合性を見定めたうえで判断したいというスタンスに変更した。2013年末現在、JR側は依然として鉄道に関して具体的な復旧方針を示しておらず、国土交通省（東北運輸局）主催の復興調整会議でJRに岩手県、沿線市町村などが加わって協議が進められている。

この間、大船渡線については2012年7月に、JR東日本から大船渡市を事務局として設置されたJR大船渡線公共交通確保会議に対してBRT（Bus Rapid Transit＝バス高速輸送）仮復旧が提案された。同年10月に、復旧までの間の沿線住民の足を確保するため、構成メンバーの沿線3市（大船渡市、陸前高田市、気仙沼市）はBRT仮復旧の受け入れを

正式に表明し、翌年3月からBRT仮復旧運行が「盛～気仙沼」間で開始となり、そのうち「盛～小友」間（10km）は9月に鉄道敷を活用した専用道として新たに開通している。

これに対して、山田線については2012年6月に、JR東日本から宮古市を事務局とするJR山田線公共交通確保会議に対して、BRT仮復旧が提案されたが、構成メンバーの沿線4市町（宮古市、山田町、大槌町、釜石市）は最善ではないとし、鉄道の早期復旧を求めると回答した。JR側は2013年9月にJR山田線復興調整会議でBRT仮復旧を再提案したのに対して、沿線4市町は拒否したが、14年2月に事態は大きく変わる。すなわち、JR東日本から三陸鉄道への鉄道移管が提案された。そこには地上設備や用地の沿線自治体に対する無償譲渡、運行に伴う赤字に対する一時金（協力金）5億円による補てんなどが含まれる。そして、同年11月に沿線自治体に対して移管一時金を30億円に増額する方針が示された。沿線自治体はそうした移管案を積極的に評価し、同年12月に移管受け入れに合意した。これにより「宮古駅～釜石駅」間の復旧は大きく前進することになる。

この間、県、市町村はJR東日本に対して鉄路による（最終的な）復旧を要請しているが、JR側は津波からの安全の確保、まちづくりとの整合性、費用負担（試算で総額210億円）が課題であるという認識をもち、そして、原状復旧費用（140億円、移管協力金とは別もの）を自社負担とする意向を示す一方で、まちづくりに伴う復旧費用については沿線自治体の負担を求めている。このことは、新たなまちづくりに伴い駅の移転や鉄道の移設が必要となるなかで、JRの資産に対する公的資金の支援は民間・黒字企業の資産形成になるのではないかという論点に向き合うことを意味する。

他方で、岩手県は、JR東日本が県および市町のまちづくりと一体となった鉄道復旧を行うに際して原状復旧と比べて増加する費用について、地域の復興に対する支援という観点から、沿線自治体の実質的な負担がないよう復興交付金の対象とすることを国に要望している。この点では、移設に伴う線路嵩上げの土盛り、整地費用などが対象になるのか否かがネックとなる。また、その対象とならない部分がある場合、震災復興特別交付税や復興基金の積み増しなど、国が沿線自治体に全額を支援するよう要望している。このことから財政面における課題が少なくないことが明らかになる。

(6)財政運営――技術、体制

1）入札不調

ここでは行財政運営（マネジメント）における技術（手法）や体制（組織）の側面に大きな影響をおよぼしている、入札不調の問題、自治体職員の不足問題を整理しておく。[12]

---

[12] 佐藤・桒田（2015）では財政運営に関わる予算の繰り越し状況および不用額の発生について整理しているが、本書では記述していないことをお断りしておく。

表8-13　岩手県における入札の取やめの発生状況　　　　　　　　　　　　　　　　（発生率：%）

	4月	5月	6月	7月	8月	9月	10月	11月	12月	1月	2月	3月
2011年度	0	0	0	4	6	4	11	16	18	27	9	3
2012年度	10	8	7	6	8	10	17	26	29	22	8	5
2013年度	13	2	11	12	17	23	29	35	28	32	27	18

〔出所〕岩手県総務室入札担当資料から筆者作成。

　最初に、入札不調の問題である。復興需要の本格化に伴って建設工事の発注量が増大しているが、入札取やめ件数も増加しており、復興に大きな支障を来している。岩手県によれば、県営建設工事の入札取やめ発生率は年々上昇しており、2013年11月に35％で最高となっている（表8-13）。入札取やめ件数の詳細をみると、2010年度43件（発注件数1,443件）、11年度139件（同1,567件）、12年度203件（同1,651件）である。2013年度は10月末時点で162件（同873件）であるが、取やめ理由をみると、（入札参加資格審査）申請なし64件、入札者なし86件、その他12件となっている。

　取やめ発生状況（2013年度で10月末時点の162件分）を工事種別にみると、建築工事が43％、土木工事が21％で突出しており、また、金額別（予定価格）にみると、2,500万円未満が27％、1億円以上が15％、5,000万円以上1億円未満が13％、2,500万円以上5,000万円未満が13％である。予定価格（税込）が低い工事で取やめ発生率が高く、敬遠される傾向がみられる。こうした入札不調問題は細部に違いはあるものの、宮城、福島の両県でもみられる。なお、いわゆる「1者入札（1者応札）」も増加の一途をたどっていることに言及しておく。

　岩手県は入札不調への対応として、①入札制度等の改善、②技術者等に関する入札参加資格要件の緩和、③予定価格の算出の改善等を図っている。①については、技術者の施工経験や企業の施工実績における数量要件を付さないとする施工実績要件の緩和を進めたり、また、沿岸地域を要件とする地域要件に内陸地域を追加する特例を設けたりしている。受注者の施工体制を整えやすくするために、「施工準備期間（拡充版）」も設定した。

　②については、配置予定技術者の専任を要しない期間を設けたり（工事の着手以前や完成後、工事完成検査終了後の事務手続き、後片づけは専任を要しないなど）、当初設計額2,500万円未満の工事では2件まで現場代理人を兼務可能としたりしている。

　③については、発注単位の拡大として施工か所が概ね1km以上離れている工事を合冊して発注した場合、標準工期日数に合冊する1工事ごとに25日を加算する工期算定を行うこと、設計労務単価の改定は3か月に1回程度（被災3県のみ）、インフレスライド条項の運用、被災地以外からの労働者確保に要する追加費用に係る共通仮設費および現場管理費の補正、遠隔地からの資材調達に要する輸送費の契約変更対応などがあげられる。

　こうしたさまざまな取り組みは国の指導等によるが、県独自の対応として同一工事で複数

回の入札不調となった建設工事について随意契約を行ったことがあげられる。具体例としては、災害公営住宅の建築工事で3件あり、5億円以上の工事の業者選定を随意契約としたのは、今回が初めてであった。その理由として、災害公営住宅については2度にわたる入札不調によってすでに半年から1年程度の遅れが見込まれ、再々度、一般競争入札に付すとなると、さらに遅れが拡大し、被災者の生活再建に多大な影響を与えることから、随意契約の導入により、一日でも早く工事に着手できるようにしたということである。

今後も、被災地では多くの建設工事の発注が見込まれているが、国の国土強靭化政策や東京オリンピック等の開催決定などによる、それらの関連工事の需要の高まりが、復興需要の対応に大きな影響をおよぼし、入札不調に拍車をかける可能性が高い。入札不調の原因として技術者や労務員の不足、資材の不足や高騰、下請会社（専門工事会社を含む）の獲得困難などがあげられるが、それらを加速させる危険性がある。加えて、県内陸部を襲った2013年7月から10月にかけての大雨・台風被害は400億円程度の被害額で大災害となり、内陸部の建設業者はその復旧工事にも対応しなければならない状況となった。岩手県県土整備部は合冊によって工事を大型化し、県外の大手ゼネコン業者の参入も促す方向にあるが、復興のスピードを上げる一方で、阪神・淡路大震災の復興事業費の約9割が東京を中心とする大手企業の懐に転がり込んだとする宮入（2013a）における指摘も意識しておく必要があろう。

2）自治体職員の不足

復旧・復興に関わる市町村および県の職員の不足は過去の大震災と違い、深刻な問題であるが、岩手県は自らの対策に加えて、被災市町村が本格的なまちづくりや災害公営住宅整備等を促進できるように人材不足の解消に取り組んでいる。実態としては、県自身がこれまでの行財政構造改革により職員体制を大幅に縮減してきた経緯があり、膨大な事務・事業量に直面するなかで、市町村向けのさまざまな職員派遣スキームを探りながら、関係機関との調整に奔走していることがあげられる。主な人員確保策として、例えば、県職員の派遣に加えて、県が採用した任期付職員を市町村に派遣している。

県の復興業務には他県等から派遣を受けており、受入人数は2012年度170人、13年度172人、14年度186人で増加している（表8-14）。被害が大きい市町ほどではないにしても、県でも復旧・復興が進むにつれて業務量が増大しており、年々、派遣の要望を増やしている。派遣職員を職種別にみると、土木・農工の技術関係職員が最も多い状況である。広域沿岸振興局土木部宮古土木センターの場合、職員数は2014年度98人（非常勤を含む）であるが、そのうち派遣職員は19人（技術系13人、事務系6人）となっている。

筆者は直接、間接に派遣職員から業務の感想を聞くことがたびたびあるが、多くの業務が個別性が強く、厳密に言えば初めての経験であり、新たな問題を一つクリアしたら、別の新たな問題が生じ、苦労した一方で、やりがいを強く感じたという声を頻繁に耳にする。

次に、県採用の任期付職員（原則3年）であるが、県の復興業務には2012年度89人、13年度85人、14年度28人が、市町村派遣（13年度スタート）として13年度63人、14年度49人が採用されている。職種別にみると、いずれも一般事務と土木・農工が突出しており、前者が後者を若干上回っている。これに対して、県の正規職員も市町村に派遣されており、2011年度18人、12年度16人、13年度18人、14年度18人である。

表8－14　岩手県に対する他県等からの職員派遣状況　（単位：人）

		2011年度	2012年度	2013年度	2014年度
都道府県		124	161	162	177
	一般事務	16	43	45	48
職種	土木・農工	83	78	75	77
	建築	6	7	9	11
	埋蔵文化財	0	10	8	12
	その他	19	23	25	29
政令市		7	5	9	8
	一般事務	0	1	5	5
職種	建築	1	1	1	1
	その他	6	3	3	2
民間企業		3	4	1	1
合　計		134	170	172	186

※1．2011年度は9月30日現在の職員数である。
　2．派遣職員数は年度途中で職員交代があった場合は1人で、また、年度途中での派遣開始の場合あるいは派遣終了の場合も1人でカウントしている。
〔出所〕岩手県人事課資料から筆者作成。

　岩手日報2014年11月12日付によれば、県は沿岸市町村が必要とする2015年度の応援職員が761人となる見通し（11月1日現在）を示し、14年度（同）の741人を上回り、過去最多になる。市町村からの派遣要請数は年々増大しており、2014年度に急増し、ピーク期を迎えているが、実際の派遣人員は下回っており、充足率は時期によって違いがあるもののおおよそ90％程度で推移している。

　人員確保の課題について若干言及しておきたい。第一に、国、全国の自治体などへの派遣要請の取り組みを継続、強化する。とくに県業務に対してはいわゆるOB派遣スキームや三セク・公社派遣スキームによる派遣、民間企業からの派遣がわずかないしゼロであるために、その他のスキームとあわせて人員の掘り起こしが必要である。

　第二に、被災地復興のための人的支援に対する確実な財政措置の継続である。被災自治体における派遣職員の受け入れ経費については、その全額が震災復興特別交付税により措置されるが、それぞれの自治体の復興期間は派遣職員等がいる限り、継続して措置される必要がある。

　第三に、被災地内外における任期付正職員（派遣分）の給与水準の引上げである。これによって職員応募に対するインセンティブになる。全国の実例を多く把握するほど、とくにキャリアかつ年齢を重ねている人にとって非常に低い給与水準であることがあげられる。

　第四に、外部委託の積極的な活用をはじめ復旧・復興事業のさまざまな段階で労力の負

13　2014年4月1日時点の岩手県（県庁）における任期付職員の在職状況をみると、302人であり、そのうち100人が県内の市町村への派遣となっている。

担軽減策が講じられているが、例えば、県いわく事業用地取得の円滑化・迅速化について、法制度が改正されたものの、効果は限定的であり、運用面を含め一層の改善が必要になっている。岩手県は岩手弁護士会との共同研究にもとづいて2013年11月に土地収用法の特別措置法を創設する抜本改革を国に提案していたが、実際の法制度の改正に不十分さがあることによると思われる。

〈3〉震災対応財政の課題

(1)県財政の役割

　岩手県の震災対応財政を、先行研究を踏まえて国・市町村との関係や行財政運営の側面から分析すると、以下のような県財政の積極的な役割が浮かび上がってくる。

　第一に、市町村とならぶ事業主体としての役割である。応急仮設住宅の供与、被災者の生活再建支援、災害廃棄物の処理（市町村からの受託事業）、雇用対策、産業全般の復旧（中小企業への災害復旧資金貸付など）あるいは農林業・畜水産業や商工業・観光等の再生、保健・医療・福祉面や教育・文化面での対応、河川・港湾・漁港・道路・橋りょうの公共施設の復旧（市町村の代行事業を含む）などきわめて多岐にわたる。被災者の医療費窓口負担や介護保険利用料などの減免を継続したり、災害公営住宅整備について直接の実施主体となったりしている点では宮城県との違いがみられる。市町村ほどではないにしても、地域住民・企業等に身近に接する機会が多く、また、「いわて復興レポート」や「復興の現場見学会」にみるように、地域住民（県民）を明確に意識した復興の取り組み状況等に関する情報発信にも住民に寄り添う姿勢がかなりみられる。

　第二に、国等に対する要望、国・市町村および関係機関等との調整である。岩手県の財政基盤はきわめて脆弱であり、財政支援（復興交付金、震災復興特別交付税など）に関する要望は欠かせないし、他方、国が財政負担の点で重要な責務を果たすことは当然のことである。沿岸12市町村による共同の要望のように、宮城、福島、岩手の3県による共同の要望はインパクトが大きい。集中復興期間（2011～15年度）の16年度以降の継続は岩手に限らず、どの首長も切望している。そして、制度改正（用地取得制度や復興交付金制度など多数）や特区制度の創設に関する国への要望や市町村との調整、鉄道復旧に関するJR東日本、三陸鉄道ほか関係機関との調整などもあげられ、いわゆるソフト面に対するきめ細やかな対応も復興基金の活用事業等で顕著にみられる。

　第三に、市町村の行財政運営に対する支援である。多数の市町村職員の死亡・行方不明や市役所・町村役場の全半壊等により行政機能は一時停止、大幅低下したが、復旧・

復興に携わる職員の不足が長期にわたって続く市町村の行財政運営ができるだけ円滑に行われるように、人的支援を中心とするサポートが実践されている。市町村に対する財政支援に関しては、水産業の再生にみるような、県によるスピードを兼ね備えた補助の嵩上げ、さらに、県独自の被災者住宅再建支援事業を中心とする住宅再建支援策は基礎的な支援を徹底した点で特徴的である。これらにおいて宮城県との違いがみられる。

岩手県は国の震災対応の制度創設や予算を先取りしながら、対応策（支援策）をまとめて予算編成を行うとともに、国からの財政移転が円滑に進むよう調整役として、また、市町村への補助事業者として、さらに、広域行政の主体として復旧・復興事業に取り組んでいる。県固有の役割を問うとすれば、いわば「マルチプレイヤー」としての役割が大震災下で通常時よりも広範かつ高度に要請され、発揮されたと評価することができる。このように定性的、定量的に明らかにされた点を踏まえると、県の「広域」「補完」などの機能が明確になり、それらが国や市町村の機能と相互に作用することが分権・自治型の災害復興を推進するうえで欠かせないのではないだろうか。

こうした県の役割に伴って、多くの課題が残されているので、そのうちいくつかについて具体的に提起しておく。

(2)生業再生

生業再生の課題として次の4点があげられる。第一に、岩手県の提案・要望にみるとおり、グループ補助金の拡充と継続、運用の改善である。被災市町村では土地の嵩上げ、用地の確保に時間を要すること、とくに仮設から本設に移行する事業はこれから本格化することから、事業の継続や繰越承認の手続きなど柔軟な対応が求められる。また、制度の見直しは少しずつ進んでいるものの[14]、依然としてその余地は大きく、小規模事業者でも採択され

14　グループ補助金の改善が目立ってきたのは2014年度以降である。まず2013年度の状況をみると、13年度から地域の商業機能回復のニーズに応えるため「商店街型」の支援が拡充され、共同店舗の新設等、それらに付随する環境整備、イベント開催の費用が補助対象となっている。2014年度から資材等価格高騰による交付決定額の増額変更が制度上申請できるようになっている。ただし、補助の限度（増額分の6割）が設定されている。また、これまで補助対象外だった店舗兼住宅にも使えるよう中小企業庁は運用を見直した（岩手日報2014年11月5日付）。これまで住居部分の抵当権設定が問題となっていたが、被災前と同程度に復旧する場合は店舗部分が補助対象として認められることになった。2015年度から、従前の施設等への復旧では事業再開や継続、売上回復が困難な事業者が、認定経営革新等支援機関の支援を受けながら、新分野開拓等を見据えた新たな取り組みにより震災前の売上を目指すことを促すために、従前の施設等への復旧に代えて、それらの実施にかかる費用を補助対象にしている。新分野開拓等とは新商品製造ラインへの転換、新商品・新サービス開発、新市場開拓調査、生産性向上のための設備導入、従業員確保のための宿舎整備などである。なお、テレビで何度か放送されたように、借店舗であった商店主は対象になっていない。

やすいようなグループ補助の要件の緩和や個々の企業の施設整備に対する補助制度の創設などにより支援策を拡充する必要がある。

　顕在化している問題として、労務費や資材費の大幅上昇によって事業費の増嵩が生じ、事業者の負担増となっており、事業実施の遅れを招来していることがあげられる。自宅が被災していれば、その再建を優先せざるを得ない場合もある。事業の進捗の遅れは、さらなる事業費の増という悪循環に陥る事業者を増やしており、計画の見直しや新たな資金繰りを余儀なくされ、あるいは事業を断念するなどの問題も生じている。このように、発災当初には想定し得なかった被災地特有の状況もあることから、補助制度の柔軟な運用や対応の改善が必要になっている。[15]

　第二に、復興交付金に「なりわい」の再生に必要な事業を追加する。津波によって市街地が根こそぎ流出した地域では、新たなまちづくりとともに、被災者の生活を直接、間接に支え、雇用を確保することができる商業施設の整備が欠かせない。岩手県における仮設商店街（中小企業基盤整備機構整備分）は宮城県のそれよりも格段に多いが、そのうち本格再建の目処が立っているのはわずかである。復興まちづくり計画と地域商業の振興の整合性はどの自治体でも追求されており、市街地復興の呼び水として商業機能の集積、回復が必要である。その整備にあたっては、モールや朝市施設、産直施設の整備も従来の補助金による整備事業例からみて当然に対象としてよい。商店街の公共駐車場や公共トイレ整備も「なりわい」を支えるまちづくり事業の一つとなりうるので、こうした地域それぞれのまちづくりに必要な施設整備は、今後、面的整備が進むにつれて本格化すると思われることから、弾力的に対応できる交付金の拡充が望まれる。[16]

　第三に、経営力の向上と従業員などの労働力確保の課題対応である。震災後の環境変化に対応するためには地域の商業あるいは製造業などを構成する事業者の経営力、競争力の強化が重要であるが、人口減少や大型店舗の進出は売上額や取引先の減少につなが

15　岩手県が2015年2月に、沿岸12市町村2160事業所を対象に実施し、1349事業所（62.5％）から回答を得たアンケートでは、仮設店舗などで事業再開した業者のうち29.4％が本設での再開を予定せず、廃業する方針であることが分かった（河北新報2015年3月30日付）。後継者不足や事業用地の確保が難しいことが理由である。もともと本設を希望しない業者もいるものの、国や県などが本設再開や事業継続のための対策を早急に充実・強化しなければ、地域経済への打撃は計り知れないものになると思われる。

16　東日本大震災復興特別会計2013年度補正予算において津波・原子力災害被災地域雇用創出企業立地補助金330億円のうち、「商業施設等復興整備事業」30億円が創設された。岩手、宮城、福島の3県の沿岸市町村および原子力災害に伴う避難指示解除区域等を対象地域とし、被災自治体が作成し、復興大臣の認定を受けた「まちなか再生計画」にもとづき、まちづくり会社等が行う商業施設および付帯施設・設備の整備に対し、被災中小企業に3/4、非被災中小企業（域外の事業者）に2/3、その他（大手など）に1/2の補助が行われる。端的に言えば、住民生活を支える商業機能の回復を図るために拡充された補助事業であり、被災地における出店支援をさす。

り、経営環境が一層厳しくなることが懸念される[17]。そうしたなかで事業意欲の維持と商業の担い手育成は急務であり、ソフト面での支援が必要となっている。また、水産加工業や運輸業などにおける従業員不足がとくに深刻である。地場産業である水産加工業は、水産業への手厚い支援も背景にして復旧、復興が進められてきたが、労働力の確保にミスマッチが生じている。震災によって地域外から移住し、新たに就業しようにも住むところがないため、従業員を確保できないという問題もみられる。こうした従業員確保のための支援策も必要である。

　第四に、観光に対する支援の拡充である。国に対する岩手県の要望項目をみると、震災学習を中心とした新たな観光地づくりや二次交通の拡充など、沿岸地域への誘客促進、さらに、海外からの誘客促進の取り組みに対する新たな補助制度を要望している。

　観光については、これまで融資による対応が主な支援策であったが、岩手県は2013年8月の大雨・洪水により被災した特定被災地域を対象とする復旧緊急支援金を創設した。盛岡市の繋温泉および雫石町の鶯宿温泉の二つの地域では大雨、洪水によって20の宿泊・温泉施設が被災し、被害額は3.4億円となったことから、①両市町が実施する被災資産復旧事業費補助に対し交付金を交付することとし、77百万円の補正予算を計上した。また、②風評被害対策として観光需要創出のための交付金もあわせて5百万円を措置している。①について算定の根拠を施設の被害額10百万円以上を対象に県補助限度額10百万円として県1/4（市・町1/4、事業者1/2）で算定した。②は市町の事業として1/2程度で算定し、市町の自主性を尊重し、柔軟な支援による早期の復旧を支援することとした。交付金の使途については事業目的の範囲内で独自判断により執行可能である。

　こうした支援はいわゆる「使い勝手のよい」交付金制度として国の施策をリードするものとして注目に値し、国はこうした取り組みを参考に復興交付金の見直しを行うべきである。

(3)生活再建

1）被災者生活再建支援

　被災者生活再建支援制度に関しては、公的な支援が個人的な給付であり資産形成に貢献したとしても、社会保障の給付（生存権の保障）の範囲内であれば個人補償ではなく、さらに、単なる個人資産の補てんや回復という名目以外の公共性が見出される場合は個人補償ではないという、私有財産制を回避し、個人補償否定を展開する論理が提示されてお

17　東北経済産業局による「グループ補助金交付先アンケート調査」（2013年9月）によれば、被災事業者の売上状況について水産・食品加工業は震災前の売上水準まで回復した割合は14.0％にとどまり、逆に5割以下の割合が45.3％におよぶ。建設業はそれぞれ66.0％、17.1％となっており、対照的である。

り、財政支出の歯止めとしての機能・利用ではなく、逆に公的な支援や国の責任を積極的に引き出す根拠となっている。[18]

　山崎（2013）では支援内容の充実と支援範囲の拡大に関する問題が整理されている。[19] ①財源的に巨大災害に対応できない。②支援金が単数世帯か複数世帯かという分類しかない。③半壊および床上浸水に対する支援が行われない。④地盤災害への対応が不十分である。⑤所得保障や生業に関する支援がない。⑥そもそも300万円で住宅再建ができるのか。これらは先行研究でも指摘されており、主要な問題であると言える。

　同書における別の角度からの批判も興味深い。[20] すなわち、2007年の法改正によって、支援金の性質が弔慰金・見舞金という曖昧な性格へと変容してしまったために、その使い道について自由になったものの、本来的には住宅再建（プラス家財の購入）に対して支援金が使われるべきである。にもかかわらず、支援金が「つなぎの生活費」として使われ、実際には住宅再建には充当されない。むしろ、そういった実態を踏まえれば、所得保障や生業支援も真正面に検討されるべきである。

　復興まちづくり研究会（2011）でも生活再建の手法として、家屋の損傷程度より、生活の壊れ具合（失職、生業の廃止、負傷など）に着目して支援するのが実状にあっていると述べたうえで、例えば、生活再建支援制度は住宅支援に特化し、長期避難、生業支援、震災障害などに対しては別制度を構築するべきという意見もあるとし、制度の見直しや創設が求められると指摘する。[21]

　以上のことを踏まえて、県独自の制度等も考慮しながら課題を提起すると、第一に、支援金の拡充である。岩手県内の被災市町村の支援状況は、法による支援金300万円に県の支援事業100万円、さらに、市町村独自に100万円から200万円を上乗せしているのが実態である。また、利子補給、宅地復旧・造成に要する経費、移転費用のほか農山漁村ゆえの浄化槽設置、住宅移転等による水道工事費、木材活用住宅などの助成も行っている。このように今回の震災では、高台移転などによって下水道施設や水道施設が十分に整備されていない場所での住宅再建となるため、住宅再建費用は多額とならざるを得ない。

　岩手県の国に対する提案・要望は広範囲にわたる甚大な被災状況に鑑み、被災者の住宅再建が十分に図られるよう支援額を増額するとともに、半壊世帯も対象とするなど支援範囲を拡大するといったことである。ただし、現状について、例として1,000万円の住宅を建てる場合、支援による補助等が515.3万円、被災者の自己負担額は484.7万円と説明する

18　池上（2013）等によれば、被災者への公的支援の根拠として、当事者の救済にとどまらず、コミュニティ等の早期再建に向けて地域経済・社会全体におよぶ便益（外部性）になり、災害対策の効果と効率も高めるという論理展開があり、傾聴に値する。

19　山崎（2013）pp.33-34。

20　山崎（2013）p.34。

21　復興まちづくり研究会（2011）p.238。

が、坪当たり建設単価が地価の高騰で2倍近くあるいは80 〜 90万円超におよぶなかで実態に沿っていない。国の支援金は地震保険の加入者にとっても貧弱であるし、所得水準が全国平均より低い岩手県のなかで、県平均よりも低い沿岸地域で多くの住民が仮設住宅での長期生活を強いられていることも考慮すれば、自己負担はあまりにも重過ぎると言わざるを得ない。

　第二に、制度の対象となる自然災害等の適用基準の見直しである。発動要件は自然災害であり、一定規模の被害とされているが、支援法の適用基準は政令で定めることとなっており、その内容は同法施行令第1条で定められている。一例として、市町村内に10世帯以上の住宅が全壊した場合に適用されるが、その引き下げが考えられる。近年の大災害の発生状況をみると、局地局所的に被害が発生し、被害額が多額にのぼるケースが増えている。中山間地の集落における沢沿いや小規模河川付近に点在する住宅の被害、都市と農村の両方における竜巻の発生による住宅被害など、災害の発生形態が多様化しており、多発する集中豪雨もさまざまな被害をもたらしていることから、こうした災害に十分に対応できていないのが現状である。

　内閣府の被災者行政担当は、「被災者支援は都道府県の相互扶助が前提で、一定規模を超えた場合にのみ国が支援する仕組み。制度の根幹に関わる問題で慎重な検討が必要になる」と話す一方、岩手弁護士会の副会長は「次の災害に備えるためにも実態に即した制度改正が必要で、支援金の引上げなども含めて国は真剣に議論すべき」と主張する報道がある。岩手県独自の生活再建住宅支援事業は住宅補修のほかに宅地復旧に対する助成を、また、2013年の大雨・台風による災害でも被災者の生活再建支援策を講じている。岩手県に限らず、多くの地方自治体が制度の不備を政策的に補完している実態にも鑑みれば、実態に即した制度改正は早急に行われるべきである。

　第三に、支援対象範囲の拡充である。自然災害の発生が局地局所的な発生に加え、床暖房、パネルヒーターやいわゆる「水廻り」などの住宅設備の機能向上によって、半壊世帯や床上浸水でも復旧のための経済的被害は大きくなっているのが実態である。こうした実態に応じて支援対象を拡大する必要性は十分に高い。これに対して、復興まちづくり研究会（2011）における既述の指摘にヒントを得れば、半壊、床上浸水などの被害ではなく、全部建替え、半分建替えなどの再建程度を対象範囲として支援することも考えられる。

　第四に、支援金支給のための財源の拡充である。今回のケースにみるように、基金残高が少なく、財源が著しく不足することがないように、今後の大災害に対して十分な備えを行う必要がある。現在、国と県が折半で積立てを行っているが十分とは言えず、東日本大震災クラス以上の災害を想定した積立ての上乗せを行っていくべきである。「被災者に対する国

22　岩手県（2014）p.37。
23　岩手日報2013年9月16日付。

の支援の在り方に関する検討会」(内閣府)の座長を務める室﨑益輝は国・地方折半の300万円については、「国の責任を明確化し、国独自で基金を積み立てるべき。人口流出への備えなど都道府県の政策的な判断で上乗せ補助を出せるようにすればいい。公助を二階建てとすることで拡充できる。国は地方に基金などの形で資金を出し、自治体の自主性に任せるべきだ」と新聞インタビューに答えている。地方自治体による二階建て補助については、岩手県および同県内の被災市町村が復興基金を活用している実態から実施していると言えなくもないが、そうした意見を発展的に活かしていくべきである。

2)災害公営住宅整備

岩手県は、仮の住まい(仮設住宅)の次なるステップとして、例えば、震災で住宅を失った方が持ち家による住宅を確保できるように、被災者住宅再建支援事業等により支援しているが、彼ら・彼女らが資金難等を理由に住宅を確保できない場合には、災害公営住宅を整備し、供給している。災害公営住宅の入居者は、「住宅に困窮する低額所得者」かつ「災害により住宅を失った者」とされるが、東日本大震災復興特別区域法等の特例により、低額所得者でなくても入居可能とすることができる。このことから、「災害により住宅を失い、かつ、住宅に困窮する者」に提供される。

災害応急仮設住宅で生活している被災者は2013年9月末現在、12,107戸、27,202人である。そして、民間賃貸住宅などのみなし仮設住宅に3,160世帯、8,314人が入居しており、その他県内、県外で生活している被災者を含めると、仮の住まいは合計で21,876世帯、53,046人となっている。これに対して、災害公営住宅に入居できているのはわずか189世帯、321人であり、人数ベースで1%に届かない水準である。いわゆる「自立再建(持ち家再建)」が増加している状況とは大きく異なる。

岩手県内の災害公営住宅の整備状況をみると、県整備予定戸数は49団地、2,914戸、市町村整備予定戸数は92団地、3,165戸、計141団地、6,079戸であるが、完成は2013年9月末現在、県分2団地、42戸、市町村分7団地、209戸、計9団地、251戸であり、戸数による整備率は4.1%にすぎない。県分で6団地、312戸が2013年度末までに新たに完成の見通しとなっている。また、2016年度までに全戸完成を目指しており、敷地提案型買取方式、設計施工一括選定方式の整備手法が採用されている。

災害公営住宅整備の課題として次の4点があげられる。第一に、整備事業の遅れと入

---

24 岩手日報2013年9月16日付。
25 岩手県は持ち家の新規取得(マンション等の中高層住宅を含み、また、中古住宅の購入も含む)を約10,000～11,000戸と想定している(2013年9月推計ベース)。
26 敷地提案型買取方式とは、地方自治体が公募する条件に合致する土地をその自治体が買取りまたは定期借地契約により賃借した後、当該土地上に民間事業者が建設する災害公営住宅等を自治体が買い取ることである。

札不調への対応である。これらは労務費、資材費の高騰など予定価格と市場価格の乖離、建築系の技術者、労務者の確保困難などの原因による。用地取得、発注・入札契約、施工などの段階で高いハードルが発生するなかで、標準建設費（国庫補助対象上限額）を引き上げたり、工事契約後の物価上昇に伴う適切な設計変更等の対応が徹底されたりする必要がある。また、整備コストの高騰の煽りを受けて、住民が入居5年後から買い取りが可能となる戸建てタイプの売却価格が、当初予定より大幅に値上がりする見込みであり、買い取りの点でも課題がみられる。被災地特有の問題であったものが、安倍政権が掲げる国土強靱化政策、東京オリンピックの招致決定などを受けて、全国的な傾向になっているために、国や自治体など関係者が協働して、被災地に特化した対策が強力に講じられるべきである。

　第二に、入居開始となった住宅に空き住戸が発生している。このことは時間の経過とともに住民の意向が変化するために、やむを得ない側面があるものの、既述した9団地、251戸のうち4団地、21戸に空きが発生しているので、移転先未定・検討中の住民の実状を把握する、事前説明会を徹底する、募集要件の設定を工夫する、団地ごとに募集する方法を見直す、意向調査後のフォローアップを実施する、コミュニティづくりに関して情報発信するなど、一層の努力と工夫が求められる。なお、住宅建設単価の高騰のために自立再建を諦めるケースも少なくないので、空き状況は流動的であると言える。空き住戸が増え続けるようであれば、一般の公営住宅に、あるいは他の用途に転用することが考えられるが、時期尚早ではないだろうか。

　第三に、災害公営住宅の完成に伴って、応急仮設住宅の解体等の対応が生じてくる。2013年12月現在、応急仮設住宅の維持・修繕に要する費用は、国の財源手当てが無く、すべて県独自の財源によっている。国（厚生労働省）の災害救助事務取扱要領によると、法による応急仮設住宅は、その設置後、補助事業により取得した県の財産となり、県によって維持・管理されることを原則とするためである。2013年末の時点からみれば、最初の整備から2年半以上経過するため、維持・修繕に要する経費も岩手県全体で6億円程度と多額にのぼり、県はこれらの財源を全国から被災者支援のために寄せられた寄附金を充当している。今後、維持・修繕費用のほかに、解体撤去等の財政負担が重くなっていくことから、国の抜本的な制度の改善が求められる。

　第四に、集中復興期間にこだわらずに、高台移転や土地区画整理事業による住宅用地の整備が終了し、持ち家による住宅再建が進むまで支援策を継続し、かつ確実な財源手当てがなされる必要がある。災害公営住宅整備は復興交付金事業であり、復興交付金のなかで最大の比重を占める。復興交付金の事業期間は制度要綱にもとづき2015年度までと

27　読売新聞2015年1月11日付。

なっているが、その延長は不可欠である。

(4)社会資本の復旧・復興

　三陸鉄道の全線復旧にみるように、鉄道の本格復旧が進んでいるが、他方で、復興道路をはじめ道路整備の進捗をみると、鉄道と道路利用の関係を懸念せざるを得ない。鉄道輸送と道路利用の競合をどうするかは、平時でも大きな課題であり、今回、重大な論点を提起していると考えられる。鉄道は一本の線でつながらなければその機能は発揮しないとの意見もそのとおりであろうが、いわば「縮小社会」における生活路線としての機能をみると、(原状)復旧がすべてではないかもしれない。他方で、まちづくりとの関係や安全性の確保に加えて自治体の財政負担の点からも県民、市町民の合意形成が不可欠になるが、自治体の負担が生じるのなら復旧はなし、国の負担であれば復旧すべきということでは、あるいは鉄道を利用していないから、負担には同意できないという住民ばかりでは、社会資本の復旧・復興の本質に迫れないのではないだろうか。

　県が、鉄路復旧の目途が立っていない大船渡線も含め、JR問題を中心に鉄道全般のあり方に関して地域ぐるみの徹底した議論を積極的にコーディネートすべきであろう。これは県自身の大災害復旧・復興における役割も問われることを意味する。というのも、既述のとおり、生活や仕事の再建の遅れに比べて、「復興道路」(三陸縦貫自動車道、三陸北縦貫道路など)の整備スピードが際立っているが、これは県の国(中央政府)に対する強力な働きかけがあることによる。これに比して、鉄路復旧に対するスタンスは地域住民、県民にとってそれほど明確にみえてこない。これが県の戦略であるとすれば、なおさら地域ぐるみの徹底した議論が展開されるべきであろう。

　まちづくりや安全性の確保との関わりについて若干言及しておきたい。東日本大震災と阪神・淡路大震災の被災状況が大きく異なることは周知のとおりであるが、これはまちづくりのあり方にも多大な影響を与えている。例えば、後者の住宅再建はもとの場所で、すぐにでも可能であったのに対して、前者のそれについては防災集団移転促進、漁業集落防災機能強化、土地区画整理、津波復興拠点整備にみるように、高台移転、土地の嵩上げが必要である。こうした違いは津波によって再び人命が失われることのないよう、多重防災型まちづくりを進め、災害に強い交通ネットワークを構築して住民の安全を確保しなければならない点にあり、この限りにおいて、生活・生業基盤の整備の前提として社会資本の復旧は欠かせないものとなっている。

　東日本大震災は岩手県内の社会資本整備が遅れていたところに発生したが、その復旧は三陸沿岸部という地域の特性も考慮されなければならない。社会資本(公共施設)の復旧は原状復旧が原則であり、二次災害防止、国土保全の観点からも復旧は所与のもの

であるが、今回のようにいわゆる改良復旧が積極的に認められるべきである。さらに、何度も津波で被害を受けている地域があるので、その拡大解釈が図られてよい。財政面からみれば、地域の特性に応じた改良復旧に際して、資材や技法などは整備当時よりも高度化しており、整備コストは増大する。そうだとすれば、維持管理費や修繕費が県にとって重い負担となるが、それらに対する国の財政支援は検討に値しよう。これに対して、技術面では、査定時の原状復旧のための事業費を超えないように、あるいは不可避の遅延理由の発生でも工期を守るように、さまざまな工夫が講じられており、積極的に評価されるべきである一方で、そうした実態について住民、国民は目を向けるべきであり、そして、国には地域の実状にあわせた柔軟な対応が求められる。

　社会資本の復旧は途上にあるが、復興道路（各種）や防潮堤などの整備にみるように、その量的、質的な水準を、多重防災型のまちづくりを前提としながら、今回の大震災における各種インフラの諸効果の実証の総括、復旧・復興事業実施上の技術的な制約、さらに次世代の生活・生業等の持続可能性を踏まえて多角的なアプローチによりじっくり検討することが必要である。いわゆる集中復興期間（2011～15年度）にあわせた事業実施、既存の法制度にあわせた復旧、復興ではない。

終章 「人間・地域本位の復興」の再考

　本書は岩手における東日本大震災からの復興行財政や復興経済社会の実態と課題を明らかにするにあたって、「人間（住民）・地域本位の復興」を重視しながら、とりわけ政策的、制度的な側面に焦点を当てた。そして、そのために複眼的な分析アプローチを採用してきた。それは国と自治体の関係、国・自治体と地域住民・企業、非営利組織等の関係、地域・自治体マネジメントであり、これらから研究蓄積としては決して十分であると言えない地方財政分野を中心に展開してきた。

　第1章「復旧・復興の概況とコミュニティ・自治体」では大震災直後の市町村合併推進が「惨事便乗型」創造的復興の典型であり、それは集落（コミュニティ）の避難生活における集落自治の事例から全くありえないことを指摘した。また、大震災以降の1年ごとの主だった復興の状況や課題を概観するだけでも、復興が超長期におよび、複雑であることが明らかになった。したがって、国や自治体の社会・経済的役割はきわめて大きく、それぞれが農山漁村の持続性に正面から向き合えるのかが重要になり、同時に非被災地（非被災者）と被災地（被災者）あるいは内陸と沿岸、都市と農村、大企業と小企業などさまざまな形の連携・協力も問われている。

　第2章「震災復興コミュニティビジネスの現状とその持続可能性」では非営利・協同セクターによる震災復興CBの全体の状況が明らかになり、類型化されたCBが地域の雇用維持・創出に大きなインパクトを与えることを指摘した。また、震災復興CBは地域の生活支援にとっても重要な意義をもち、長期におよぶ復興におけるその持続可能なシステムの構築に対して示唆に富む。震災復興CBの共通、個別の課題はあるものの、地域住民が地域の社会的、公共的な問題に向き合い、課題解決志向を高めるとともに、公的、非営利・協同、私的の各セクターの役割分担を見直したり、地域への「誇り」、自らの「生き甲斐」、地域全体の「希望」を獲得したりするという点で明るい展望を見出すことができる。

　第3章「岩手県立病院の再建――2012・13年度を中心に」ではとくに県立病院の医療供給上の諸問題、再建の進捗状況および再建をめぐるアクター（利害関係者）の動向が詳細に明らかになった。県立高田病院の地域に寄り添う包括ケアスタイルや患者の受け入れ

システム、病院の外での健康増進活動にみるように、医療供給の持続性にかかるモデル的側面がみられる。他方で、県立病院の再建にあたって惨事便乗型の「創造的復興」の側面が垣間みられる。また、県（医療局）にみられる大震災後も変わらぬ、市町や地域住民との関係構築の重大な問題が浮かび上がってきた。人間（住民）・地域本位の復興はいのちに直結する地域医療・県立病院等の再建において強く問われなければならないが、地域協働型の病院等運営を積極的に実践していくことこそが最優先課題である。

　第4章「岩手における漁業協同組合の先進事例」では漁協の意義や成果などを整理するうえで、岩手県内の重茂漁協や田老町漁協といった全国区の漁協先進事例を取り上げ、その取り組みの特徴を明らかにした。両漁協とも大震災の被害は巨額にのぼったが、組合長のリーダーシップにより協同組合の原点に立ち返り、組合員等が一致団結して早期の復旧を成し遂げていく姿は、先進組合としての底力を世に知らしめ、水産業の復旧、復興に大きく寄与する結果となった。

　第5章「岩手漁業の再建と漁業協同組合」では漁業の再建をめぐる宮城県と岩手県の方針や利害関係者（主体）の動向を、政府レベル等の議論を踏まえながら比較分析を通して整理すると、非常に重要な論点が浮上してくる。岩手県の政策と大きく異なる宮城県の「水産業復興特区」は岩手との比較で批判的に捉えられたり、多くのメディア等の関心を惹き付けたりするが、「特区」それ自体というよりも、宮城で漁業の主体のあり方が真正面から議論され、他方で、岩手は「核としての漁協ありき」であったことに注目した。そのうえで、岩手漁業の持続性にとって漁協の意義や成果などを、県がコーディネートしながら県民レベルで広く共有することが不可欠であると指摘した。

　第6章「市町村の震災対応財政――2011・12年度を中心に」では大震災により大きく様変わりした岩手沿岸12被災市町村の財政構造を、決算を踏まえて全体ベースで詳細に明らかにし、財政力の脆弱な市町村にとって国が全面的に財政負担することの妥当性が鮮明になった。また、市町村間の相違や低い執行率の要因なども明瞭になった。陸前高田市や宮古市の個別ケースでは市財政負担の軽減措置が相当程度講じられていることが鮮明になったが、他方、復興（関連）基金の規模や被災者生活再建支援の不十分さは解消されておらず、それらに関わる市の努力や工夫は国の財政措置の見直しを問う重要な意義をもつ。復興交付金は財政運営や財政構造を大きく変えている最たるものであるが、その採択範囲の拡大や手続きの簡素化など運用の弾力化が継続的に進められることが復興財政の最重要ポイントである。

　第7章「市町村の行政運営と職員不足問題」では職員不足の問題が非常に複雑であり、被災市町村の間での共通の対応に限らず、個別のさまざまな対応もあることが明らかになった。復興事業の「遅れ」の意味を明確にせず、それを一方的に批判し、問題の矛先を自治体に向け、事業スピードを強調すると、かえって行政運営に逆効果をもたらす側面がみら

れる。正しい理解あるいは慎重な対応が要請される。詳細な分析を踏まえると、自治体職員不足の対策は国の責任だけに求めるのは不十分であり、むしろ自治体の責任が全国レベルで強く求められる。今回、自治体間連携が大きく注目され、さまざまな手法で実践されているが、全国の自治体の取り組みしだいで、人数（量）の対策も含め、段階的、系統的な、あるいは高度な人的支援システムの構築の可能性が高まることによる。

第8章「県の震災対応行財政——2011～13年度を中心に」では大震災により大きく様変わりした岩手県の財政構造が歳入・歳出全体に加えて復興交付金、復興（関連）基金、復興特別交付税、水産業の再建支援、グループ補助金などの点で詳細に明らかになり、市町村や宮城県との相違、入札不調の状況や職員不足対策なども明瞭になった。県行財政の積極的な役割として、①市町村とならぶ事業主体としての役割があげられる。②国等に対する要望、国・市町村および関係機関等との調整である。③市町村の行財政運営に対する支援である。県固有の役割を問うとすれば、いわば「マルチプレイヤー」としての役割が大震災下で通常時よりも広範かつ高度に要請され、発揮されたと評価することができる。

第1章から第8章までトータルで振り返り、岩手においてどの点が「人間（住民）・地域本位の復興」であるのかを、実態分析から導出することができる範囲で簡潔に整理しておく。それは国民健康保険等の一部負担金の免除（被災者の医療費窓口負担免除等）や漁業・漁協の再建支援に顕著にみられる。これらは今後の大災害における国や自治体の復興政策に大きな影響をおよぼすであろう。その他にも阪神・淡路大震災以降の大災害の教訓から、住民・地域ニーズに応えるよう改善され、自治体が積極的に展開した政策や活用した制度は少なくない。例えば、グループ補助金（国庫補助金）である。それは県を事業認定者とするが、制度創設以降、少しずつとは言え、いわば「走りながら」見直されており、一方的な批判の対象にはならないであろう。政府による被災者生活再建支援制度の取扱いとは対照的であった。

「人間・地域本位の復興」に対して、どの点が経済成長・開発優先型あるいは惨事便乗型の「創造的復興」かということになるが、復興（支援）道路の整備や県立病院等の再建ではその側面が垣間みられる。本書では復興道路整備について詳述していないが、それは何よりも優先された県の政府に対する要望事業であり、整備のスピードも驚異的である。鉄路の復旧のあり方に小さくない影響を与えているのではないだろうか。神戸市による阪神・淡路大震災からわずか2か月後の都市計画決定（土地区画整理事業等）というスピードとオーバーラップするが、いずれも行政サイドからは積極的に評価されるのであろう。

緊急雇用創出事業の受委託により生じた「大雪りばぁねっと。」の予算使い切り問題と「DIOジャパン」の子会社（コールセンター業）の閉鎖・給与未払い問題では多くの離職者が生じる結果となり、県や町の事業チェック責任が問われ、議会との対立も深まった。いずれも事業者に第一義的な問題があるものの、それらもある意味で創造的復興の弊害が早

期にあらわれた典型ケースと呼べるのではないだろうか。

　東日本大震災において何が問われているのか、そして、何を目指すべきなのかを改めて考えると、経済成長・開発優先型の経済・社会システムの見直しが問われており、目指すべきは人間（住民）・地域本位の復興であり、憲法にもとづく諸権利の徹底である、と断言することになる。本書はその点を最優先したうえで、体系的な内容の組立を意識しながら展開してきた。その結果から見えてきたのは、序章で整理した、宮入の指摘による日本の災害政策の問題点について、国（中央政府）は部分的に改善策を講じているものの、根本的な解消に至っていないということである。そして、国の財政措置はグループ補助金や復興交付金の新設および運用の弾力化など、積極的に評価されるべき点は少なくないが、国と地方の関係の側面からみれば、従来あるいは平時の関係を応用した範囲にとどまっており、根本的に見直すまでに至っていない。

　日本は大災害頻発国であることから、本来、世界トップクラスの法制度が整備され、政策が展開されていなければならないが、「異例中の異例、特例中の特例」の措置を行ってきたという復興相のコメントが成果と限界を示す象徴であろう。依然として非常に多くの住民が仮設生活を余儀なくされている実状に正面から向き合えば、そして、死亡者と行方不明者が膨大な規模におよんだ事実から目をそらさなければ、国が政策面、制度面において改善すべき点は多い。少なくとも自治体の復興事業期間の終了まで改善の手を緩めないことが、東日本大震災で強く問われている国の責務ではないだろうか。

　もう1点述べておきたい。市町村間の復興方針・事業の違いが地域経済・社会の復興に与えるインパクトよりも、県ごとの政策の展開や制度の運用の違いの方が復興に与えるインパクトは格段に大きいのではないか、ということである。つまり、住民や企業に最も身近な市町村が復旧・復興において果たす役割は現実として仕事（生産）や暮らし（生活）の最も基礎的な側面に向き合うことになるために、全体として、それほど大きな違いが生じないのに対して、県は政策面、制度面において特色を打ち出せば、おおむね実現することができることによる。ただし、優れた実績が伴うか否かは別ものである。例えば、宮城県の「水産業復興特区」は実績として1ケースしかない。

　県のインパクトが大きいことは「地方都市・農漁村型」の大災害において当然であるかもしれないが、岩手県と宮城県あるいは東日本大震災と阪神・淡路大震災等の過去の大災害などの比較を踏まえた実態分析を通してかなりクリアにすることができた。これに対して、本書で岩手県に向けて鉄路復旧、県立病院の再建、漁協のあり方にかかわる県の役割を批判したのは、「人間・地域本位の復興」の点からみると、復旧・復興プロセスで基本的な役割が果たせていない側面がある、といういわば盲点を指摘したかったことによる。この役割を認識し、実践することこそが、地域の公共交通、公的医療、漁業・協同組合の持続性に向けた第一歩にとって大きなインパクトになるのではないだろうか。

あとがき

　本書は東日本大震災からの復興がいわば道なかばであり、引き続き研究を進める必要もあることから中間報告のようなものである。本書を通して、できるだけ多くの方々に地域・自治体の復興行財政や復興経済・社会の詳細な実態を伝えることができれば幸いである。大震災から5年が経過しており、とくに最初の2、3年の状況が忘れられているのであれば、なおさらそう思う。実態を知っていただく意義は、被災地の住民に限らず、国民の大半を占める非被災地の住民も何らかのアクションを起こすための出発点となることに見出すことができる。とくに「おカネ（財政）」は経済や社会などさまざまな分野における復旧・復興に関わるので、「難しくて関心をもてない」と避けるのではなく、できるだけ理解していただくことを望むばかりである。「おカネ」に対する少しの理解であっても、大災害からの復旧・復興で問われる自治にとって軽視できない要素であり、決して他人事にしてほしくないし、備えあれば憂いなしと言えよう。

　ここでは最新の復興状況について少しだけ触れておきたい。これにより、部分的にでも大震災の発生から現在に至るまでの諸変化を連続的に把握していただけるのではないかと思う。生活面における復興状況の最大の特徴は「仮設」生活が減少して、住宅再建が増大していることであるが、仮設住宅（プレハブ）の居住者は2016年1月末時点で岩手県16,583人、宮城県23,763人で、依然として高い水準である（河北新報2016年3月11日付）。再建意向が未定である者は多い。これに対して、劣悪な居住環境の仮設住宅を脱するために民間の賃貸住宅に入居したものの、経済的に苦しい者も少なくない。「みなし仮設住宅」の継続利用を希望するものの、家賃補助を必要とする者もかなりみられる。災害により住宅を失い、かつ住宅に困窮する者に提供される災害公営住宅の整備事業は2015年11月末時点の完了率で岩手、宮城の合計48.3%で、両県に大きな差異はない。岩手県は2016年1月に、内陸部に避難し定住を希望する被災者のために、内陸部にも災害公営住宅を整備する方針を発表した。

　仕事面における復興状況の最大の特徴は仮設から本設（自立再建）による営業再開が増加していることであるが、独立行政法人中小企業基盤整備機構が整備した仮設店舗・工場等（今回初ケース）が最多の岩手県では、2015年9月末時点で1,548事業者（従業者6,325人）が仮設店舗等に入居しており、依然として高い水準である。本設再開を予定しているものの、再開時期が未定である者は非常に多い。仮設で続けたい者も少なくない。宮城県では仮設店舗を退去した事業者のうち39.0%が廃業している（東京新聞2016年1月31日付）。これは後継者がいない、高齢である、資金確保が厳しいなどによる。店舗と住宅の再建の両方に悩む者も多い。経済的困窮の度合いは高まるばかりである。仮設店舗の入居期限は所有する市町村が判断することができるが、仮設商店街で空室が増え、仮

設住宅のように集約化が予想されるなかで、仮設店舗入居者は難しい対応を迫られている。

　コミュニティの面について高台の住宅街や災害公営住宅の整備とともに、自治会の新規設立や既存の自治会への編入が進んでいるが、新たなコミュニティづくり（関わりづくり）は被災者の生活の質を大きく規定しうるだけに、重要な意味をもってくる。阪神・淡路大震災の教訓から言えば、高層マンション等では近所付き合いがなくなるケースが多く、独居の高齢者は心身の不安（ストレス）を抱え、孤独死も増える可能性が高い。他方、仮設住宅の空き家増加あるいは集約化、浸水域での居住継続（在宅避難）などに伴うコミュニティづくりも問われる。三陸沿岸では後期高齢者（とくに独居世帯）の比重が高いので、コミュニティ対策や生活対策、医療・介護サービスなど個々に合わせたきめ細やかさが一層求められる。地域住民と自治体、NPO、民間事業所などの連携、生活支援相談員等の取り組みは非常に大きな意義をもつ。大震災から5年という時間がコミュニティ問題を解決するとは単純に言えないことも理解しておく必要がある。

　まちづくり（ハードのインフラ整備）について最大の特徴は土地区画整理事業や防災集団移転促進事業などの面的整備、防潮堤や水門などの海岸保全施設整備の規模が格段に大きいことである。被災者向けの住宅用地の供給をさす、防災集団移転促進事業や土地区画整理事業などによる宅地区画整備の完了率は2016年1月末時点で岩手県24.3%（計画8,064戸）、宮城県37.6%（同10,420戸）である。中心市街地が消滅したエリアでは新たな街並みがみえてくるまでにさらに時間を要する。防潮堤整備事業の着工率は2015年9月末時点で岩手県89.7%、宮城県66.0%であるが、その完了率は同時点で岩手県14.0%、宮城県12.3%にとどまっている（河北新報2016年1月3日付）。宮城県では防潮堤整備の当初計画から高さや位置を変更した地区は42.9%（整備か所ベース）および、岩手県の19.9%に比して格段に高い。宮城県は当初から巨大防潮堤に固執してきた経緯があるが、2016年に入っても住民と県・市町の間で話し合いが続く地区がある。

　本書の最後に、執筆あるいは出版に際してお世話になった自治体職員、大学教員、出版社の方々などにこの場を借りて深く感謝を申し上げたい。

　東日本大震災からの5年間、とりわけ沿岸自治体の職員と話す機会は非常に多くあった。彼ら彼女らはきわめて多忙であることから、長時間におよぶ訪問は控えたつもりであるが、それでもしばしばご迷惑をかけたのではないかと反省する。もちろん自治体職員に限らず、漁師、商店主、NPO法人スタッフ、仮設住宅居住者などさまざまな方々ともお話しさせていただいた。筆者にとっては立ち話でさえも貴重な機会であったが、とくに生活や仕事などの厳しい現実を聞くたびに、自分は何をできるのか、と自問自答してきた。本書では自治体職員等に対する批判的なコメントがあるが、積極的に受けとめていただけることを願うばかりである。

　学術的な側面について多くの大学教員にお世話になりました。ここでは一人ひとりのお名

前を挙げないが、宮入興一（愛知大学名誉教授）、井上博夫（岩手大学名誉教授）の両先生には学会および研究会において何度もアドバイスをいただいた。本書では地元紙である岩手日報および河北新報から多くの記事を引用している。そこには学術的な要素を十分に備えた内容も少なくなかった。そして、筆者が所属する岩手県立大学から研究助成をはじめさまざまな面でサポートしていただいた。そのおかげで、何度も沿岸を訪問し、多くの方々にお会いすることができたのは大きな財産である。

　最後に、出版にあたってお世話になったクリエイツかもがわの田島英二氏である。昨今の厳しい出版事情のなかで、事業リスクが非常に高いにもかかわらず、本書の出版を決断していただき深甚に感謝の意を表したい。

2016年10月
桒田但馬

＜参考文献＞

【序章】
- 岩手県（2011）「岩手県東日本大震災津波復興計画　復興基本計画～いのちを守り　海と大地と共に生きる　ふるさと岩手・三陸の創造～」
- 桒田但馬（2014）「災害の財政」（内山昭編『財政とは何か』税務経理協会）
- 岡田知弘（2012）『震災からの地域再生―人間の復興か惨事便乗型「構造改革」か―』新日本出版社
- 岡田知弘（2013）「東日本大震災と復興政策をめぐる対抗」（岡田知弘・自治体問題研究所編『震災復興と自治体―「人間の復興」へのみち―』自治体研究社）。
- 財団法人阪神・淡路大震災記念協会編（2005）『阪神・淡路大震災10年　翔べフェニックス・創造的復興への群像』財団法人阪神・淡路大震災記念協会
- ナオミ・クライン（幾島幸子・村上由見子訳）（2011）『ショック・ドクトリン―惨事便乗型資本主義の正体を暴く―（上）（下）』岩波書店
- 中山久憲（2011）『神戸の震災復興事業―2段階都市計画とまちづくり提案―』学芸出版社
- 復興10年委員会（2005）「阪神・淡路大震災復興10年総括検証・提言報告」兵庫県ホームページ http://web.pref.hyogo.jp/wd33/wd33_000000126.html
- 復興庁ホームページ　http://www.reconstruction.go.jp/
- 宮入興一（1996a）「震災復興と財政改革」（鶴田廣巳との共著、大震災と地方自治研究会編『大震災と地方自治―復興への提言』自治体研究社）
- 宮入興一（1996b）「阪神淡路大震災と地方財政改革」（日本地方財政学会編『現代地方財政の構造転換』勁草書房）
- 宮入興一（2006）「災害と地方行財政」（宮本憲一・遠藤宏一編著『セミナー現代地方財政Ⅰ』勁草書房）
- 宮入興一（2012）「災害と復興の地域経済学―人間復興の地域経済学の提起に向けて―」（『地域経済学研究』第25号、日本地域経済学会）
- 宮城県（2011）「宮城県震災復興計画～宮城・東北・日本の絆　再生からさらなる発展へ～」
- 室﨑益輝（2015）「真の復興と自治体の役割―阪神・淡路大震災から20年、東日本大震災から4年―」（『住民と自治』624号、自治体研究社）

【第1章】
- 岩手県「いわて復興インデックス報告書」（各回）
- 岩手県「復興実施計画における主な取り組みの進捗状況」（各回）
- 浦野正樹・大矢根淳・吉川忠寛編（2007）『復興コミュニティ論入門』弘文堂
- 桒田但馬（2009）「農山村地域における過疎問題とまち・むらづくりの課題―住民協同の可能性―」（『生活協同組合研究』397号、生協総合研究所）
- 桒田但馬（2009）「『平成の大合併』と人口小規模自治体―合併効果の検証に関する問題提起―」（『地域経済学研究』第19号、日本地域経済学会）
- 塩崎賢明（2014）『復興＜災害＞―阪神・淡路大震災と東日本大震災―』岩波書店
- 塩崎賢明・西川榮一・出口俊一・兵庫県震災復興研究センター（2015）『大震災20年と復興災害』クリエイツかもがわ
- 復興庁ホームページ　http://www.reconstruction.go.jp/
- 宮入興一（1999）「災害の政治経済学の展開と課題」（『立命館経済学』第48巻第4号、立命館

大学経済学会）
・宮入興一（2005）「災害問題の変貌と災害対策地方行財政の改革課題」（『経済論集』第169号、愛知大学経済学会）
・宮入興一（2006）「災害と地方行財政」（宮本憲一・遠藤宏一編著『セミナー現代地方財政Ⅰ』勁草書房）
・宮城県「復興の進捗状況について」（各回）
・宮城県「復興の進捗状況」（各回）
・宮城県（2011）「宮城県震災復興基本方針（素案）」

【第2章】
・「新しい公共」推進会議（2011）「『新しい公共』による被災者支援活動等に関する制度等のあり方について」
・「新しい公共」推進会議・政府と市民セクター等との公契約等のあり方等に関する専門調査会（2011）「政府と市民セクターとの関係のあり方等に関する報告」
・新たな結研究会（2009）「『新たな結』による地域の活性化」国土交通省
・稲葉陽二（2011）『ソーシャル・キャピタル入門─孤立から絆へ─』中央公論新社
・岩手県（2009）「元気なコミュニティ100選活動事例集」
・岩手県（2011）「岩手県東日本大震災津波復興計画　復興基本計画～いのちを守り　海と大地と共に生きる　ふるさと岩手・三陸の創造～」
・岡田知弘（2012）「どんな復興であってはいけないか─惨事便乗型の復興から『人間の復興』へ─」（『世界』829号）
・岡田知弘（2012）『震災からの地域再生─人間の復興か惨事便乗型「構造改革」か─』新日本出版社
・風見正三・山口浩平編著（2009）『コミュニティビジネス入門─地域市民の社会的事業─』学芸出版社
・関西大学社会安全学部編（2012）『検証東日本大震災』ミネルヴァ書房
・CASH FOR WORK JAPAN　ホームページhttp://www.cfwjapan.com/
・栗田但馬（2009）「農山村地域における過疎問題とまち・むらづくりの課題─住民協同の可能性─」（『生活協同組合研究』397号、生協総合研究所）
・栗田但馬（2011）「東日本大震災に伴う避難生活と集落自治の可能性─市町村合併推進に対する疑問─」（『生活協同組合研究』426号、生協総合研究所）
・栗田但馬（2012）「農山漁村地域における自治体財政の実態と課題─住民協同組織および町出資法人との関係を中心に─」（日本地方自治学会編『第一次分権改革後10年の検証』敬文堂）
・経済産業省（2009）「ソーシャルビジネス55選」
・経済産業省（2012）「ソーシャルビジネス・ケースブック（震災復興版）─被災地の復興に向けたソーシャルビジネス─」
・澤野久美（2012）『社会的企業をめざす農村女性たち─地域の担い手としての農村女性起業─』筑波書房
・神野直彦・牧里毎治編著（2012）『社会起業入門─社会を変えるという仕事─』ミネルヴァ書房
・関満博（2009）『「農」と「食」の農商工連携─中山間地域の先端モデル・岩手県の現場から─』新評論
・関満博（2011）『東日本大震災と地域産業復興Ⅰ　2011.3.11～10.1─人びとの「現場」から─』新評論
・関満博編（2011）『震災復興と地域産業1─東日本大震災の「現場」から立ち上がる─』新評論

- 関満博（2012）『東日本大震災と地域産業復興Ⅱ 2011.10.1～2012.8.31—立ち上がる「まち」の現場から—』新評論
- ソーシャルビジネス研究会（2008）「ソーシャルビジネス研究会」経済産業省
- ソーシャルビジネス推進研究会（2011）「ソーシャルビジネス推進研究会報告書」経済産業省
- 田尾雅夫・吉田忠彦（2009）『非営利組織論』有斐閣
- 「地域社会雇用創造事業」共同企業体編著（2012）「内閣府『地域社会雇用創造事業』の成果報告」http://www.chiikisyakai-koyou.jp/outline/result-report.html
- 中小企業基盤整備機構経営支援情報センター（2011）「東日本大震災の復興過程におけるソーシャルビジネスの創出促進及び既存ソーシャルビジネス事業者の活動基盤の整備に関する考察」
- 中小企業庁編（2011）『中小企業白書』同友館
- 塚本一郎・山岸秀雄編著（2008）『ソーシャル・エンタープライズ—社会貢献をビジネスにする—』丸善
- 東北電力株式会社・財団法人東北開発研究センター（2010）「東北における集落の自立的経営に関する調査・研究報告書」
- 内閣府（2011）『地域の経済2011—震災からの復興、地域の再生—』日経印刷
- 内閣府（2011）「社会的企業についての法人制度及び支援の在り方に関する海外現地調査報告書」
- 中川雄一郎（2007）『社会的企業とコミュニティの再生—イギリスでの試みに学ぶ—（第2版）』大月書店
- 永松伸吾（2011）『キャッシュ・フォー・ワーク—震災復興の新しいしくみ—』岩波書店
- 中道仁美編著（2008）『女性からみる日本の漁業と漁村』農林統計出版
- 日本財団編（2012）『企業と震災—結び目が生んだ25のストーリー—』木楽舎
- 日本交通公社（2012）「東北地方太平洋岸地域における自然観光資源を活用した復興への取り組み資料集」
- 農村におけるソーシャル・キャピタル研究会（農林水産省）（2007）「『農村のソーシャル・キャピタル』—豊かな人間関係の維持・再生に向けて—」
- 農林水産省（2010）「6次産業化の取り組み事例集」
- 細内信孝（2010）『コミュニティ・ビジネス（新版）』学芸出版社
- 宮入興一（1999）「災害の政治経済学の展開と課題」（『立命館経済学』第48巻第4号、立命館大学経済学会）
- 宮入興一（2005）「災害問題の変貌と災害対策地方行財政の改革課題」（『経済論集』第169号、愛知大学経済学会）
- 宮入興一（2006）「災害と地方行財政」（宮本憲一・遠藤宏一編著『セミナー現代地方財政Ⅰ』勁草書房）
- 宮入興一（2011）「東日本大震災と復興のかたち—成長・開発型復興から人間と絆の復興へ—」（『世界』820号）
- ムハマド・ユヌス（岡田昌治監修・千葉敏生訳）（2010）『ソーシャル・ビジネス革命—世界の課題を解決する新たな経済システム—』早川書房

【第3章】

- 岩手県（2009a）「岩手県公立病院改革推進指針」
- 岩手県（2009b）「岩手県立病院等の新しい経営改革」
- 岩手県（2010）「岩手県地域医療再生計画　釜石保健医療圏」
- 岩手県（2011）「岩手県東日本大震災津波復興計画　復興基本計画〜いのちを守り　海と大地と共に生きる　ふるさと岩手・三陸の創造〜」

・岩手県（2012a）「岩手県地域医療再生計画」
・岩手県（2012b）「岩手県医療の復興計画」
・岩手県（2013）「岩手県保健医療計画　2013-2017」
・岩手県（2014）「岩手県立病院等の経営計画《2014-2018》」
・上田耕蔵（2012）『東日本大震災　医療と介護に何が起こったのか―震災関連死を減らすために―』萌文社
・桒田但馬（2011a）「日本の地域医療問題と地方自治体の役割―農村・過疎地域医療へのアプローチ―」（『総合政策』第12巻第1号、岩手県立大学総合政策学会）
・桒田但馬（2011b）「大震災被災・復旧・復興と地域医療―岩手沿岸の事例を中心に―」（『地方自治職員研修』臨時増刊号97、公職研）
・桒田但馬（2011c）「岩手における地域医療の歴史と地方自治体の役割―県立病院等の成果と課題―」（『総合政策』第13巻第1号、岩手県立大学）
・桒田但馬（2012a）「大震災後の北東北地域社会の実態と復旧・復興課題―岩手の地域医療の事例を中心に―」（『社会システム研究』第24号、立命館大学）
・桒田但馬（2012b）「大震災後の岩手県立病院の再建―農村県の二次医療圏における医療供給の持続性に対する示唆―」（『医療と社会』第22巻第2号、医療科学研究所）
・自治体病院経営研究会編『自治体病院経営ハンドブック（各改訂版）』ぎょうせい
・総務省（各年度版）『地方公営企業年鑑』
・総務省（2007）「公立病院改革ガイドライン」
・西澤匡史・杉本勝彦・鵜飼卓編（2012）『いのちを守る―東日本大震災・南三陸町における医療の記録―』へるす出版
・久道茂・鴨池治編（2013）『医療と福祉』東北大学出版会
・平泉宣（2012）「地域病院による被災地在宅支援医療の問題点」（『岩手県立病院医学会雑誌』第52巻第2号、岩手県立病院医学会）
・ヘルスケア総合政策研究所編（各年度版）『医療白書』日本医療企画
・村嶋幸代・鈴木るり子・岡本玲子編（2012）『大槌町　保健師による全戸家庭訪問と被災地復興』明石書店
・陸前高田市保健医療福祉未来図会議・会議資料

【第4章】
・伊藤康宏（2012）「近代日本における漁業組合の展開―山口県の『優良漁業組合』を中心に―」（谷口憲治編著『中山間地域農村発展論』農林統計出版）
・岩手県漁協婦人部連絡協議会（1976）『岩手県漁婦連創立20周年記念誌　海と共に』
・岩手県編（1984）『岩手県漁業史』
・大槌町（2004）「大槌町水産基本計画」
・大槌町漁業史編纂委員会編（1983）『大槌町漁業史』
・重茂漁業協同組合「業務報告書（各年度版）」
・釜沢勲（1959）『岩手漁協八十年の歩み』いさな書房
・JF全漁連・東北地方太平洋沖地震による被災漁業・漁村の復興再生に向けた有識者等検討委員会（2011）「中間報告書」
・濱田武士（2013）『漁業と震災』みすず書房
・田老町漁業協同組合「業務報告書」（各年度版）

【第5章】

- 岩手県（2009）「いわて県民計画　ゆたかさ・つながり・ひと〜いっしょに育む『希望郷いわて』〜」
- 岩手県（2009）「いわて三陸海洋産業振興指針〜『海の産業創造いわて』の実現を目指して〜」
- 岩手県（2011）「岩手県東日本大震災津波復興計画　復興基本計画〜いのちを守り　海と大地と共に生きる　ふるさと岩手・三陸の創造〜」
- 大槌町（2004）「大槌町水産基本計画」
- 加瀬和俊（2008）「釜石市における漁業―経済振興策と家族・地域・漁協―」（『社会科学研究』第59巻第2号、東京大学社会科学研究所）
- 加瀬和俊（2011）「漁業権『開放』は日本漁業をどう変えるか」（『世界』822号、岩波書店）
- 勝川俊雄（2011）『日本の魚は大丈夫か―漁業は三陸から生まれ変わる―』NHK出版
- 釜沢勲（1959）『岩手漁協八十年の歩み』いさな書房
- 川崎健（2011）「『水産特区』問題の源流―漁業権の学際的考察から―」（『経済』194号、新日本出版社）
- 規制改革会議（2007）「規制改革推進のための第2次答申」
- 規制改革会議（2008）「規制改革推進のための第3次答申―規制の集中改革プログラム―」
- 規制改革会議（2009）「規制改革の課題―機会の均等化と成長による豊かさの実現のために―」
- 経済同友会（2011）「新しい東北、新しい日本創生のための5つの視点―東日本大震災復興計画に関する第1次提言―」
- 小松正之（2011）『海は誰のものか―東日本大震災と水産業の新生プラン―』マガジンランド
- JF全漁連・漁業制度問題研究会（2007）「日本経済調査協議会・水産業改革高木委員会『緊急提言』に対する考察」
- JF全漁連（2008）「季刊誌『漁協』別冊　漁業・漁村の活性化に向けて―『規制改革会議第2次答申』の問題点と課題―」
- JF全漁連・東北地方太平洋沖地震による被災漁業・漁村の復興再生に向けた有識者等検討委員会（2011）「中間報告書」
- 白須敏朗（2012）『東日本大震災とこれからの水産業』成山堂書店
- 水産総合研究センター（2009）「我が国における総合的な水産資源・漁業の管理のあり方（最終報告）」
- 水産庁（2011）「水産復興マスタープラン」
- 水産庁編『水産白書』各年度版（平成20〜23年度）
- 関満博（2011）『東日本大震災と地域産業復興Ⅰ 2011.3.11〜10.1―人びとの「現場」から―』新評論
- 関満博編（2012）『震災復興と地域産業1―東日本大震災の「現場」から立ち上がる―』新評論
- 寺島実郎他（2011）『震災からの経済復興―13の提言―』東洋経済新報社
- 東京水産振興会（2011）「別冊『水産振興』　東日本大震災と漁業・漁村の再建方策」
- 日本経済団体連合会（2011）「復興・創生マスタープラン〜再び世界に誇れる日本を目指して〜」
- 日本経済調査協議会（2007）「魚食をまもる水産業の戦略的な抜本改革を急げ―水産業改革高木委員会（緊急提言）―」
- 日本経済調査協議会（2007）「水産業改革高木委員会調査報告・魚食をまもる水産業の戦略的な抜本改革を急げ」
- 日本経済調査協議会（2011）「緊急提言　東日本大震災を新たな水産業の創造と新生に」
- 農林水産省（1999）「水産基本政策大綱」
- 農林水産省大臣官房統計部編（2011）『ポケット水産統計（平成22年度版）』農林統計協会
- 農文協編（2011）『復興の大義―被災者の尊厳を踏みにじる新自由主義的復興論批判―』農山漁

村文化協会
- 濱田武士（2011）「水産業の再生と特区構想の行方」（『ガバナンス』125号、ぎょうせい）
- 濱田武士（2012）「漁村に関連する復興構想とその議論」（『地域経済学研究』第23号、日本地域経済学会）
- 東日本大震災復興構想会議（2011）「復興への提言〜悲惨のなかの希望〜」
- 東日本大震災復興対策本部（2011）「東日本大震災からの復興の基本方針」
- 廣吉勝治（1993）「漁協の性格と『組織強化方策』について（『協同組合基礎理論研究シリーズ第36集』農林中金総合研究所基礎研究部）
- 北海道奥尻町ホームページhttp://www.town.okushiri.lg.jp/
- 宮城県（2011）「宮城県震災復興基本方針（素案）」
- 宮城県（2011）「宮城県震災復興計画（第1次案）」
- 宮城県（2011）「宮城県震災復興計画（第2次案）」
- 宮城県（2011）「宮城県震災復興計画〜宮城・東北・日本の絆　再生からさらなる発展へ〜」
- 宮城県（2011）「宮城県水産業復興プラン」
- 村井嘉浩（2012a）『復興に命をかける』PHP研究所
- 村井嘉浩（2012b）『それでも東北は負けない─宮城県知事が綴る3・11の真実と未来への希望─』ワニブックス
- 山川卓（2011）「東日本大震災とこれからの水産業」（『都市問題』102号、東京市政調査会）
- 山本辰義（1996）『漁協運動の課題と展望』漁協経営センター
- 山本辰義（2002）『漁協はどこへ行く』漁協経営センター
- 山本辰義（2005）『続・漁協はどこへ行く』漁協経営センター

【第6章】

- 青田良介・室﨑益輝・北後明彦（2010）「災害復興基金と中間支援組織が連動した上での地域主導による復興推進のあり方に関する考察」（『地域安全学会論文集』Vol.12、地域安全学会）
- 青田良介（2010）「被災者の自立再建にかかる支援を推進する災害復興基金の特色に関する考察─復興基金の4つの事例から─」（『都市計画論文集』Vol.45 No.3、日本都市計画学会）
- 青田良介（2011）「被災者支援にかかる災害復興基金と義援金の役割に関する考察」（『災害復興研究』Vol.3、関西学院大学災害復興制度研究所）
- 碇川豊（2013）『希望の大槌─逆境から発想する町─』明石書店
- 池上岳彦（2013）「東日本大震災復興をめぐる地方財政制度」（『地方財政』第52巻第8号、地方財務協会）
- 岩手県（2013a）「いわて復興レポート2013」
- 岩手県（2013b）「東日本大震災津波からの復興の加速化に向けた岩手県からの提案・要望書」
- 岩手県内・宮城県内市町村の決算カード
- 宇野健一（2013）「都市プランナーの役割─気仙沼市登米沢地区における防災集団移転促進事業を通じて─」（『季刊まちづくり』39号、学芸出版社）
- 大石夏樹（2013）「不断の検証が求められる復興予算─2年目を迎えた東日本大震災復興特別会計─」（『立法と調査』第341号、参議院事務局企画調整室）
- 会計検査院（2013）「東日本大震災からの復旧・復興事業における入札不調について」
- 梶元伸（2013）「震災復興特別交付税及び特別交付税に係る会計検査院からの処置要求等について」（『地方財政』第52巻第12号、地方財務協会）
- 黒田武一郎（2012）「東日本大震災に係る地方財政措置等について」（『地方財政』第51巻第6号、

地方財務協会）
・黒田武一郎（2012）「特別交付税の機能についての考察―東日本大震災に係る対応を中心として―」（『地方財務』698号、ぎょうせい）
・桒田但馬（2011）「大震災復旧・復興に関する歳入歳出一体議論と税財源確保のあり方」（『税制研究』第60号、税制経営研究所）
・桒田但馬（2012a）「大震災復旧・復興における岩手沿岸の自治体行財政に関する問題と課題」（『地域経済学研究』第25号、日本地域経済学会）
・桒田但馬（2012b）「岩手水産業の復旧における主体間関係と諸問題―漁業協同組合を中心に―」（『総合政策』第14巻第1号、岩手県立大学総合政策学会）
・桒田但馬（2014）「災害の財政」（内山昭編『財政とは何か』税務経理協会）
・笹野健（2013）「石巻市における復旧・復興の現状と課題」（『地方財政』第52巻第3号、地方財務協会）
・佐藤日出海（2012）「岩手県宮古市の現状と産業復興―津波被災10か月後の産業担当職員の『現場』からの報告―」（関満博編『震災復興と地域産業1―東日本大震災の「現場」から立ち上がる―』新評論）
・塩崎賢明・西川榮一・出口俊一・兵庫県震災復興研究センター編（2002）『大震災100の教訓』クリエイツかもがわ
・全国市長会・全国町村会（2013）「被災市町村における事務負担の軽減等について（要請）」
・武田公子（2009）「震災と自治体財政―輪島市の事例を中心に―」（『金沢大学経済論集』第30巻第1号、金沢大学）
・武田公子（2011）「震災復興における行財政の役割」（金沢大学能登半島地震学術調査部会編『能登半島地震から学ぶ』金沢大学能登半島地震学術調査部会）
・武田公子（2013）「復興予算と自治体財政―陸前高田市の事例を中心に―」（『復興』Vol.4 No.2、日本災害復興学会）
・戸羽太（2011）『被災地の本当の話をしよう―陸前高田市長が綴るあの日とこれから―』ワニブックス
・戸羽太（2013）『がんばっぺし！ ぺしぺしぺし！』大和出版
・日本地方財政学会第21回大会（2013）・シンポジウムⅡ「東日本大震災・原発災害と市町村財政」における宮入興一、清水修二、川瀬憲子、井上博夫の各教授の報告資料
・日本経済新聞2014年3月4日付・「経済教室」における林敏彦教授の論文
・東日本大震災復興構想会議（2011）「復興への提言～悲惨のなかの希望～」
・東日本大震災復興対策本部（2011）「東日本大震災からの復興の基本方針」
・兵庫県震災復興研究センター編（2012）『「災害救助法」徹底活用』クリエイツかもがわ
・北海道奥尻町ホームページ　http://www.town.okushiri.lg.jp/
・宮入興一（1994）「災害対策と地方財政運営―雲仙火山災害と県レベルの財政運営の対応―」（『経営と経済』第74巻第3号、長崎大学）
・宮入興一（2006）「災害と地方行財政」（宮本憲一・遠藤宏一編著『セミナー現代地方財政Ⅰ』勁草書房）
・宮入興一（2013a）「災害と地方財政」（重森曉・植田和弘編『Basic地方財政論』有斐閣）
・宮入興一（2013b）「復興財政政策と復興財源問題」（岡田知弘・自治体問題研究所編『震災復興と自治体―「人間の復興」へのみち―』自治体研究社）
・柳澤千亜紀（2012）「地方行財政分野における復旧・復興への取り組み」（『立法と調査』第329号、参議院調査室）
・山崎栄一（2013）『自然災害と被災者支援』日本評論社

・渡部喜智（2011）「大規模災害の復興対応と地域（財政）運営─東日本大震災復興への公的支援のあり方─」（『農林金融』第64巻第8号、農林中金総合研究所）

【第7章】

・飯塚智規（2013）『震災復興における被災地のガバナンス─被災自治体の復興課題と取り組み─』芦書房
・碇川豊（2013）『希望の大槌─逆境から発想する町─』明石書店
・稲継裕昭編（2012）『大規模災害に強い自治体間連携─現場からの報告と提言─』早稲田大学出版部
・岩田賢・永柳宏（2011）「ポストM9.0社会を支える、絆の見える化─広域自治体連携の強化と災害時相互応援協定のあり方─」（『季刊政策・経営研究』vol.4、三菱UFJリサーチ&コンサルティング）
・岩手県（2013a）「いわて復興レポート2013」
・岩手県（2013b）「東日本大震災津波からの復興の加速化に向けた岩手県からの提案・要望書」
・牛山久仁彦（2013）「東日本大震災と広域行政─自治体連携の新たな展開─」（『月刊ガバナンス』154号、ぎょうせい）
・NPO法人岩手地域総合研究所（2012）「『震災後の仕事と暮らしに関する調査』報告書」
・岡田知弘編（2013）『震災復興と自治体─「人間の復興」へのみち─』自治体研究社
・会計検査院（2013）「東日本大震災からの復旧・復興事業における入札不調について」
・鍵屋一（2012）「巨大広域災害に備える『1対多』の自治体スクラム支援」（『月刊ガバナンス』154号、ぎょうせい）
・神谷秀之・桜井誠一（2013）『自治体連携と受援力─もう国に依存できない─』公人の友社
・黒田武一郎（2012）「特別交付税の機能についての考察─東日本大震災に係る対応を中心として─」（『地方財務』698号、ぎょうせい）
・桒田但馬（2012）「大震災復旧・復興における岩手沿岸の自治体行財政に関する問題と課題」（『地域経済学研究』第25号、日本地域経済学会）
・桒田但馬（2013）「復旧・復興2年目の現実と課題─岩手と宮城を中心に─」（『住民と自治』599号、自治体研究社）
・桒田但馬（2014）「震災対応財政の到達点と課題─2011・12年度を中心に─」（日本地方財政学会第22回大会報告論文）
・神戸市（2012）「東日本大震災の神戸市職員派遣の記録と検証─調査研究会の報告─」
・財団法人阪神・淡路大震災記念協会編（2005）『阪神・淡路大震災10年 翔べフェニックス・創造的復興への群像』財団法人阪神・淡路大震災記念協会
・笹野健（2013）「石巻市における復旧・復興の現状と課題」（『地方財政』第52巻第3号、地方財務協会）
・全国知事会東日本大震災復興協力本部（2012）「東日本大震災の被災自治体に対する人的支援における各都道府県の取り組み事例」
・兵庫県震災復興研究センター編（2012）『「災害救助法」徹底活用』クリエイツかもがわ
・遠野市（2013）『遠野市後方支援活動検証記録誌』
・戸羽太（2011）『被災地の本当の話をしよう─陸前高田市長が綴るあの日とこれから─』ワニブックス
・内閣府（2008）「新潟県中越地震復旧・復興フォローアップ調査」
・内閣府編（2012）『平成24年版防災白書』日経印刷
・日本行政学会編（2013）『東日本大震災における行政の役割』ぎょうせい
・日本地方財政学会第21回大会（2013）・シンポジウムⅡ「東日本大震災・原発災害と市町村財政」

における宮入興一、清水修二、川瀬憲子、井上博夫の各教授の報告資料
・復興10年委員会（2005）「阪神・淡路大震災復興10年総括検証・提言報告」兵庫県ホームページ http://web.pref.hyogo.jp/wd33/wd33_000000126.html
・復興推進委員会（2013）「復興推進委員会平成24年度審議報告」
・北海道企画振興部（1995）「北海道南西沖地震災害復興対策の概要」
・牧原出（2012）「東日本大震災後の地域間連携」（『月刊ガバナンス』154号、ぎょうせい）
・宮入興一（1994）「災害対策と地方財政運営—雲仙火山災害と県レベルの財政運営の対応—」（『経営と経済』第74巻第3号、長崎大学）
・宮入興一（1996）「阪神淡路大震災と地方財政改革」（日本地方財政学会編『現代地方財政の構造転換』勁草書房）
・宮入興一（2006）「災害と地方行財政」（宮本憲一・遠藤宏一編著『セミナー現代地方財政I』勁草書房）
・宮入興一（2013）「災害と地方財政」（重森曉・植田和弘編『Basic 地方財政論』有斐閣）
・村井嘉浩（2012a）『それでも東北は負けない—宮城県知事が綴る3・11の真実と未来への希望—』ワニブックス
・村井嘉浩（2012b）『復興に命をかける』PHP研究所
・森下武浩（2013）「名取市への長期派遣について」（『都市政策』第153号、神戸都市問題研究所）
・米澤朋通（2013）「東日本大震災からの復旧・復興は、これから2～3年が正念場—被災地方公共団体に対する人的支援の状況—」（『地方財政』第52巻第12号、地方財務協会）

【第8章】
・青田良介（2011）「被災者支援にかかる災害復興基金と義援金の役割に関する考察」（『災害復興研究』Vol.3、関西学院大学災害復興制度研究所）
・青田良介（2015）「復興基金—被災者支援に不可欠な裏技—」（塩崎賢明ほか編『大震災20年と復興災害』クリエイツかもがわ）
・池上岳彦（2013）「東日本大震災復興をめぐる地方財政制度」（『地方財政』第52巻第8号、地方財務協会）
・磯崎初仁（2012）「東日本大震災復興特別区域法の意義と課題（上）（下）—円滑・迅速な復興と地方分権—」（『自治総研』第403号、第405号、地方自治総合研究所）
・岩手経済研究所（2013）「特別調査　沿岸被災地商業の課題と展望」（『岩手経済研究』No.373）
・岩手県（2009）「いわて県民計画」
・岩手県（2011a）「東日本大震災津波からの復興に向けた基本方針」
・岩手県（2011b）「東日本大震災津波に関する要望」
・岩手県（2011c）「岩手県東日本大震災津波復興計画　復興基本計画～いのちを守り　海と大地と共に生きる　ふるさと岩手・三陸の創造～」
・岩手県（2013a）「いわて復興レポート2013」
・岩手県（2013b）「東日本大震災津波からの復興の加速化に向けた岩手県からの提案・要望書」
・岩手県（2013c）「岩手県東日本大震災津波の記録」
・岩手県（2014）「東日本大震災津波からの本格復興にあたっての提言・要望書」
・岩手県・宮城県の決算カード
・岩手弁護士会（2013）「被災者生活再建支援制度及び各種補助金制度の一層の充実を求める要望書」
・会計検査院（2013）「『東日本大震災からの復旧・復興事業における入札不調について』に関する

会計検査の結果についての報告書」
- 関西学院大学災害復興制度研究所他（2014）『検証　被災者生活再建支援法』自然災害被災者支援促進連絡会
- 桒田但馬（2012）「大震災復旧・復興における岩手沿岸の自治体行財政に関する問題と課題」（『地域経済学研究』第25号、日本地域経済学会）
- 桒田但馬（2014a）「震災対応財政の到達点と課題—2011・12年度を中心に—」（日本地方財政学会第22回大会・報告論文）
- 桒田但馬（2014b）「大震災復旧・復興における自治体の行財政運営と職員不足問題」（『地方財政』第53巻第7号、地方財務協会）
- 国土庁（2000）「被災者の住宅再建支援の在り方に関する検討委員会報告書」
- 財団法人阪神・淡路大震災記念協会編（2005）『阪神・淡路大震災10年　翔べフェニックス・創造的復興への群像』財団法人阪神・淡路大震災記念協会
- 塩崎賢明（2014）『復興＜災害＞—阪神・淡路大震災と東日本大震災—』岩波書店
- 関満博（2013）『東日本大震災と地域産業復興Ⅲ　2012.8.31 〜 2013.9.11—「人と暮らしと仕事」の未来—』新評論
- 武田公子（2009）「震災と自治体財政—輪島市の事例を中心に—」（『金沢大学経済論集』第30巻第1号、金沢大学）
- 武田公子（2013）「復興予算と自治体財政—陸前高田市の事例を中心に—」（『復興』Vol.4 No.2、日本災害復興学会）
- 橋本真一（2014）「震災被災地の建設資材と工事費の動向」（『都市問題』第105巻第3号、後藤・安田記念東京都市研究所）
- 復興10周年委員会（2005）「阪神・淡路大震災復興10年総括検証・提言報告」兵庫県ホームページ http://web.pref.hyogo.jp/wd33/wd33_000000126.html
- 復興まちづくり研究会編著（2011）『復興まちづくりハンドブック』ぎょうせい
- 宮入興一（1994）「災害対策と地方財政運営—雲仙火山災害と県レベルの財政運営の対応—」（『経営と経済』第74巻第3号、長崎大学）
- 宮入興一（2006）「災害と地方行財政」（宮本憲一・遠藤宏一編著『セミナー現代地方財政Ⅰ』勁草書房）
- 宮入興一（2013a）「災害と地方財政」（重森曉・植田和弘編『Basic地方財政論』有斐閣）
- 宮入興一（2013b）「復興財政政策と復興財源問題」（岡田知弘・自治体問題研究所編『震災復興と自治体—「人間の復興」へのみち—』自治体研究社）
- 山崎栄一（2013）『自然災害と被災者支援』日本評論社

●著者

桒田　但馬（くわだ　たじま）

1973年京都府生まれ。
1996年立命館大学法学部卒業。2003年立命館大学大学院経済学研究科博士課程期間満了退学。2007年経済学博士（立命館大学）。
専門は財政学、地方行財政論、地域経済論。
東北文化学園大学総合政策学部講師を経て、2007年より岩手県立大学総合政策部講師、2010年より同准教授（現職）。

クリエイツ震災復興・原発震災提言シリーズ 8
地域・自治体の復興行財政・経済社会の課題
──東日本大震災・岩手の軌跡から

2016年11月30日　初版発行

著　者　Ⓒ桒田但馬　｜ Kuwada Tajima ｜
発行者　田島英二　taji@creates-k.co.jp
発行所　株式会社クリエイツかもがわ
　　　　〒601-8382　京都市南区吉祥院石原上川原町21
　　　　電話 075(661)5741　FAX 075(693)6605
　　　　郵便振替　00990-7-150584
　　　　ホームページ　http://www.creates-k.co.jp

印刷所── T-PLUS／為国印刷株式会社

ISBN978-4-86342-198-1 C0036　　　　　Printed in Japan

震災復興・原発震災 提言シリーズ
PROPOSAL SERIES

阪神・淡路大震災から20数年、3.11東日本大震災、熊本、そして鳥取と日本は災害列島であることをあらためて強く感じる。毎年襲来する台風をはじめ、地震・竜巻など予測困難な災害も多い。地震は地球全体で活動期に入っている中、世界のM6以上の地震の2割が日本で発生している。そして、その日本に55基もの原発があり、福島「原発震災」ともいうべき大惨事は収束のめどさえまだ立っていない。

本シリーズは、災害対応が極めて重要な国民的課題となっているいま、大災害に遭遇した時に備え、被災者を含めた多くの方々に有意義な情報を届けるものである。

1 東日本大震災復興への道 神戸からの提言

塩崎賢明、西川榮一、出口俊一、兵庫県震災復興研究センター◉編

国内外の震災や災害のたびに、神戸の地から「人間復興」を提言。長引く東日本の「震災復興」「原発震災」におくる提言! 　1800円

2 ワンパック専門家相談隊、東日本被災地を行く
士業・学者による復興支援の手引き

阪神・淡路まちづくり支援機構附属研究会◉編

災害支援・復興まちづくりの専門家ネットワーク(支援機構)を全国各地にと呼びかける! 　1000円

3 「災害救助法」徹底活用

津久井進、出口俊一、永井幸寿、田中健一、山崎栄一◉著
兵庫県震災復興研究センター◉編

災害救助法を徹底的、最大限に活用して災害に直面した人々のいのちと生活を守る! 　2000円

震災復興・原発震災 提言シリーズ

＊本体価格表示

東日本大震災 復興の正義と倫理 検証と提言 　4

塩崎賢明、西川榮一、出口俊一、兵庫県震災復興研究センター◉編

復興予算の「流用」、被災者置き去りの"創造的復興"。生活・住宅再建、人間復興をめざす50の検証と提言！　　2200円

士業・専門家の災害復興支援 　5
1・17の経験、3・11の取り組み、南海等への備え

阪神・淡路まちづくり支援機構付属研究会◉編

被災した街の再生には、弁護士・税理士・建築士などの多様な専門家が重要な役割をもつ。予測される巨大地震・災害に備える！　2200円

大震災20年と復興災害 　6

塩崎賢明、西川榮一、出口俊一、兵庫県震災復興研究センター◉編

復興に名を借りた新たな開発事業は「復興災害」である。「復興災害」の現実から大震災の復興と、巨大災害に備える！　　2200円

巨大災害と医療・社会保障を考える
阪神・淡路大震災、東日本大震災、津波、原発震災の経験から

特別講演・対談　小出裕章×鎌仲ひとみ　原発のない世界＝平和に生きる権利を！　　7

兵庫県保険医協会／協会西宮・芦屋支部◉編

避けられる死をなくすために……大震災、津波、原発震災の経験と記憶を語り継ぐ。大震災の経験から被災地の医療と社会保障、巨大災害に備える提言。　　オールカラー1800円

● 震災復興・原発震災 提言シリーズ

＊本体価格表示

阪神・淡路大震災の経験と教訓から学ぶ
塩崎賢明・西川榮一・出口俊一　兵庫県震災復興研究センター／編

大震災15年と復興の備え
●"復興災害"を繰り返さない
生活・経済基盤、人とのつながりを回復させる「人間復興」と今後の備えを提言。　1200円

世界と日本の災害復興ガイド
●行政・学校・企業の防災担当者必携　2000円

災害復興ガイド　日本と世界の経験に学ぶ
●復旧・復興の有用な情報満載。　2000円

大震災10年と災害列島
●あらゆる角度から災害への備えるべき課題を網羅。　2200円

大震災100の教訓
●大震災の教訓は生かされているか。　2200円

LESSONS FROM THE GREAT HANSHIN EARTHQUAKE
〈英語版〉大震災100の教訓　1800円

震災復興関連書

●大地震・大火・戦争・テロ・暴動など大災害の回復過程から考える！

リジリエント・シティ　現代都市はいかに災害から回復するのか？
ローレンス・J・ベイル　トーマス・J・カンパネラ／編著　山崎義人・田中正人・田口太郎・室崎千重／訳
東日本大震災の復興、大地震、大災害からの備えに大きな示唆を与える。　2400円

増永理彦／著

マンション再生　二つの"老い"への挑戦
建物の「経年劣化」と居住者の「高齢化」、2つの"老い"への対応が再生のカギ。「住み続ける」「リニューアル」「参加する」のマンション再生3原則と住み続けるための支援の充実を提起。　1600円

UR団地の公的な再生と活用
高齢者と子育て居住支援をミッションに
都市再生機構民営化の危機に対して、これまでの役割や問題点を拾い出しながら、高齢者・子育ての居住支援を重点に、地域社会づくりに活用するしくみを提起。　2000円

団地とくらし
UR住宅のデザイン文化を創る
URデザインチームの住宅・団地のデザインと、そこに住む人たちの暮らしが重なりあってうまれた「UR住宅デザイン文化」に注目！　2000円

＊本体価格表示